KB065444

# 부자들의 멘토

# 부자들의 멘토

**돈이 보이는 명품 코칭**

**초판 1쇄 인쇄** | 2023년 12월 28일
**초판 1쇄 발행** | 2024년  1월  4일

**지은이** | 정미경 · 오두환
**펴낸곳** | 대한출판사
**펴낸이** | 오두환
**편집** | 김희정, 신준호
**디자인** | 심보현, 신지혜, 노가영
**주소** | (15809) 경기도 군포시 산본천로 62
**전화** | 031-459-8830
**팩스** | 031-454-7009
**홈페이지** | www.daehanbook.com
**이메일** | daehanbook@naver.com
**출판등록** | 2020년 7월 15일 제402-2020-000013호

**값** 19,000원
**ISBN** 979-11-92505-06-0 03320

# 부자들의 멘토

## 돈이 보이는 명품 코칭

정미경 · 오두환 지음

대한출판사

# 정미경

저자는 고객 노력의 가치를 더욱 가치 있게 만들어 주는 가치 디자이너이다. 부자들의 금융주치의, 자산 컨설턴트의 일인자, 기업가이자 기업가들의 자산 지킴이로서 다양한 고객들의 자산 증식과 안정적인 이전을 전문적으로 컨설팅하고 있다.

2000년 1월 대한생명(現 한화생명금융서비스) 입사 후 현재까지 근무 기간 중 여왕상 10연패를 달성하였으며, 고객·회사·FP 모두에게 이익이 되는 장기 유지율도 25회차 기준 100%를 기록하고 있다. 또 생명보험협회에서 인증하는 우수인증설계사(불완전판매가 없는 경우 선정) 자격을 매년 획득하는 등 누구도 따라올 수 없는 성과와 효율을 꾸준히 증명하고 있다. 이 외에도 EBS 〈직업의 세계-일인자〉, KBS 〈이슈와 사람〉 '재테크의 여왕' 편, 채널A 〈웰컴투 돈월드〉 등에 출현했다.

또 '경제人 세계 여성의 날 한국인을 이끄는 여성 금융인' 대표 선정, '제1회 아시아 PB대상' 개인 최우수상, '서경 참보험인 대상' 금융위원장상 등 다수 수상했다. 한화생명금융서비스, 여성변호사협회, 삼성 SDI, 한국금융연수원, 울산광역시 의사학술대회, 대경 피부미용치료 등 여러 곳에서 강연했다.

저자는 약 1,000명의 고객을 보유하고 있으며, 이중 대다수가 법인 대표이거나 전문직 종사자로 구성되어 있다. 고객들을 위한 저자의 자산 컨설팅 상담 시간은 2만 시간에 달할 것으로 예상된다(매일 3시간 이상, 23년간 상담 진행). 특히 어떠한 경우의 상담이라 해도 해당 고객에게 적절한 대안을 제시하고, 고객과 함께 성장하며 해법에 대한 실행까지 책임지고 있다. 일회성 컨설팅이 아닌, 컨설팅에 대한 책임감 있는 실행까지 진행하는 것으로 유명하다.

　　2018년 이후에는 후배 양성을 위해 여왕상 경쟁에서 한발 물러서 한화생명금융서비스 명예부사장으로 취임했다. 현재는 AMK 컨설팅에서 고객들의 자산 컨설팅을 진행하면서, 제2의 컨설턴트 일인자를 만들고자 퀸메이커 역할을 자처하며 후임자 양성을 위한 교육을 진행하고 있다.


　　"우리는 인생을 살면서 수많은 역경에 부딪힙니다. 누군가에게는 그 역경이 성장의 계기가 되고, 누군가에게는 정체의 핑계가 되기도 합니다. 저에게는 역경의 시기가 스스로 한 단계 더 성장하는 변곡점이 되었습니다.

　　저 혼자였다면 불가능했을 일입니다. 어려운 순간마다 항상 옆에서 믿고 응원해 주신 고객들과 동료들 그리고 멘토이신 선생님이 계셨기 때문에 지금의 저도 존재합니다.

특히, 이 책의 추천사를 써주신 분들께 큰 감사를 드립니다. 늘 보답하는 마음으로 사회에 공헌하며 초심을 잃지 않고 살겠습니다. 다가올 시간 속에 정미경이 여러분과 늘 함께하겠습니다."

이메일 amk-consulting@naver.com

사람들이 흔히 생각하는 종신, 연금, 실비가 보험의 전부는 아니다. 보험은 재무설계를 넘어 인생을 설계할 수 있는 길이 될 수 있다. 단순한 납입과 수령이 아닌 그 이상의 미래가 필요한 '보통 사람'들에게 이 책을 추천하고 싶다. 선입견을 깨고 신뢰로 시작된 정미경 부사장과의 인연이 사업을 일으킨 아버지와 그것을 이어받아 지금껏 펼치고 있는 나에게 열쇠가 되어주었듯 많은 사람이 이 책에서 답을 얻기를 바란다.

**김민지**_(주)경보포리머 대표이사

한화생명의 명예 부사장인 정미경 저자는 자기 영역에서 '최초'와 '최고'라는 타이틀을 휩쓴 보험업계의 독보적인 존재이다. 책 속에 담긴 저자만의 열정과 노력은 다른 사람의 삶에도 긍정적인 영감을 줄 것이다. 책을 통해 저자의 삶을 만나면 우리는 앞으로의 도전에 대한 용기를 얻고 미래를 준비할 소중한 기회를 얻게 될 것이라고 믿는다.

**김학자**_한국여성변호사회 회장

보험은 아름다운 나눔이다. 자신과 가족을 보호하고 동시에 사회를 보호하는 사회안전망의 가치를 구현한다. 사회가 발전할수록 사회 구성원들은 '노블레스 오블리주'를 실천해야 한다. 정미경 부사장은 기업이 이윤을 사회에 환원하듯, 자신의 전문성을 바탕으로 지역사회에서 꿈과 희망을 사랑으로 나누어 주고 있다. 앞으로도 정 부사장의 성과가 우리 사회에 긍정적인 업적으로 남아 아름다운 세상을 만들어 나가길 응원한다.

**민복기**_대한의사협회 총선기획단장, 의학박사

이 책은 나의 모든 일정을 연착하게 했다. 마지막 페이지를 넘기고서야 나의 일상은 다시 달리기 시작했다. '예쁘다.'를 넘어서면 '아름답다.'일 테고, 그것을 넘어서면 '위대하다.'로 간다. 이 책도 단지 성공한 사람들의 고군분투기가 아닌, 평범한 사람들이 평범한 삶을 넘어설 수 있는 솔루션을 제시하고 있음에 더 많은 찬사를 보낸다. 이 책을 안 읽을 이유를 나는 찾지 못했다.

**윤영화**_에스포탑 대표, (주)장피셜 상무이사

# 오두환

저자는 '광고의 8원칙(광고 전략)', '오케팅(마케팅 전략)', '13가지 브랜드 법칙', '브랜드 상대성 이론' 등을 특허 출원하여 해당 분야에서는 독보적인 입지를 확보했다. 또《광고의 8원칙》책은 종합 베스트셀러 1위와 13주 연속 종합 베스트셀러에 올랐으며,《오케팅》은 17주 연속 종합 베스트셀러 1~3위를 달성했다. 이 업적으로 일반인들에게 브랜딩과 마케팅, 광고를 대중화시켰다는 평가를 받고 있다.

현재 사업가로서는 오케팅홀딩스 의장, 국가경제발전진흥원 사무총장, 한국온라인광고연구소·닥터스웰스 대표로 활동하며, 보육원 후원 단체인 굿닥터네트웍스와 공감기획(영상)을 운영하고 있다. 또 한국마케팅광고협회 주임교수, 명지전문대학교 교수, 검색광고마케터 등 5개 자격증 출제위원을 겸임하며 교육자로서 인재 양성에 힘쓰고 있다.

이 외에도 중소벤처기업부 장관상, 보건복지부 장관상, 중소벤처기업부 후원 우수중소기업대상, 중소기업중앙회 회장상, 해양수산부 후원 해양수산산업대상 외 대한민국 미래경영대상, 브랜드 혁신 경영자 대상, 한국을 빛낸 창조경영인 대상 등과 같은 수상 경력을 자랑한다.

컨설팅, 광고, 강연 활동을 통해 현대그룹 현대BS&C, 삼성 제일 모직, 엔씨소프트, 셀트리온, 한화생명금융서비스, 머니투데이, 교육부, 여성가족부, 행정안전부, 과학기술정보통신부, 경기주택도시공사, 한국관광공사, 서울특별시교육청, 경기도청, 국민건강보험공단, 한국어촌어항공단, 국가경영전략연구원, 방송통신위원회, 한국콘텐츠진흥원, 세상을 바꾸는 시간 15분, 차병원 난임센터, 굿닥터병의원그룹(100여 지점), 모아치과그룹(40여 지점) 등 기업, 기관, 병원 2,000여 곳 이상이 저자가 운영하는 회사와 함께했다.

특히 '5%가 되려면 95%와 다른 길을 가라.', '광고廣告는 널리 알리는 것이 아닌, 가치를 높이고 빛내는 것이다.光高' 등의 말을 남겨 해당 분야에서 명언 제조기로 불린다. 그의 철학과 사상, 화법, 기법, 연구 결과는 확실히 독특한 매력이 있는 것으로 손꼽힌다. 현재는 '꿈을 찾는 사람들(꿈찾사)' 강연 커뮤니티, 특별한 전문가(퍼스널 브랜드)를 만드는 '킹메이커 오두환' 채널, 숨은 인재를 발굴해 더욱 빛나게 만들어 주는 '지식포털' 채널로 사람들을 돕고 있다.

저서로는 《오케팅》, 《광고의 8원칙》, 《특별한 내가 될래요》, 《검색광고마케터 1·2급》, 《광고설계사 1·2급》, 《마케팅설계사 1·2급》, 《프로마케티어1·2급》, 《의료광고법률지도사 1·2급》, 《의료마케팅과 병원광고, 실전 문제·사례집》 등이 있다. 특히 어린이 오케팅 동화인 《특별한 내가 될래요》는 2022 올해의 청소년 교양도서로 선정됐다.

"지금까지 20여 년간 수만 명의 최고를 만나 뵈었습니다. 스승으로 모시고 싶은 '위대한 분'도 많았습니다. 지금까지 제가 큰 영향을 받아 늘 마음속 깊이 존경하는 분들께서 감사하게도 추천사를 써주셨습니다. 함께해 주셔서 진심으로 감사합니다."

이메일 kmaa777@naver.com

오두환은 언제나 다르다. 마케팅을 이야기할 때 다르다. 돈 버는 법을 말할 때 다르다. 성공하는 법에 대해서도 남들과는 다른 해법을 제시한다. 그 다름이 바로 그가 세상을 이기는 경쟁력이다.

**고명환**_개그맨, 《이 책은 돈 버는 법에 관한 이야기》 저자, 동기부여 강사

이론에 밝은 사람은 많다. 경험이 많은 사람도 많다. 하지만 마음까지 쓰는 사람은 흔치 않다. 오두환 저자가 자신의 세바시 강연 영상에 달린 모든 댓글에 직접 답글을 다는 것을 보고 나는 놀란 적이 있다. 나도 못하는 일이다. 진심과 전심을 다하는 것보다, 더 훌륭한 마케팅 전략은 없다. 이 책에는 그 귀한 방법이 담겨 있다. 실행은 독자의 몫이다.

**구범준**_〈세상을바꾸는시간15분(세바시)〉 대표PD

그를 처음 보았을 때, 참 신기했다! 남의 이야기를 이렇게 잘 들어 주는 사람은 흔치 않은데 정말 궁금한 것이 많은 소년처럼 귀를 기울였다. 내가 아는 오두환은 스펀지처럼 모든 것을 다 흡수하며 결과를 만드는 능력자이다.

**김관훈**_두끼 떡볶이 대표, 《그깟 떡볶이》 저자, 강연자

킹메이커 오두환 대표는 다재다능한 기인이다. 그의 에너지는 '창의력'에서 나온다. 이런 출중한 인재와 함께한다면 당신이 원하는 것이 무엇이든, 무조건 손에 쥐게 될 것이다.

**박원수**_한국노벨과학포럼 사무총장

오두환 대표는 내가 지닌 인사이트가 많아도 그것을 세상에 멋지게 드러내지 못하면 아무 소용이 없다는 것을 깨닫게 해준 사람이다. 그의 컨설팅으로 세상을 바라보는 눈이 넓어졌다. 그를 만난 후 나는 열 배 이상 더 바빠졌고, 열 배 이상 더 특별해졌다. 돈보다 사람을 남기겠다는 삶에 대한 그의 태도에 저절로 존경심이 우러난다.

**성현규**_〈감성대디〉 35만 유튜버, 작가, 강연자

어떤 사업에든 즉시 적용할 수 있는 퍼스널 브랜딩 실용서! 그동안 퍼스널 브랜딩을 이렇게 포괄적으로 이해할 수 있도록 돕는 참신한 책은 없었다. 16년간의 노하우로 자신을 증명하는 사람, 이토록 놀라운 코칭 결과를 만들어 내는 이는 오두환뿐이다.

**윤병훈**_前 머니투데이 전무, 이로운넷 대표

마케팅도 인생과 같다. 목표를 정하고, 중간에 포기하지 않는 근성을 가지고, 끊임없이 동기유발하면서 담대하게 돌진할 때 성공에 이른다. 오두환은 근성을 가진 사람이기에 나는 그의 성공을 확신한다.

**조서환**_아시아태평양마케팅포럼 회장, 《근성》 저자

# 프롤로그

　미리 밝히지만, 이 책은 큰 부자들을 위한 책이 아니다. 부자가 되기를 원하는 사람들을 위한 책이다. 몇천억 자산을 가진 대단한 부자들의 이야기와는 사뭇 다르다.

　이 책의 저자들은 고군분투하며 처절하게 살아왔지만, 지금은 일반인과 조금 다른 삶을 사는 사람들이다. 우리는 택시비를 아까워하지 않는다. 사업할 때 끌려다니지도 않는다. 아무리 좋은 계약 건이라도 우리가 하고 싶지 않다면 당당하게 '진행하기 어렵습니다.'라고 말할 수 있다.

　우리는 사람들이 생각하는 소위 '좋은 직업'을 가지고 있지 않다. 유명하고 대단한 분들처럼 엄청나게 큰 사업을 벌이지도 않았다. 게다가 영어 실력도 유창하지 않다. 한국에서 태어나 한국에서 살아왔고, 한국말을 잘하고, 한국인 친구가 99%에 달하는 평범한 한국 사람이다.

　심지어 우리의 직업은 매우 볼품없게 취급되기도 한다. 직업을 말하는 순간 상대의 눈빛부터 달라진다.

"안녕하세요. 보험설계사 정미경입니다."
"안녕하세요. 마케터 오두환입니다."

그렇다. 사기를 치거나, 보험을 권유할 것 같아 왠지 피하고 싶은 직업군이다(물론 스스로 그렇다고 생각하지는 않으나 많은 사람에게서 그런 이야기를 듣는다). 특히 보험이나 마케팅 이야기라도 꺼낼라치면 상대는 엉덩이를 들썩이며 자리를 벗어날 궁리부터 한다. 그런데 기피 대상인 직업으로 우리는 어떻게 나름대로 업계 1위와 부자의 반열에 올랐을까? 궁금하지 않은가.

이 책에는 평범하고도 신기한 내용이 많이 담겨 있다. 우리가 이야기한 예시만 읽어도 큰 도움이 될 것이다. 그 속에는 여러분과 똑같은 일반인의 처절함과 약간의 기술이 담겨 있기 때문이다. 뭔가 거창한 것을 기대했다면 실망할 수 있겠지만, 어차피 거창해도 우리가 실행할 수 없다면 아무런 의미가 없다. 누구나 실행할 수 있는 아주 기초적이지만 너무 당연한 '진리'에 가까운 내용을 알려 주고 싶어서 이 책을 집필하게 되었다. 그러므로 여러분도 얼마든지 가능하다.

돈이 없다고?
아니다. 돈은 무한하다!

금이나 다이아몬드 같은 보석은 아주 오래전부터 채취를 시작했지만 지금도 꾸준히 캐내고 있을 정도이다. 다시 말하지만, 세상에 돈은 절대 부족하지 않다. 가치 있는 것을 누가 더 잘 찾아서 돈으로 만드느냐에 달려 있다. 이건 마치 게임과도 같다. 금광에는 무한한 금이 잠들어 있다. 금을 갖는 방법은 아주 단순하다. 먼저 발견하면 내 것이다. 그럼 어떻게 발견해야 할까? 보는 눈을 갖추면 된다. 우리는 허황한 말로 중언부언하는 것을 무척 싫어한다. 그러므로 이 책으로 돈을 보는 시야와 찾는 법을 알려 주겠다. 자신이 어느 직종에 종사하든 무관하며, 매의 눈을 가져야 할 필요도 없다. 한 번 익히면 평생 써먹을 수 있는 세상 쉬운 방법이기 때문이다.

여러분 개개인은 모두 특별한 보석이다. 다이아몬드이다. 달란트가 없는 사람은 없다. 없다고 생각하는 사람이 있다면 단지 발견하지 못한 것뿐이다. 발견만 한다면 찬란하게 빛날 수 있지만, 아직 그 빛을 찾지 못했다는 것이 문제이다. 왜 누군가는 아직도 자신의 달란트를 찾지 못했을까? 아무도 알려 주지 않았기 때문이다. 그뿐인가? 누구든지 그것을 쉽게 찾아낼까 봐 오히려 꼭꼭 숨겨 두기까지 한다. 진입 장벽이 갈수록 높아지는 이유이다.

다이아몬드 원석도 특별함을 인정받아야만 비싸게 팔릴 수 있다. 그러려면 어떻게 해야 할까? 맞다, 우선 찾기부터 해야 한다. 어디에서 찾을까? 앞서 사람은 누구나 다이아몬드라고 했다. 그러면 답은 이미

나온 것이다. 자기 안에 숨어 있는 다이아몬드를 꺼내야 한다. 꺼내서 이물질을 제거해야 한다. 이제 팔면 될까? 아직 아니다.

중세 시대까지만 해도 다이아몬드는 고유의 색을 지닌 루비나 에메랄드에 비해 고급 보석으로 인정받지 못했다. 17세기 말에 연마하는 방법이 발명되고서야 최고의 보석으로 등극했다. 아름다운 빛을 제대로 뽐낼 수 있게 되었기 때문이다. 그러면 다이아몬드를 연마해 세공을 하면 끝일까? 아니다. 디자인을 입혀 목걸이든, 반지든, 팔찌든 작품으로 만들어야 한다. 아직 끝이 아니다. 보석의 왕이라는 타이틀에 걸맞게 고급스러운 케이스에 넣어 브랜드를 심어 준다. 이제 명품관으로 이동한다. 명품관에 들어가 볼까? 명품관 한가운데에 찬란한 빛을 발산하며 진열된 다이아몬드가 보이는가. 어떤가? 특별해 보이지 않는가?

그렇다. 우리 안의 보석이 돌덩이로 남을지, 헐값에 팔릴지, 아니면 명품관에서 다이아몬드 빛을 발산하며 최고가로 팔릴지는 모두 우리 손에 달려 있다.

**정미경·오두환**

# 차례

## PART 2  '줄'을 잘 서야 돈이 보인다

## PART 3 '돈'을 모셔야 돈이 보인다

# PART 1

# '신'과 함께면 돈이 보인다

# CHAPTER 01

# 부자가 되고 싶다고?

오두환

부자가 되고 싶은가?

마음만 있다면 누구든지 부자가 될 수 있다.

나는 한때 반지하 세입자였고, 한 끼 밥값마저 걱정해야 하는 시간을 보냈다. 코로나 19 팬데믹 시기에는 다니던 회사에서 해고당해 죽고 싶은 마음마저 품었다. 그런데 지금은 20여 개에 달하는 사업체를 운영하는 대표로, 130억 원대 자산가로 살고 있다. 어떻게 삶이 180도로 역전할 수 있었는지 궁금하지 않은가? 그렇다면 이 책을 끝까지 읽어 보길 바란다. 누구에게나 통하는 방법이 이 책에 다 녹아있으니까.

# 지금, 여기, 우리 모두 부자

사람은 누구나 부자가 되기를 꿈꾼다.

왜?

자유롭게 살고 싶으니까.

　여기서 말하는 자유란 물론 경제적 자유다. 그렇다면 부자란 경제적 자유를 누리는 사람이라는 말인가? 그렇다. 고소득 직업을 가진 사람이라도 그 월급을 받기 위해 죽을 때까지, 말 그대로 죽어라 일만 해야 한다면 과연 자유를 누리는 삶이라고 말할 수 있을까? 그럴 수 없을 것이다. 반면, 깊은 산골짜기에서 혼자 살면서 일하고 싶을 때만 일하고, 놀고 싶을 때 놀면서 월수입이 100만 원도 안 되는 사람은 어떨까? 대부분이 후자를 경제적 자유를 누리는 삶으로 꼽을 것이다. 그렇다고 우리가 모두 저 깊은 산골짜기로 들어가 약초나 캐면서 살 수는 없지 않은가.

　우리는 지금, 여기에서 부자가 되기를 꿈꾼다. 어떤 악조건이 닥쳐와도 평생 먹고살 걱정 없는 그런 삶을 바란다. 지금, 여기에서 부자가 되려면 어떻게 해야 할까? 물론 셀 수 없을 정도로 많은 방법이 있을 것이다. 그렇지만 나라고 그 방법을 다 알 수는 없다. 다만 나는 평범한 가정에서 태어나, 아니 오히려 비교적 열악한 상황을 극복하고 부자가 되었기 때문에 내 이야기를 들려주려고 한다. 가능하면 독자들이 나보다 더 쉽고 빠르게 부자가 되기를 소망한다. 그래서 이 글을 쓰게 되었다.

평범했던 내가 해냈으니 여러분 누구라도 가능하다. 아니 오히려 나는 평범, 그 이하였다. 대학을 졸업하고도 아버지의 카드 빚이나 마이너스 통장 같은 것은 존재조차 모른 채 머저리처럼 돈만 축내는 고시생이었다. 가끔 아르바이트나 기간제 교사 일로 용돈벌이나 하는 '백수'였다.

평범이라는 말의 사전적 정의는 '보통'을 의미한다. 하지만 흙수저들에게 평범이란 가계 소득수준이 평균 '이하'인 경우로 통용되곤 한다. 그런 의미에서라면 나도 정말 '평범'했다고 말할 수 있다.

어릴 적 나의 아버지는 직업을 자주 바꾸셨다. 시작하신 사업마다 망했기 때문이다. 직업에 따라 직장이 변하는 것은 당연한 이치다. 연쇄반응으로 자주 이사를 가야 하니 사는 마을과 학교, 친구들이 빈번하게 바뀌었다. 모두 가난이 원인이었다. 아버지는 늘 무언가를 열심히 하셨지만 우리 집은 계속 가난했다. 가난은 누가 가르쳐 주지 않아도 삶을 통해 체화된다. 가난한 집의 아이는 본능적으로 '안정'을 욕망하게 된다.

변화하는 것 중 유일하게 변하지 않아도 되는 것, 그것은 바로 나 자신이었다. 나는 주변이 어떻게 변하든 마음 쓰지 않고 내 안에 둥지를 틀고 앉아 안정을 꿈꿨다. 내 둥지의 건축자재는 책이었다. 나는 책벌레가 되었다. 책 속에는 수많은 내가 있었다. 그러다 나이를 먹어도 평생 아무것도 하지 않고 책만 읽는 삶을 꿈꾸는 날들이 채워졌다. 배운적 없지만 나는 어려서부터 경제적 자유를 꿈꿔 온 것이다. 그러기 위해서는 돈이 필요하다는 것도 일찍이 깨달았다. 그래야 내가 하기 싫은 일을 '안 할 자유'와 하고 싶은 일을 '할 자유'가 주어질 테니까.

## 찌그러진 곳 펴드립니다

그렇다고 내가 아버지를 원망한다는 뜻은 아니니 오해 없기를 바란다. 나는 세상 누구보다 아버지를 존경한다. 어린 내 기억 속 아버지는 어느 때에는 간판점을 했다가, 고물상을 하는가 하면, 학원 지입 차량을 운전했다가, 페인트칠을 하셨다. 이전 사업이 망하면 다른 일을 시작하는 식이었다. 다양한 직업을 전전한 아버지에게는 누구 못지않은 장점이 있었다. 많은 일을 두루두루 경험해 봤기 때문에 (안 해본) 남들보다는 조금씩 잘하신다는 것이다. 그리고 끊임없이 무언가를 도전하시는 열정이 있었다.

그러니까 아버지가 자동차 판금 도장 일을 하시겠다고 선언한 것도 순전히 그런 열정에 의한 도전이었을 것이다. 하지만 어느새 나이가 찬 나는 존경보다는 염려를 담은 눈길로 아버지에게 물었다.

"아버지, 자동차 판금 도장을 어떻게 하는지는 알고 하시는 말씀이죠?"

가장의 도전 정신만을 마냥 우러러보기에는 당시 내 처지가 좀 좋지 않았다. 교사 임용고시 준비를 위해 노량진에서 근근이 생활하고 있을 때였다. 하지만 패기 넘치는 아버지의 답변은 나를 감동시켰다.

"쇳덩이는 다뤄 봤고, 페인트칠도 해봤으니 하다 보면 어떻게든 할 수 있겠지."

이렇게 말한 아버지는 봉고차에 현수막을 하나 달고 나타나셨다. 현수막 문구는 마음에 들었다.

'찌그러진 곳 펴드립니다.'

아버지의 열정이라면 정말 뭐라도 다 펴실 수 있을 것 같았다. 그런데 소망처럼 아버지는 찌그러진 가정 경제 상황을 쉽사리 펴지 못하셨다. 자동차 외형을 복원하는 일도 어려웠고, 무점포에 봉고차 하나로 하는 일인지라 단속을 피해 숨바꼭질까지 해야 했다. 나는 아버지가 정말로 '어떻게든 할 수' 있기를 바랐고, 그 일을 돕기 위해 '어떻게든' 하고 싶었다. 부모님의 지원으로 가까스로 고시 생활을 이어갈 수 있었기 때문에 '어떻게든' 보은하고 싶었다.

나는 '아빠 수입 늘리기' 프로젝트를 설계하고 초짜 마케터가 되기로 결심했다. 일단 아버지를 객관적으로 파악해야 했다. 아버지가 '잘하시는' 것들을 따져 보았다. 그런데 '잘하지 못하시는' 것들만 눈에 들어

왔다. 그렇다면 단점을 고쳐 장점으로 바꾸는 일부터 시작해야 할 것 같았다. 일단 단점들을 정리해 보았다.

길거리 봉고차에서 일하다 보니 항상 한자리에 있으리라는 보장이 없다(불확실성). 그러므로 접근이 불편하고, A/S가 불가능하다. 정리하다 보니 아버지 사업에 무엇보다 필요한 것이 바로 '신뢰'라는 결론을 얻었다. 그러자 머릿속에 차오르는 것들이 생겨났다.

나는 바로 광고를 시작하기로 했다. 다들 미쳤냐고 했다. 길거리 봉고차에 광고씩이나? 그런다고 누가 오겠냐, 말도 안 된다고 했다. 어차피 말이 되는 대로만 살 수 없는 것이 인생 아닌가. 무엇보다 나는 아버지와 그 아들인 나를 믿어 보기로 했다.

## 오 박사의 자동차 판금·도색

먼저 다른 사람과 아버지의 '차이'를 찾아 고민했다. 있었다, 아버지에게도 그 '차이'가. 나는 아버지가 남들보다 나은 '쇳덩이 다루는 솜씨', '페인트칠 경력'을 강조하는 것으로 차별화 전략을 짜냈다. 그리고 아버지가 그동안 실전을 가장해 연습한 결과물 중 우수 사례를 모았다. 그렇게 홍보물을 만들면서 나는 사람들의 감정에 호소할 이야기를 덧붙였다. 생계를 위해 이렇게 아버지 일을 광고해야 하는 불우한 고시생의 사연으로 시나리오를 구성했다. 내 휴대폰 번호와 아버지의

장인 같은 사진까지 공개했다. 점포가 없다면 일하는 사람의 실체가 있다는 믿음이라도 심어 줘야 했다. 나는 모든 준비에 진심을 담았다.

거짓말처럼 많은 사람이 아버지의 봉고차를 찾아왔고, 차가 수리되는 동안 손님은 카페 같은 곳으로 자리를 옮겨 기다렸다. 떠돌이 봉고차 수리업자에게 자신의 차를 맡기고 옆에서 감시하지 않는 상황은 매우 긍정적인 변화였다. 말 그대로 '믿고 맡기게' 된 것이다.

그렇게 내 첫 마케팅은 생계를 위해 탄생했다. 지금이야 마케팅과 광고의 전문가가 되었지만 당시에는 마케팅이 무엇인지도 모르고 무의식적으로 한 행동들이었다. 그런데도 결과는 좋았다. 급기야는 예약 손님까지 생겨났다. 손님이 많아지니 아버지의 실력도 일취월장했다. 당연한 인과였다. 어쩌다 작업 결과가 좋지 않아 불만을 제기하는 손님이 생기면 아버지는 환불을 단행했다. 아버지 스스로 일에 대한 자부심이 생겨난 것이다. 나는 환불 사례를 공개해 고객들이 더 믿고 맡길 수 있도록 유도했다. 사람이 하는 일에는 늘 실수가 있을 수 있지만, 그 실수에 책임을 다한다는 믿음을 보여 준다면 조그만 불안감마저 없앨 수 있으리라는 계산에서였다.

하지만 무점포라는 단점은 여전히 존재했다. 그렇다고 내가 당장 가게를 얻어드릴 형편도 안 되었다. 고민 끝에 나는 가상 점포를 만들기로 했다. 온라인 카페를 개설한 것이다. 가상공간에서나마 '오 박사의 자동차 판금·도색'이라는 간판을 내걸었다. 자동차 판금·도색 분야의 박사같지 않은가? 불러줄 이름이 생겼으니 지인에게 소개하기도 쉬워질 것이었다. 온라인 점포는 그야말로 문전성시를 이루었다. 한 달도 안 되어 카페 회원 수가 3,000명을 넘었다. 예약 전화가 물밀듯이 몰려왔다. 손님들은 찌그러진 차를 몰고 와 아들이 효자라며 칭찬했다. 차보다 아버지 얼굴이 먼저 펴졌다. 아버지는 정말 '찌그러진 곳 펴드리는' 분이 되었다.

나는 카페에 광고 글을 계속 올렸다. 광고를 시작하고 몇 달 만에 예약자가 3개월씩 쌓였다. 카페 회원 수가 늘자 성공 사례를 따로 올리지 않아도 회원들이 앞다투어 좋은 후기를 올렸다. 회원들 스스로 광고를 전파하고 있었다. 나는 어쩌다 올라오는 불만 글도 소홀히 하지 않았다. 성의껏 불만을 해소하기 위해 노력했다. 민원을 제기했던 고객의 목소리에 귀를 기울이면 오히려 충성 고객이 된다는 사실도 알게 되었다. 지금이야 각 기업의 고객센터마다 VOCVoice of Customer라고 해서 고객의 민원을 적극적으로 관리한다고 하지만, 그때만 해도 그런 개념조차 없을 때였다.

## 내 생애 첫 광고비

결국 아버지는 몰려드는 고객을 감당하기 위해 부천 굴다리 밑에 고정 작업장을 차리셨다. 장소가 일정해지니 고객들이 찾기에도 편했고,

그늘이 있어 아버지가 작업하시기에도 좋았다. 그러던 어느 날 아버지가 작업장으로 공부하는 나를 부르셨다. 고맙다고 밥을 사주시며 아버지가 내민 것은 돈 봉투였다. 100만 원이었다. 당시 나에게는 상당히 큰 액수였다. 그것이 바로 내 생애 첫 광고 수익이었다. 그 후 아버지는 매달 100만 원씩을 나에게 주셨다.

나중에 아버지가 건강 문제로 일을 내려놓게 되시면서 우리가 운영했던 온라인 카페와 작업장도 문을 닫아야만 했다. 그동안 아버지와 내가 기울인 노력이 아까워 나는 다시 온라인 광고를 올렸다. 이번에는 판금 관련 업계나 카센터가 타깃이었다. 그 결과 나는 신규 사업자에게 기존 예약 고객과 카페, 사후관리 요령을 인계하고 기존 고객에 대한 A/S까지 책임지는 조건으로 권리금 3,000만 원을 받는 데 성공했다. 그냥 포기했더라면 꿈도 꾸지 못했을 돈이다. 그뿐만 아니라 A/S 약속까지 함으로써 기존 고객들에 대한 신의도 지켰다.


모든 과정이 마케팅에 대해서는 아무것도 모르고 무의식적으로 진행한 일이었지만 그 결과는 내 상상을 초월했다. 이제 와 생각해 보면 그 당시 나는 마케팅과 광고로 아버지를 브랜딩한 것이었다. 물론 그때는 광고 용어나 개념조차 몰랐지만, 지나고 보니 내가 무의식적으로 한 행동들이 모두 들어맞았다.

정말 그런지 다시 한번 되짚어 보자. 아버지의 본질을 파악하고 강점을 찾아내어 차별화 전략을 펼쳤고, 나의 스토리를 각색해 시나리오 작업을 했다. 잘 된 사례를 제시함으로써 신뢰를 확보하고, '오박사의 자동차 판금·도색'이라는 네이밍 전략으로 이미지 메이킹을 시도함과 동시에 접근과 소개까지 편리하게 유도했다. 봉고차 업자가 아닌 공업사와 요금을 비교하여 저렴하게 보이도록 계획했다. 또한 인터넷 카페를 통해 소통의 장을 마련하고 만족 후기를 노출해 고객들 스스로 광고를 전파하게 만들었다. 이런 식으로 마케팅·광고 포인트가 곳곳에 녹아들어 있었다. 이 과정을 통해 나는 돈도 벌었고, 인생도 바뀌었다. 더불어 모든 비즈니스에는 브랜드, 마케팅, 광고가 가장 중요하다는 사실도 깨달았다. 그때 '고맙다.'라며 아버지가 건네주신 광고비 100만 원은 시간이 더 흘러도 평생 잊지 못할 것이다.

그 일을 계기로 나는 누군가에게 도움이 되는 사람이 되어야겠다고 결심했다. 나의 도움으로 사람들의 삶을 변화시키고 의미 있는 방식으로 사회에 기여하고 싶었다. 그 후 오랫동안 나는 마케팅 전략과 광고를 연구하고 개발해 수많은 개인과 기업이 목표를 달성하도록 돕는 일을 계속하고 있다. 이 글을 읽는 당신도 돈을 벌고 싶다면, 누군가에 도움이 되고자 하는 마음으로 매사에 임하길 바란다. 그 도움은 결국 당신에게 돌아올 것이다. 다만, 나는 여러분이 그 과정에서 나처럼 맨땅에 헤딩하기보다는, 보다 체계적으로 임하길 바란다. 그런 의미에서 이 책의 내용이 큰 도움이 되리라 확신한다.

# 균형잡기

이 책을 통해 공유하고자 하는 내용은, 코로나 19 팬데믹 시기에 회사에서 해고당했던 내가 죽을 각오까지 하면서 경험하고 찾아낸 원리와 방법들이다. 사람들은 종종 본질이 훌륭하면 모든 일이 저절로 잘 풀릴 것이라고 믿곤 한다. 하지만 사람이든, 제품이든, 서비스든 본질만 충실하면 다라고 생각하는 것은 책상이 하나의 다리로만 설 수 있다고 말하는 것과 같다. 누구나 알다시피 책상은 네 개의 다리가 같은 비중으로 균형을 이룰 때 흔들리거나 쓰러지지 않고 단단히 서 있을 수 있다. 하나의 다리가 본질을 나타낸다면 다른 다리는 마케팅과 광고라고 할 수 있다. 그리고 마지막 한 다리는 경영인데, 주체가 사람이라면 자기 관리나 자기 계발이 될 수 있고 사업이라면 인사, 노무, 회계, 예산 편성 등이 이에 해당한다. 본질, 광고, 마케팅, 경영까지 네 가지 중 어느 하나라도 부족하면 책상은 기울어져 본래의 목적을 달성할 수 없다.

나는 이 책을 통해 그 네 가지의 균형을 이룰 방법을 경험과 함께 풀어서 보여 주려고 한다. 전문 경영학 분야처럼 어려운 내용은 아니니 미리부터 겁먹을 필요는 없다. 누구라도 마음만 먹으면 일상에서 쉽게 따라 할 수 있을 것이다. 나는 그 경험과 노하우를 통해 반지하 세입자에서 몇 년 만에 130억 원대 자산가가 되었다. 직원이 4명뿐인 작은 회사의 막내였던 내가 20여 개 사업체를 운영하는 CEO가 되었다. 그러니 여러분도 하고자 하는 마음만 있다면 다 할 수 있다. 누구라도 자신의 특별함을 발견하고 세상에 알릴 수 있다.

나는 모든 사람이 특별한 존재라고 믿는다. 전혀 그렇지 못하다고 생각하는 사람일지라도 아직 그 가치를 발견하지 못했을 뿐이다. 기대 수명 200세를 바라보는 우리의 안정적인 미래 설계를 위해서라도 나는 모두가 자기 안의 특별함을 발견하길 소망한다. 나는 이 책에서 누구나 자기 안의 특별함을 발견할 수 있는 쉽고 빠른, 그러나 확실한 방법들을 제시할 것이다.

다음 이야기로 넘어가기에 앞서 스스로 질문해 보자.

성공이란 무엇인가? 각자가 생각하는 성공에 대한 정의를 내려보자. 그리고 만약 부자가 되어 성공하고 싶다면 이 책의 내용대로 자신만의 중·장기적인 브랜딩을 하루라도 빨리 시작해야 한다.

# CHAPTER 02

# 4명뿐인 광고회사 막내 수입이 10억?

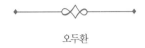

오두환

월수입 1,000만 원, 연 소득 1억 원 이상을 꿈꾸는 사람들은 많다. 하지만 절대 쉽지 않은 길이다. 그런 이야기는 고연봉자들에게나 해당하는 말이라고, 나와는 무관한 세계의 이야기라고 치부해 관심조차 두지 않는 사람도 많다. 혹은 월수입 1,000만 원을 꿈꾸고도 주변 사람들의 말 한마디에 너무 쉽게 포기해버리기도 한다.

하지만 누구라도 월수입 1,000만 원이 가능하다면?

실제로 최저 임금에서 시작해 월수입 1억 원을 달성한 사람이 있다면?

고소득자가 되고 싶다면, 또 주변에서 어떤 말을 들어도 포기하지 않기를 원한다면 이번 장의 내용이 도움 될 것이다.

## 교사, 꿈과 현실의 차이

나는 신입사원인 나를 포함한 직원이 4명뿐인 광고회사에 입사해 사회생활을 시작했다. 매일매일 몇만 개에 이르는 키워드를 관리하는 단순 반복 작업을 하고 최저 시급을 받았다. 그런데 처음부터 내가 광고회사에 입사하기를 원했던 것은 아니다. 나는 교사가 오랜 꿈이었다. 대학 시절 정교사자격증을 취득하기 위해 매우 힘든 과정을 거치기도 했다.

그렇게 어렵사리 정교사자격증을 취득했지만 나는 끝내 교사의 꿈을 접고 말았다. 교육 현장에서 느낀 오늘날 교육자들의 현실은 내가 꿈꿔 왔던 것과는 달랐다. 오히려 내 성격상 이런 교육 분위기에서 문제나 일으키지 않으면 다행이었다.

나는 정답을 던져 주는 사람이 아니라 해법을 제시하는 사람이 되기를 꿈꿔 왔다. 박봉이라 할지라도 내가 꿈꿔 온 선생先生님으로서의 자부심을 품고 일할 수 있다면 그렇게 교사의 꿈을 내려놓지는 않았을 것이다. 하지만 현실에서 내 꿈을 계속 밀고 나갈 수는 없었다. 교생실습을 거쳐 국립중학교의 기간제 교사로 일을 해본 이후 나는 교사가 나의 길이 아니라는 결론을 내렸다.

내가 이 이야기를 꺼내는 것은 오늘날 학교의 교육 시스템을 탓하고자 함이 아니다. 요즘 학교 교육 환경이 많이 개선되었다는 교육부의 말도 신뢰한다. 그리고 당시 내가 교사의 꿈을 접은 것은 안타까운 교육자 현실이 첫 번째 이유이긴 했지만 그것이 다는 아니었다. 안정적인 삶만을 보고 사는 것보다 돈을 벌고 싶다는 내 열망과 패기가 이미 한참 앞서 있었다.

흔히들 교사라는 직업이 안정적인 노후를 바라보는 일이라고 한다. 그러나 실제로 연금개혁 이후 교사들의 상황은 그리 좋지만은 않다. 박봉에 시달리며 사명감으로 30년을 근무해도 퇴직 후 매월 150만 원가량의 연금을 받으며 근근이 생활해야 하는 것이 현실이다. 내가 꿈꿔 온 여유로운 삶과는 거리가 멀었다. 너무 어려운 경제 상황에 쫓겨 살아온 탓에 나는 조금 더 잘 살고 싶었다. 솔직히 말하면 조금이 아니라, 많이 더 잘 살고 싶었다. 그래서 나는 끝내 교사의 꿈을 포기했다.

사람들은 또다시 미쳤냐고, 제정신이냐고 했다. 정교사자격증을 따기 위해 그렇게 애를 쓰고 포기한다니 그럴 만도 했다. 하지만 그런 말들은 지금껏 내가 살면서 가장 많이 들은 말이기도 하다. 이제는 누가 '말도 안 된다, 이 미친놈!'이라고 하면 그 말이 응원처럼 들릴 정도이다.

'말도 안 되는 걸 해내는 미친놈!'

# 교사? 아니 신문기자!

나는 늘 목표를 세우고 목표만 바라보고 직진하는 삶을 살아왔다. 교사의 꿈을 접었으니 다음 목표 설정이 시급했다. 당시 내 새로운 목표는 신문기자가 되는 것이었다. 책을 좋아하기도 했고, 나름 글쓰기에 재능도 있다고 판단해서였다.

입사할 회사를 결정하기 위해 신문사들을 조사하기 시작했다. 일단, 목표가 신문사 입사였으므로 불합격하는 경우는 선택지에 넣고 싶지 않았다. 조사, 분석에 마지막으로 사전 답사까지 마친 내 결론은 J 신문사였다. 신문사가 나를 선택하기에 앞서 내가 먼저 신문사를 선택했다.

나는 망설임 없이 J 신문사에 지원서를 제출하기로 했다. 언론 고시 따위는 관심조차 없던 내게 사람들은 아낌없는 응원을 보내왔다.

"야, 네가 정말 미쳤구나. 신문사가 무슨 구멍가게 이름인 줄 아냐?"

"네가 신문사에 합격하면 나는 대통령도 하겠다."

"인서울 대학을 졸업해도 어려울 판에 지방대 출신인 네가? 언감생심 꿈도 꾸지 마!"

사람들의 의도와 무관하게 나에게는 응원이 필요했다. 해석하기에 따라 비난이나 염려도 응원이 될 수 있다고 여겼다. 이런 지지에 힘입은 나는 본격적으로 입사 준비에 들어갔다.

첫 번째 관문은 입사 지원서의 자기소개서였다. 나는 지방대 출신이었고, 내세울 만한 스펙이 전혀 없었다. 그 흔한 유학이나 교환학생 경험조차 없었다. 그렇다고 무채색으로 지원서를 작성할 수도 없는 노릇이었다. 어떻게 하면 내 자기소개서에 알록달록 무지갯빛을 입혀 눈에 띄게 할 수 있을까. 오랜 고민 끝에 내린 나의 무기는 진정성과 성실함이었다. 그거라면 나도 내세울 수 있을 것 같았다. 먼저 내 이름 '오·두·환' 소개부터 남들과는 다르게 각인시켜야 했다.

나는 부모님이 지어주신 내 이름을 적극 활용해서 제목을 지었다.

머리 두頭, 빛날 환煥, '머리가 빛나는 오두환입니다.'

적고 보니 신문사 기자라면 응당 빛나는 두뇌쯤은 디폴트로 갖춰야 하지 않을까 하는 생각이 들었다. 서류상 내 두뇌 점검은 불가능할 테니, '그렇다면 그렇다.'라는 밀어붙이기 작전이었다. 그다음은? 이제부터 진정성과 성실함이 빛을 발할 차례였다. 나는 그간 내가 지나온 인생의 길목, 모퉁이마다 보고 느낀 것들을 자기소개서에 꼭꼭 채워 나갔다. 자음과 모음 하나에도 진정성이 담기도록 말이다. 성실함은 어떻게 보여 주었는지 궁금할 것이다. 내가 선택한 방식은 분량이었다. 내 자기소개서의 분량은 무려 여덟 장이었다.

고스펙자들 사이에서 평범한 내 지원서는 아무런 의미가 없을 것이다. 그래서 내가 선택한 전략은 서류 심사자들에게 나를 광고하는 것이었다. 주변에서 미친놈이 미친 짓 제대로 한다고 했다. 남들 눈에도 제대로 한다니, 다행이 아닌가.

나는 서류 심사 결과가 나오기도 전에 면접 준비를 시작했다. 주변의 내 응원단들은 떡 줄 사람은 생각도 없는데 김칫국부터 마시냐고 했다. 나에게 올 떡은 없으니 차라리 시골로 내려가 쌀농사를 짓는 것이 어떠냐는 그럴싸한 제안을 건네는 이도 있었다. 나는 떡 줄 사람이 떡을 안 주면 쌀농사를 지어서라도 떡을 해먹고 마는 그런 사람이 맞긴 하다. 하지만 농사를 짓는 것도 떡 배분이 다 끝난 후에 결정할 일이다. 떡이 다 떨어진 후의 일은 그때 가서 걱정해도 늦지 않지만, 손 놓고 있다가 서류 전형에 합격한 뒤에나 면접 준비를 한다면? 늦어도 한참 늦을 것이다.

## 선제 공격? 선제 질문!

서류 전형 결과는 어땠을까? 지방대 출신에 해외 어학연수 한번 하지 않은 나는 당당히 J 신문사의 서류 전형에 합격했다. 합격 통보를 받았을 때는 면접 예상 질문지를 다 뽑아 답변까지 여러 차례 연습하고 있던 상태였다.

누가 옆구리만 푹 찔러도 답이 술술 나오면 좋겠지만 많은 내용을 암기하는 것은 생각보다 쉽지 않았다. 그러다 다른 사람들도 이 정도 준비는 하고 있을 것 같다는 데 생각이 미쳤다. 게다가 다른 응시자들이 나보다 암기 능력이 훨씬 좋을지도 모를 일 아닌가(그럴 가능성이 매우 컸다). 나는 그제야 내가 하는 면접 준비가 과연 옳은가 하는 고민에 빠졌다. 면접자는 질문을 던지고 응시자는 자기가 준비한 답을 질문에 끼워 맞추며 전전긍긍하는 그런 면접. 질문자는 갑, 응시자는 을의 자리로 자동 세팅되는 진부한 면접 말이다.

불현듯 언젠가 책에서 읽었던 기문지학記問之學이라는 말이 떠올랐다. 이는 남의 물음에나 답하기 위해 익힌 학문으로 참된 깨달음이 전혀 없는 학문을 뜻한다. 그런데 내가 여태껏 그런 면접 공부를 한 것이 아닌가. 나는 지금까지 한 면접 준비를 머릿속에서 지우기로 했다. 그렇다면 나는 이제 무엇을 해야 할지 고민했다. 답이 떠오를 때까지 나에게 끊임없이 질문했다. 생각의 바다에서 한참을 허우적거리자 정답처럼 아인슈타인의 말이 불쑥 솟아올랐다.

"중요한 것은 결코 질문을 멈추지 않는 것이다. 호기심은 그것 자체만으로도 존재에 대한 이유를 가지고 있다."

질문! 바로 그것이었다. 면접관이 아닌 내가 먼저 질문하는 것. 답변을 위해 모은 자료를 분석해서 그것을 토대로 내가 먼저 면접관들에게 질문을 던지는 것이다. 자료는 이미 충분했다. 지금까지 해온 준비가 마냥 헛수고는 아니었다. 방식만 수정하면 될 일이었다.

나는 J 신문사의 문제점들과 내가 도출한 대안들을 정리하면서 면접을 다시 준비했다. 신문사 최종 합격을 위해 필요한 것은 남들과 비슷해지는 것이 아니라 남들을 뛰어넘는 것이어야 했다. 그렇게 나는 나만의 면접 준비를 마치고 면접 장소로 향했다.


면접 응시자만 족히 200명은 넘어 보였다. 나보다 앞서 면접을 보고 나온 사람들에게서 면접실 안의 정보를 얻어 냈다. 면접관 7인, 응시자 5인이 한 조로 면접을 보는 형태였다. 시간을 고려했을 때 응시자 1인에게 집중되는 시간은 고작 1분 정도였다. 그 말은 1분 안에 면접관들에게 나, 오두환을 각인시켜야 한다는 것이었다.

내가 속한 조의 면접 차례가 와서 면접장 안으로 들어갔다. 운 좋게도 내 차례는 네 번째였다. 내 앞에 응시자들이 먼저 답을 하는 사이 나는 면접관들을 살폈다. 나는 분위기를 살피며 면접관 중 누가 가장 직급이 높을지를 가늠했다. 내게 주어질 1분이라는 시간 안에 질문을 던져야 할 상대를 탐색한 것이다. 내 차례가 돌아오자 누군가 먼저 나를 호명했다.

"오두환 씨?"

"네, 안녕하십니까. 제가 오두환입니다. 한 말씀 올려도 되겠습니까?"

나는 내 발언 기회를 놓치지 않고 곧바로 질문을 이어 붙였다. 물론 내가 최고 직급자일 것이라고 짐작하는 사람에게 시선을 고정한 채였다. 다른 면접관들의 시선도 자연스럽게 내 시선을 따라 최고 직급자에게 쏠렸다. 갑작스레 모두의 시선을 한 몸에 받게 된 그분은 말할 기회를 곧바로 나에게 떠넘겼다.

"말해 보세요."

질문 몇 가지를 받고 종료되는 일반적인 면접과 달리 말할 기회를 얻은 나는 곧바로 내가 준비한 자료들을 술술 풀어놓기 시작했다. J 신문사의 강점으로 시작해 부족한 점들, 그에 대한 나의 대안, 성장을 이끌 방안들을 풀어놓았다. 내가 말하는 사이 그 방에 있던 모든 사람이 내 말에 귀를 기울였다. 나는 내가 질문하고 스스로 답변하는 방식으로 5분이 넘는 시간을 혼자 다 사용했다. 그 덕에 다른 면접관들은 나에게 스펙 관련 질문 따위는 하나도 하지 못했다. 면접관이 내게 건넨 질문은 "오두환 씨?" 하고 처음 나를 확인한 것이 전부였다.

그렇게 면접을 마치고 나왔더니 결과에 상관없이 마음이 후련했다. J 신문사에 입사해 내 꿈을 펼쳐 보고 싶다는 소망도 강해졌다. 그러나 그런 단단한 마음은 면접 대기실에서 들은 면접 진행자의 말에 이내 풀어졌다. 합격자 최종 발표가 한 달 반 후에 나온다는 것이 아닌가. 그들의 선택만을 오매불망 기다리고 있기에는 당시 내 상황이 무척이나 좋지 않았다. 당장 생계를 유지하기 위해 뭐라도 해야 했다. 무엇보다 내가 최선을 다해 면접을 잘 봤다고 하더라도 내 행동이 합격을 보장할 수는 없는 일이었다. J 신문사 입사를 위해 내가 할 수 있는 일은 이미 다 했으니, 이제 다음을 준비해야 했다.

## 광고회사 막내 직원

나는 다시 취업할 다른 회사들을 탐색했다. 면접을 보고 직원이 세 명뿐인 작은 광고회사에 입사하기로 결정했다. J 신문사와 달리 입사 절차 진행이 빨랐다. 신문사 면접이 끝난 지 며칠 지나지 않아 나는 광고회사로 출근했다. 그리고도 한참 지난 어느 날 나는 J 신문사로부터 최종 합격 통보를 받았다. 하지만 나는 곧바로 하던 일을 그만두고 신문사로 가지는 않았다.

내가 작은 회사로 입사하기로 결정한 이유는 그 회사에서 나의 미래, 비전을 보았기 때문이다. 다섯 평 남짓한 작은 사무실에 네트워크 병원 광고를 진행하는 회사였다. 무려 18개의 네트워크 지점을 가진 내실 있는 회사였다. 사무실 규모와는 달리 매출 규모가 제법 되었다. 내 생애 첫 돈벌이도 아버지의 자동차 판금·도색 광고였기 때문에 운명이라는 생각마저 들었다. 광고라면 나도 잘할 수 있을 것 같아 입사를 결심한 것이다.

예상했지만 근무 조건이 생각보다 열악했다. 신입사원인 내가 맡은 첫 업무는 검색 포털에서 키워드를 관리하는 일이었는데 단순 작업을 끝도 없이 기계처럼 반복해야 했다. 문제는 내가 기계가 아니라는 것이다. 누구나 처음에는 다 그런 일을 하는 거라고 말할 수도 있다. 하지만 기계적인 업무를 단순 반복하지 않을 방법을 찾을 수만 있다면 굳이 인간이 기계처럼 살 필요는 없지 않을까. 남들이 당연하다고 여기는 것일수록 나는 수긍하고 싶지 않았다. 그래서 생각했다. 그 상황을 벗어날 방법을. 일단 상황을 정리해 보니 간단했다.

'그 일은 필요하다. 그런데 단순 반복 작업이라 내가 하기 싫다.'

그렇다면 해답도 간단하다. 그 일을 내가 하지 않으면 된다. 그럼 누가 해야 하는지가 관건이다. 나는 계속 스스로 질문하고 답하길 이어 나갔다. 물론 회사에서는 내가 기존에 하던 방식대로 해주기를 원했다. 하지만 나는 업무 방식을 그대로 고수하면서 회사가 달라지길 바란다는 것부터가 어불성설이라고 생각했다. 나는 배수의 진을 치기로 했다. 이 방법이 꽤 효과가 좋다는 것을 이미 경험을 통해 알고 있었다. 마침 나에게는 J 신문사로부터 날아온 합격 통지서가 있었다. 그것이 훌륭한 전신 갑주가 되어 주었다. 나의 가치를 객관적으로 입증해 주는 것이었으니까.

나를 마케팅할 때도 도구가 필요하다. 나는 상사와 협상을 시도했다. '내가 이렇게 가치를 인정받는 사람이다. 그런데 여기서 기계처럼 단순 반복 작업을 할 수만은 없다. 내 의견이 받아들여지지 않으면 퇴사도 불사하겠다.'라고 하자 상사의 표정이 심각해졌다. 그냥 허풍쟁이가 하는 말이 아니라는 근거 자료가 있었기 때문이다. 다만, 대안이 없으니 아무 말도 못 했을 뿐이다. 나는 마침내 내가 생각한 대안을 꺼내 놓았다. 요약하자면 기계처럼 반복되는 일은 기계한테 시키자는 것이었다. 나는 대량 관리 시스템을 이용할 것을 제안했다. 마침 친척 형이 관련 일을 하고 있었기에 곧바로 도움을 요청할 수 있었다.

고민 하나를 해결했으니 이제 다음 계획을 실행할 차례였다. 하던 일을 시스템 이용으로 돌리고 나면 내가 다른 일을 할 시간을 번다. 나는 그 당시 나에게 주어진 업무를 해결하면서 곧바로 하고 싶던 새로운 일이 있었다. 그 일을 하기 위해 나는 회사에 직원 한 명을 붙여 달라고 했다. 사업을 확장해 회사를 성장시켜 보고 싶다고 말했다. 그동안 준비한 자료까지 보여 주면서 브리핑을 이어 나갔다. 적극적인 태도와 철저한 준비에 상사도 긍정적으로 귀를 기울여 주었다. 브리핑을 마치고 이런 나의 비전을 구매할 것인지 상사에게 질문했다. 비전을 제시한 이유는 내가 J 신문사를 포기해도 좋을 만큼의 광고회사로 만들어 보겠다는 나 자신의 다짐 때문이었다. 상사는 대표님에게 안건을 제시할 수 있도록 자리를 마련해 주었다.

# 신입사원, 팀장이 되다

결국 내 의견은 받아들여졌다. 키워드 관리는 대량 관리 시스템을 도입해 관리하기로 결정되었다. 신입사원이던 나는 곧바로 18개 네트워크 지점을 관리하는 '마케팅팀 팀장'이 되었다. 사업을 확장해 보라는 자율권까지 주어졌다. 이제 내가 내 말을 스스로 증명할 차례였다.

그 당시는 바이럴 마케팅을 가장한 노출 광고가 막 유행을 타던 시점이었다. 알아서 지점을 모집하고 매출을 높여야 하는 것이 나에게 주어진 과제였다. 네트워크 사업 내에서 신규 사업을 시작하라는 것이었다. 나는 40만 원씩 4개 지점을 모아 160만 원을 만들고, 그 돈으로 사람을 뽑아 마케팅팀을 운영하겠다고 했다. 당시 최저 임금이 140만 원 이하였기 때문에 가능한 일이었다.

나는 호언장담하며 일을 추진했다. 장담하고 시작하면 성공 확률이 높아진다. 호언장담은 다른 사람을 향해 선포하는 기능도 있지만, 그에 앞서 나 자신을 향해 공표하는 역할도 담당한다. 조금이라도 남아 있을 내 안의 두려움을 날려 버리기에 효과적이다.

당시 4개 지점당 한 사람을 배치한다고 말했기 때문에 계획대로 잘 안 되면 그 한 사람이 설 곳도 사라지는 것이었다. 나로서는 배수의 진을 다시 한번 친 것이다. 내가 뽑은 직원에 대한 책임을 지기 위해서라도 열심히 일했고, 그 결과 3~4개월 만에 지점은 20개가 되었다.

물론 팀원도 5명으로 늘었다. 본사 광고 담당 1인과 나를 포함한 우리 팀원은 7명이 되었다. 내가 입사했을 당시 직원 수의 두 배가 넘는 인원이 내 팀원이었다. 우리는 6개월 만에 월 매출 1,000만 원을 달성했다.

지점이 30개쯤 되었을 때, 나는 또 다른 도전을 하고 싶어졌다. 지점당 정해진 광고비 40만 원을 100만 원으로 높이는 것이었다. 돈이 아깝지 않을 고품질 광고를 만들어 제공할 자신이 있었다. 하지만 지점들은 차치하고 대표님이 먼저 반대하고 나섰다. 누가 광고에 그런 큰 돈을 내겠냐는 것이었다. 그나마 있던 지점마저 다 떨어져 나갈 위험이 있다는 것이다. 물론 위험은 늘 존재한다. 그렇다고 아무것도 도전하지 않으면 더는 성장하지 못할 것이다. 나를 제외한 팀원과 대표님은 이미 그 정도 성과에 만족한 나머지 새로운 일을 벌이는 것을 달가워하지 않았다. 하지만 나는 회사를 더 키우고 싶었고, 확신도 있었다.

나는 경쟁사를 먼저 조사하고 분석했다. 그런 다음 70쪽이 넘는 제안서를 만들어 대표님을 찾아갔다. 실패하면 자리에서 물러나겠다고 다시 배수의 진을 쳤다. 대표님은 지점의 이탈을 우려하긴 했지만 나의 뚝심에 이번에도 결국 승낙했다. 한 회사의 대표님 앞에서 직원인 내가 '책임'을 지겠다고 선포한 것이다. 대표님을 설득한 것은 70쪽이 넘는 제안서의 내용이 아니라 그런 나의 열정적 태도가 주는 신뢰가 아니었을까.

나는 내 제안서를 들고 지점들을 찾아다니며 브리핑을 감행했다. 설득이 안 되는 지점은 원장님을 찾아가 무릎을 꿇어가며 부탁하고 설득했다. 추가되는 광고비 이상으로 매출을 올려드리겠다고 장담했다. 그 결과 기존 30개의 지점 중 2곳을 제외하고는 28개의 지점에서 월 광고비 100만 원이라는 조건을 받아들였다. 곧바로 월 매출 2,800만 원을 달성한 것이다. 우리는 매출에 맞춰 신규 직원 4명을 충원하고 시스템까지 재정비했다.

## 성공 알고리즘

재정비를 했으니 이제 내 앞에 남은 것은 무엇이었을까? 새로운 목표 설정과 도전이었다. 나는 외부 업체 광고를 하겠다고 나섰다. 당연히 모두가 반대했다. 제발 있는 것에 만족하라는 것이었다. 가진 것까지 다 잃기 전에.

나는 다시 이 일을 추진할 경우를 시뮬레이션해서 보여 주었다. 내 분석에 의하면 잘하면 대박, 못해도 중박은 할 수 있다는 결론이었다. 나는 포기하지 않고 계속 회사 사람들을 설득했다. 결국 회사 사람들 모두 찬성하기에 이르렀고 나는 기획서를 작성할 수 있었다. 이렇게 벌인 신규 사업으로 월 매출 3,000만 원을 달성하는 데 6개월이 걸렸다. 그다음 내 새로운 목표는 1년 안에 월 매출 5,000만 원 달성이었다.

내가 이 새로운 목표를 달성했는지 궁금할 것이다. 달성했음은 물론이고 그 이후 변경된 목표, 월 5억 원 이상의 매출 달성도 비교적 빨리 이루었다. 그리 크게 느껴지지 않을지도 모르지만, 우리의 초라했던 시작을 생각한다면 괄목할 만한 성장을 이룬 것은 확실하다. 월 매출 3,000만 원에서 만족하고 안주했더라면 광고주 이탈 없이 다 유지했다고 해도 최고 매출액은 3,000만 원에 머물렀을 것이다. 하지만 나는 끊임없이 새로운 목표를 세우고 도전을 시작했다. 누구보다 나를 믿고 열정적으로 도전한 결과 다른 사람의 신뢰를 얻어 냈다. 이제 나는 유니콘 기업을 꿈꾼다. 여전히 많은 사람이 '불가능'하다고 말하기 때문에 나는 반드시 '가능'하다는 것을 입증해 낼 것이다.

그러기 위해서 나는 그 도전과 성공을 지금도 멈추지 않고 있다. 처음 입사할 때는 나를 포함해서 직원이 4명뿐인 회사의 새내기 막내에 불과했지만 지금 나는 프리랜서를 포함, 100여 명의 직원을 이끄는 리더로 성장했다. 불과 2년 만이었다. 그렇다면 우리의 10년 후, 20년 후가 상상되지 않는가?

우리는 늘 핑계를 대며 살아간다. 핑계를 대려고 하면 못 할 이유는 세상에 차고 넘친다. 월수입 1,000만 원이 너무 커 보이기 때문에 온갖 핑계를 대며 포기할 구실을 찾는 것이다. 하지만 반드시 해내야 할 이유도 찾고자 하면, 이 또한 차고 넘친다는 것을 알아야 한다. 그러니 월수입 1,000만 원이 될 때까지 포기하지 말고 모든 방법을 간구해 돌파구를 찾아보라.

세상 사람의 90% 정도가 자신이 좋아하는 일을 하면서 살지 못한다고 한다. 좋아하고, 하고 싶은 일로는 돈을 벌 수 없을 것이라 여겨 시작하기도 전에 포기부터 한다. 그러고는 하기 싫은 일에 인생 대부분을 바치며 살아간다.

이런 선택과 결과는 본인에게도 사회적으로도 좋은 영향을 줄 수 없다. 좋아서 하는 일도 성공하려면 큰 노력을 들여야 하는데, 하기 싫은 일을 억지로 해서 얼마나 좋은 결과를 얻을 수 있겠는가. 그러니 이제라도 자신이 좋아하는 일에 매진하기 위해 모든 방법을 동원하라.

그러기 위해서는 실력을 쌓는 것도 중요하겠지만 돌파할 수 있는 알고리즘을 찾아내는 일이 더 시급하다. 효율적으로 성공을 앞당기고, 성공 확률을 높여야 한다. 다음 장에 이어지는 방법을 계속 참조한다면 누구나 이룰 수 있다.

# CHAPTER 03

# 보험설계사 연봉이 10억?

정미경

나의 과거야말로 '평범' 그 자체였다. 지금 내 삶이 조금 '특별'해졌다고 말할 수 있는 것은 과거 내 '선택' 덕분이다. 나는 스물다섯 살에 누구나 꺼리던 보험설계사 일을 시작했다. 그 선택이 내 인생을 바꿨고 지금의 나를 있게 만들었다.

나, 정미경은 고객 노력의 가치를 더욱 가치 있게 만들어 주는 사람이다.

내 학력은 울산여상을 졸업한 것이 전부다. 그러나 현재 나는 자산 관리 분야에서 누구에게도 뒤지지 않는 전문가라고 자부한다. '정미경' 이라는 브랜드를 창조했다고 감히 단언할 수 있다.

울산여상 졸업을 앞둔 3학년 시절, 공부를 잘하는 친구들은 대부분 은행이나 보험사 같은 금융계열 회사로 취업하고, 얼굴이 예쁘고 키 큰 친구들은 대기업 비서실로 취업하는 것이 기본이었다. 하지만 나는 성적도 중간이었고, 얼굴도 그다지 예쁜 축에 들지 않았다. 그래서 수시로 담임선생님을 찾아가 괴롭혔다. 그나마 연봉이 높은 회사에서 지원 요청이 들어오면 평소 싹싹하다는 내 성격을 무기로 내밀며 추천해 주십사 부탁했다.

## 신입 사원, 내가 제일 잘 나가!

그렇게 처음 면접을 보고 취업한 회사가 '한샘 부엌 가구'였다. 서울까지 올라가 신입 사원 연수를 받고 울산에 있는 본사 직매장으로 발령을 받았다. 시내에 있는 근무처 건물은 1층이 매장이었고, 2층에 사무실이 있었다. 사무실에서 내가 맡은 업무는 매장에서 한 달 사용할 예산을 기획해 본사에 올리고 매출에 대한 수입 보고 및 수금에 대한 것들을 처리하는 것이었다.

나는 시간적 여유가 생길 때마다 매장에 내려가 진열된 부엌 가구들을 둘러보았다. 본사에서 교육받을 때 보았던 그 가구들을 실제로 보는 것이 마냥 신기했다. 우리 집에도 이런 근사한 가구들이 있었으면 좋겠다는 생각에 틈만 나면 가구를 닦으며 행복한 상상의 나래를 펼쳤다. 그래서인지 진열된 가구들이 다 내 것같이 소중했다.

그 날은 영업 사원들이 모두 외근을 나가고 소장님도 식사하러 외출한 상태였다. 사무실에는 캐드 담당 언니만 남아 점심 준비를 하고 있었고, 나는 또 진열된 부엌 가구를 신나게 닦는 중이었다. 그때 매장에 손님이 한 분 들어와 직원을 찾았다. 나는 곧바로 가구 닦기를 멈추고 고객에게 다가가 응대했다. 고객은 부엌 가구를 보러 왔다고 했다. 영업 담당이 아닌 나는 잠시 당황했지만, 나도 모르게 자연스러운 말투로 고객을 응대하는 나를 발견했다.

"제가 판매 담당자는 아니지만, 본사에서 나왔습니다. 제품에 대해서는 누구보다 잘 아는데요. 한번 설명해 드려도 괜찮을까요?"

고객은 한번 해보라며 뒷짐을 지고 나를 따라왔다. 나는 당시 내가 가진 지식을 총동원해 진열대를 하나씩 지나가며 자세히 설명했다. 한샘 가구의 장점을 강조하면서 자신 있게 설명했더니, 고객이 나에게 견적을 받아 보겠다며 연락처와 주소 등 개인 정보를 알려주었다. 나는 매장 소속 영업 사원을 보내기로 약속하고 고객을 배웅했다. 그렇게 첫 고객 응대를 성공적으로 마쳤다.

나는 그 일로 고객 응대에 자신감이 생겼다. 하루는 평소와 다름없이 매장에서 고객 응대 기회만을 노리고 있는데 한 여성 고객이 매장으로 들어왔다. 한눈에 보기에도 고급스럽고 우아한 분위기를 지닌 고객이었다. 나는 매장 진열품 중 내추럴 오크로 제작된 싱크대에 관해 설명했다. 독일산 식기세척기와 오븐까지 세트로 덧붙였다. 제품의 장점위주로 설명했고, 여기에 한 가지 더 추가했다. 바로 내가 날마다 진열된 가구를 보면서 하던 상상, 스토리텔링이다. 고객이 그 가구 세트가 배치된 주방에서 요리하며 가족들과 보내는 행복한 시간을 머릿속에 그릴 수 있도록 상세히 묘사했다. 내 말을 귀담아듣던 고객은 당시 3,000만 원이나 하던 부엌 가구 세트를 계약했다.

큰 계약을 경험하고 나니 그다음부터는 말 그대로 일사천리, 파죽지세였다. 고객 응대는 기본이고, 단순 전화 응대뿐만 아니라 A/S 상담까지 매장 업무 전반을 다 수행할 수 있게 되었다. 그러다 문득, 가만히 앉아서 고객이 찾아오기만을 기다릴 것이 아니라 직접 고객을 만들어 보자는 생각이 들었다. 고심 끝에 우리는 기존 고객들을 대상으로 하는 오븐 요리 강습회를 열기 시작했다. 강습회 외에도 다양한 고객대상 이벤트를 진행했다. 나는 당시 매장의 주인이 된 것 같은 마음으로 내 일을 즐겼다.

급기야 우리 매장이 전국 우수 사례로 뽑혔다. 매출 신장 방법론을 배우려는 사람들의 방문이 줄을 이었다. 지점장님을 비롯해 영업 사원, 시공 사원까지 모두 하나가 되어 지역 시장을 장악하게 되었다.

# 스카우트 제안

대리점주들이 직매장 영업에 대해 항의했는지 결국 본사는 전국에 있는 직매장의 폐업을 결정했다. 우리 매장도 폐업에서 비껴갈 수 없었다. 그동안 함께 일했던 동료들은 모두 뿔뿔이 흩어졌다. 나와 지점 장님은 대리점 관리를 하는 부산 사업 본부로 발령이 났고, 영업 사원들과 캐디 담당 언니는 각자 다른 직장을 찾아 떠났다.

그런데 직매장을 인수하는 대리점 사장님이 나에게 스카우트 제안을 했다. 내가 영업뿐만 아니라 매장 운영까지 잘한다는 소문이 돈 후였다. 대리점 사장님은 매장 관리까지 하는 조건으로 나에게 월 300만 원에 가까운 급여를 제시했다. 그 당시 고졸 여직원 평균 급여가 60~80만 원이었던 것을 고려하면 파격적인 제안이었다. 나는 타향살이가 힘들다는 것을 서울에서 이미 경험했다. 다시 부산으로 가 고생을 하느니 대리점 사장님의 제안을 받아들이기로 하고 본사에 사직서를 제출했다.

대리점에서 일을 시작하고 나서야 본사 직매장에서 일하던 것과는 상황이 다르다는 것을 깨달았다. 사장님은 경비를 줄인다는 이유로 매장 소장님까지 다 내보내더니 자기 배우자를 경리로 고용했다. 그리고 나에게 영업과 매장 관리까지 다 하도록 압박했다. 직매장에서 일하던 때는 퇴근 시간이 오후 6시였는데, 대리점에서 근무하고부터는 매장 문을 닫는 밤 10시가 퇴근 시간이 되었다. 내가 하고 싶어서 선택했지만, 과도하리만큼 많은 일에 시달리는 것은 어린 내가 감당하기에는 버거웠다. 나는 결국 6개월도 버티지 못하고 일을 그만두었다. 그렇게 짧게 끝나긴 했지만, 내 첫 번째 회사 생활은 두고두고 내 인생에도 커다란 영향을 끼쳤다.

별똥별이 떨어질 때 소원을 빌면 이루어진다는 속설을 누구나 알고 있다고 해도 정작 별똥별이 떨어지는 순간에 맞춰 소원을 비는 사람은 흔치 않다. 늘 간절한 소원을 품고 있어야만 그 찰나에 주저 없이 소원을 빌 수 있다. 가구에 대한 나의 순수한 마음이 열정을 불러일으켰고, 그것들이 결국 고객에게 신뢰로 이어졌다.

## 고단한 정 양의 나날

대리점을 나온 후에 친구가 자기 회사를 소개해 주겠다고 연락해 왔다. 울산에는 현대자동차와 현대중공업이 있어서 그에 따른 하청 업체들이 많았다. 그중 공장이 두 곳이나 있는 중견기업의 전산 부서에 사람이 필요하다는 것이었다.

나는 이력서를 들고 내 인생 두 번째 면접을 보러 갔다. 면접 평가가 괜찮았는지 어렵지 않게 그 회사에 입사할 수 있었다. 내가 근무하는 사무실은 지하에 있었다. 납품과 바로 옆이 전산부였다. 우리 부서는 책상이 2개 배치된 것이 다였다. 면접에서 유난히 질문을 많이 하던 안경 쓴 분의 자리가 바로 내 뒤였다. 나의 직속 상사(사실은 유일한 부서원)인, 김 차장님이라고 했다. 전산부라고 해서 인원이 많을 줄 알았는데 결국 둘이 회사의 모든 전산 업무를 담당해야 했다. 친구 말로는 김 차장님 성격이 여간하지 않다고 했다.

"그분 밑에서 일하던 사람들은 다 하나같이 한 달 이상을 못 버티고 나갔어. 성격이 보통이 아니거든. 그래도 너라면 잘할 수 있을 거야."

회사에서 나는 '정 양'이었다. 그 시절에는 여직원들을 보통 'ㅇ 양, 미스 ㅇ'라고 불렀다. 아침 커피는 내 담당이었다. 그전까지 나는 당당히 내 이름으로 불리던 가구 전문가였고, 그 당시 스무 살 여성은 꿈도 못 꾸던 고액 연봉을 받는 직장인이었다. 하지만 나는 다시 시급으로 계산된 월급을 받는 여직원이 되었다. 60~80만 원 정도의 급여를 받는 직장에서 아침이면 이름 대신 '정 양'으로 불리며 커피를 돌리는 신세가 되었다.

회사에 적응하기도 전에 김 차장님은 내게 첫 번째 과제를 안겨 줬다. 도스 프로그램인 클리퍼 관련 서적을 주더니 알아서 공부하라는 것이었다. 프로그램 공부는 전문용어가 많아서 독학이 쉽지 않았다. 나는 일이 끝난 후 회사에 남아 밤 12시까지 공부했다. 그리고 공부한 내용을 토대로 시범 프로그램을 만들어 보는 작업을 반복했다. 열심히 하는 내 모습을 본 김 차장님이 늦게까지 회사에 함께 남아 나에게 가르침을 주었다. 매번 귀가가 늦어지자 결국 엄마가 한 소리를 하셨다.

"한샘에 다닐 때는 밤 10시까지 힘들게 일해도 돈이라도 많이 받았지. 반의반도 안 되는 돈 받으면서 밤 12시 퇴근이 보통이니 이게 무슨 일이고?"

"엄마, 야간 시간에는 일하는 게 아니고 프로그램 공부하는 거라니까! 그냥 야간대학교 들어갔다고 생각해!"

나는 엄마를 이해시키기 위해 노력했다. 사실 나도 당시 매우 힘들었다. 그 와중에 엄마의 잔소리까지 계속 듣다가는 결국 스스로 포기해 버릴 것 같았다. 포기하지 않기 위해서 계속 엄마를 설득했다. 그때 정말 설득이 필요한 사람은 나 자신이었던 것 같다.

## 인정과 승진 사이

당시 내가 속한 전산부는 지원부서였다. 조립 컴퓨터를 설치하거나 컴퓨터에 문제가 생기면 프로그램을 지우고 재부팅해 주는 것이 업무의 대부분이었다. 그러던 어느 날 김 차장님이 생산부 팀장님으로 가게 되었다면서 나를 그 부서로 데려갔다. 그 후부터 전산부는 따로 존재할 필요가 없었다. 생산부 일을 배우면서 생산부에 맞는 프로그램을 만들라는 주문이 떨어졌다. 생산부 사람들과 더 친해지기 위해 현장을 쫓아다녔고, 생산 반장님과 현장 아주머니들에게도 항상 커피나 음료를 제공하면서 친분을 쌓았다. 차츰 생산부 사람들도 내가 관련 프로그램을 만드는 데 적극적으로 도움을 주기 시작했다.

정해진 근무시간에는 생산부의 업무를 보고, 근무시간이 끝나면 그 업무를 토대로 김 차장님과 함께 프로그램을 만들었다. 그러면서 기존 여직원이 했던 업무까지 모두 수행해야 했기 때문에 나의 퇴근 시간은 항상 늦은 밤이 될 수밖에 없었다.

생산부에서의 시간은 무척 빠르게 흘렀고, 해도 해도 할 일은 늘 많았다. 일이 익숙해질 무렵 김 차장님이 다시 납품과 팀장님으로 자리를 옮겼다. 물론 나도 납품과로 데리고 갔다. 매서운 눈빛으로 쉽게 정을 줄 것 같지 않던 김 차장님은 성실함과 열정적인 태도에 나를 많이 신뢰하신 것 같다. 물론 나도 그때 김 차장님을 많이 믿고 따랐고, 또 그만큼 의지하기도 했다.

나는 납품과에서도 낮에는 부서 일을 하고 저녁부터는 납품과 관련 프로그램을 만들었다. 부서 이동을 할 때마다 나를 데리고 다니던 김 차장님은 여전히 무서운 성격이었지만, 그분이 나를 아낀다는 것을 알고 있었다. 김 차장님과는 그렇게 3년을 함께 일했다. 시간이 지날수록 나도 김 차장님만큼이나 회사에서 함부로 할 수 없는 사람이 되었다.

김 차장님은 기존 업무를 알려주는 데 그치지 않고 새로운 사항이나 정보가 생길 때마다 나와 공유했고, 함께 연구하길 원했다. 덕분에 나는 회사의 핵심부서를 두루 다니며 업무를 수행할 수 있었다. 그 결과 직원 대표로 표창도 받고 공장장님이나 이사님들의 인정을 받는 존재가 되었다.

매사에 열심히 일하던 김 차장님은 결국 임원으로 승진했다. 한 이사님은 '정 양도 대리로 승진시켜야 한다고 주장했지만, 당시 보수적인 회사 분위기상 고졸 여직원을 대리로 승진시킨 사례는 없었다. 나는 아무리 열심히 일하고, 업무 능력이 좋아도 계속 '정 양'에 머물렀다. 업무를 하는 데 필요해서 하는 공부도 일의 연장으로 인정되지 않았기 때문에 시간외수당도 없었다. 내 노력의 대가는 그저 사람들로부터 받는 '인정'이 다였다. 나는 그 인정이 언젠가는 나에게 갑절로 돌아올 것을 믿으며 묵묵히 견뎠다.

## 윈도우 95에 밀려난 정 양

1995년 마이크로소프트사가 '윈도우 95'라는 운영체제 프로그램을 대대적으로 선보였다. 우리나라 기업체들도 서서히 운영체제를 도스에서 윈도우로 전환하기 시작했다. 내가 근무하던 회사는 1999년에 운영체제를 윈도우로 전면 교체했다. 이에 맞춰 새로운 운영체제를 관리할 전산팀이 외부에서 들어왔다. 그때까지 내가 밤새워 코딩한 프로그램은 하루아침에 무용지물이 되었다. 물론 누가 시켜서가 아니라 내가 좋아서 배우며 일했고 그로 인해 인정도 받았다. 하지만 더는 내가 그 회사에서 성장할 여지가 없어 보였다. 결국 나는 퇴사를 결정했다. 몸도 마음도 많이 지친 상태였다. 때마침 결혼이라는 좋은 핑계가 생겼고, 내 열정은 잠시 묻어 두기로 했다.

아쉽게 퇴사하긴 했지만, 그 회사에서 내가 보낸 시간은 나를 또 한 단계 성장시켰다. 나는 밤낮을 가리지 않고 열심히 노력해 누구보다 빨리 적응했고, 내게 주어진 일 외에도 회사 내 다양한 업무를 수행했다. 그 결과 조직에서도 인정받는 사람이 될 수 있었다. 누군가의 신뢰를 얻기까지는 오랜 시간이 소요된다. 뒤돌아보면 내가 인지하지 못한 그 시간 동안에도 나는 무럭무럭 자라고 있었다.


두 번째 직장을 그만두고 결혼을 했다. 나도 여느 사람들처럼 결혼만 하면 공주처럼 아름다운 집에서 예쁜 옷을 입고, 남편이 벌어다 주는 돈으로 알뜰살뜰 살림만 하면서 살 줄 알았다. 하지만 현실은 전혀 달랐다. 평범한 회사원이던 남편의 월급은 결혼 준비에 사용한 카드값을 메우기에도 부족했다. 시간이 갈수록 갚아야 할 빚은 계속 누적되었다. 보다 못한 나는 결국 다시 일하기로 결심했다.

창업 의논도 할 겸 전 직장 거래처 사장님과의 식사 자리를 마련했다. 약속 장소인 일식집으로 갔다. 먼저 도착한 업체 사장님 옆에 정장

차림의 여자 분이 앉아 있었다. 내가 룸에 들어서자 그 여자 분이 먼저 일어나 인사하며 명함을 건넸다.

"대한생명 ○○○입니다."

사장님의 부인이라고 했다. 나는 보험 가입 권유를 받을까 걱정됐다. 안 되겠다 싶어 선수를 쳤다.

"저는 대한생명에 이미 암보험과 연금 상품이 가입되어 있어요."

"어머, 그러세요? 너무 잘하셨네요."

그것이 다였다. 보험설계사라는 말에 지레 겁부터 먹었는데 다 내 선입견이었다. 나는 다시 편안한 마음으로 사장님과 대화하면서 식사를 마칠 수 있었다.

사모님은 내 결혼 선물을 준비했는데 두고 왔다면서 사무실까지 동행할 것을 제안했다. 거부할 이유가 없어 순순히 따라갔다. 사무실에 들어서자, 지점장님이라는 분이 다가왔다.

"저쪽으로 가서 차 한잔하시죠."

지점장님이 나를 원형 테이블 쪽으로 이끌었다. 차가 준비되기도 전에 지점장님이 테이블 위에 놓인 탁상용 달력을 내 쪽으로 밀면서 다짜고짜 질문을 시작했다.

"이 날짜가 시험이 있는 날이에요. 내일부터 공부하러 나올 수 있죠?"

앞뒤 설명이 없어 당황스러웠다. 지점장님이 잠시 숨을 고르더니 이야기를 술술 풀어 놓았다. 결론은 보험설계사 시험을 보라는 것이었다. 교육만 받아도 하루 1,000원으로 시작해서 다음 날은 1,000원에 2,000원을 더해 3,000원, 그다음 날은 3,000원에 다시 3,000원을 더해 6,000원을 받을 수 있다고 했다. 이런 식으로 총 15일을 채워 교육을 이수하면 총 얼마이며, 또 시험에 합격해서 등록까지 마치면 35만 원까지, 한 달에 총 70만 원을 준다는 것이다.

나는 재빨리 머릿속으로 계산하기 시작했다. 내가 전 직장에서 자정까지 일하고 받은 돈은 기껏해야 70만 원 정도, 많으면 100만 원이었다. 그런데 하루 4시간씩 공부하고 시험만 봐도 70만 원을 준다니, 이건 두 번 고민할 필요도 없이 남는 장사였다.

"예, 내일부터 나올게요."

당시에 보험회사마다 설계사 유치를 위해 다양한 프로모션을 내걸었다. 그 첫 번째 단계가 설계사 시험을 치르기 위한 교육 이수였다. 교육받는 동안은 영업실적이 나올 리 만무하니 그에 대한 보상으로 교육 수당을 지급했다.

## 스물다섯, 보험설계사가 되다

나는 하루도 빠짐없이 보험회사에 출근해 성실하게 교육받았다. 시험도 한번에 합격했다. 이번에도 엄마의 반응은 요란했다.

"이제 하다 하다 보험설계사까지 하니?"

노발대발하시며 내가 나가지도 못하게 하시는 게 아닌가. 시험 합격이 끝이 아니라, 바로 실전 교육을 이어서 받고 설계사 등록까지 해야 본격적으로 돈을 벌 수 있다. 그런데 극성스러운 엄마 때문에 도저히 외출조차 할 수가 없게 되었다.

'결국 이 일도 내 일이 아닌 걸까.'

막상 포기하려니 교육받으며 열심히 공부한 시간이 아까워 속이 쓰렸다. 결국 몸살이 났다. 이틀째 끙끙 앓으며 누워 있는데 처음 나를 대한생명으로 이끌었던 거래처 사장님의 사모님, 그러니까 유치자가 집으로 귤을 사들고 나를 찾아왔다. 몸져누워 있던 나는 부스스한 얼굴로 그분을 맞았다.

집에 들어온 그분은 집 안을 한번 둘러보더니 가방을 내려놓기 바쁘게 외투를 벗었다. 그러더니 청소를 시작하는 것이 아닌가. 놀란 내가 아무리 말려도 막무가내였다. 청소를 끝내고는 입맛 없으면 죽이라도 먹어야 한다면서 죽을 만들기 시작했다. 그분은 죽이 끓는 동안 껍질 벗긴 귤 알맹이를 나에게 내밀면서 말했다.

"이거 먹고 내일 나와."

그 한마디가 다였다. 그분은 다시 외투를 걸쳐 입고 우리 집을 떠났다. 영업이 직업이니 마음만 먹으면 얼마든지 화려한 언변으로 나를 구슬릴 수도 있었을 것이다. 그러나 그분은 그러지 않았다. 신뢰는 감동으로 이어지기 마련이다. 나는 그분께 은혜를 갚기 위해서라도 약속을 지키고 싶었다. 결국 나는 엄마의 반대를 무릅쓰고 다음 날 출근을 감행했다.

입사 동기는 50명 정도였는데 대부분 40~50대 여성들이었다. 우리는 함께 실전 교육을 받았다. 결근이 3일이면 자동 탈락이었는데 다행히 나는 이틀 결근 후 사흘째 출근을 했기 때문에 탈락을 면하고 실전 교육까지 잘 마쳤다.

보험회사 설계사라고 하면, 보통 친구나 친척 등 지인을 총동원해 영업하는 것이라고 인식한다. 하지만 나는 친척이나 친구가 많지 않다. 게다가 스물다섯, 어린 나이였던 나는 지인을 찾아 보험 가입을 권유해야 한다는 것이 부끄러웠다. 그래서 나는 전혀 모르는 사람들을 대상으로 시장을 개척해야겠다고 결심했다.

드디어 실전 영업 첫날이 밝았다. 초보인 나를 도와 일주일간 트레이닝을 해줄 분이 오셨다. 껌이나 사탕 등 선물을 챙긴 가방과 설문지, 볼펜이 담긴 가방까지 들고 그분을 따라나섰다. 사무실에서 도보 15분 정도 거리에 소규모 회사들이 모여 있는 지역이 있었다. 그곳이 내 첫 영업 무대가 될 장소였다.

우리는 일단 사무실에 남아 식사를 하거나 휴식을 취하는 사람들을 공략하기로 했다. 일일이 사무실을 찾아 들어갔다. 사람들의 거부감을 줄이기 위해서였는지 트레이너는 옆에서 신입 사원 교육과정이라며 나를 사람들에게 먼저 인사시켰다. 나는 인사를 하고 사람들에게 껌이나 사탕을 나눠 주며 설문조사를 하기 시작했다. 먼저 대면한 사람들이 설문 조항을 작성하는 동안 나는 또 다른 분에게 다가가 인사하고 선물을 나눠 줬다. 그렇게 설문지를 돌리고, 다시 완성된 설문지를 수거했다. 열 군데 정도를 돌고 났을 즈음 트레이너가 말했다.

"난 이제 수금하러 가야 해요. 너무 바빠서 계속 같이 다닐 수는 없으니까, 지금부터는 혼자 해봐요."

나는 당황했다. 일주일간 옆에서 계속 도와줄 것이라고 하지 않았나. 서운했다. 그뿐만 아니라 트레이너는 나에게 '도대체 왜 이런 일을 하려고 하냐.'라며 계속 부정적인 말들을 쏟아내 내 사기를 꺾으려 들었다. 혼자 영업해야 한다는 사실이 두려웠지만 그런 분과 계속 동행하는 깃이 결과적으로 나에게는 도움이 될 것 같지 않았다. 결국 나는 그 이후부터 그분과의 동행을 포기하고 혼자 다니기로 결심했다.

## 첫 계약

아침이면 사무실에 출근해 오전 시간 동안 받아 온 설문지를 정리해서 고객별로 자료를 만들었다. 점심시간이 되기 전에 가방을 양손에 하나씩 들고 15분을 걸어 나의 영업지를 찾아가 부지런히 활동했다.

나는 복사기 판매 회사, 설계도면 작성 전문 회사 등 소규모 회사 위주로 돌아다녔다. 그리고 개척 3일째가 되는 날이었다. 나는 사장님과 여직원, 두 사람만 있는 업체 사무실로 들어갔다. 첫날 이미 설문조사를 받아 두었던 업체였다. 사장님께 먼저 인사하고 여직원에게 다가가 설문조사 분석을 토대로 건강보험에 대해 자세히 설명했다. 설명 도중 자연스레 가입 안내서를 꺼내 내밀었다. 월 납입액이 38,000원인 건강보험이었다. 조용히 설명을 듣던 여직원이 바로 가입하겠다고 했다. 나는 그 여직원이 혹시나 다시 마음을 바꿀까 봐 걱정되어 얼른 사인을 받고 가입 절차를 마무리했다.

개척 나온 지 사흘 만에 드디어 첫 계약을 체결했다. 나는 사무실을 빠져나올 때까지 가까스로 흥분을 억눌렀다. 심장이 요동쳤다. 건물을 빠져나오기가 무섭게 처음 나를 데리고 나왔던 트레이너와 팀장님께 차례로 전화를 걸어 첫 계약을 따냈다고 소리를 질렀다. 자신감이 차올랐다. 점심시간에 맞춰 인근 사무실로 식사 배달을 가던 아주머니가 식판을 머리에 인 채 웃으며 한마디 하고 지나갔다.

"계약 하나 했나 보네?"

너무 기쁜 나머지 나는 누구라도 붙들고 드디어 내가 해냈다고 소리치고 싶었다. 하지만 침착해져야 했다. 설계사 등록까지는 기준 금액 30만 원, 맞춰야 하는 기준 실적이 있었다. 갈 길이 멀었다. 나는 첫 계약을 계기로 더 열심히 일했다. 하지만 개척한 시장에서 짧은 시간

내에 계약이 성사되기란 쉽지 않았다. 나는 개척도 열심히 이어갔지만 중간중간 선배 언니 등 지인을 찾아가기 시작했다. 체면 차릴 여유가 없었다. 그렇게 부지런히 활동한 끝에 가까스로 30만 원, 최소 기준을 달성하고 설계사 등록을 할 수 있었다.

등록했다는 기쁨도 잠시, 흔쾌히 첫 계약의 기쁨을 주었던 그 여직원이 청약 철회를 했다. 그때의 절망감은 이루 다 말할 수 없다. 이렇게 첫 계약을 놓치고 싶지 않다는 생각에 나는 고객의 집까지 찾아가 설득했지만 끝내 거절당했다.

그제야 나는 이 일이 얼마나 힘든 일인지를 실감했다. 영업이라는 것이 나와 고객 간의 신뢰가 전제되지 않으면 얼마나 쉽게 물거품처럼 사라져 버릴 수 있는지를 뼈저리게 깨닫는 계기가 되었다. 아쉽게 끝나 버린 계약 건이었지만, 신뢰가 바로 영업의 첫 번째 원칙이라는 것을 알게 해준 고마운 고객이기도 했다.

나는 이후에도 그 지역을 두 달간 하루도 빠짐없이 다녔다. 어느 정도 시간이 지나자, 사람들의 얼굴에서 나를 부담스러워하는 표정이 고스란히 드러났다. 아예 대놓고 말하는 사람도 있었다.

"아, 보험은 다른 데 다 가입돼 있어서 더는 가입할 것도 없어요. 그런데도 자꾸 껌이나 사탕을 주니까 너무 부담스럽네요."

그리 말하며 이제 방문하지 말아 달라고 요구하는 것이 아닌가. 막상 거절 의사를 직접 듣고 나니 생각이 많아졌다. 정말 회사에서 가르쳐 준 대로만 계속하는 것이 맞나 하는 의문이 들기 시작했다. 그렇다고 여기서 내 일을 그만둘 수도 없었다.

## 가장 중요한 원칙은?

나는 전 직장에서 새로운 도전들이 나를 어떻게 성장시켰는지 떠올렸다. 이 일도 마찬가지라고 생각했다. 회사에서 알려준 대로만 계속 고집할 것이 아니라 나 스스로 고객들에게 꼭 필요한 존재가 되어야 했다.

사람들은 이미 가입된 보험들이 있어 새로 가입하는 것을 부담스러워했다. 그럼 이미 타사에 가입된 보험 상품을 전문가로서 분석해 준다고 하면 어떨까? 내가 아는 보험 지식을 총동원하여 고객이 어떤 보험에 가입했는지, 또 중복되거나 하는 내용은 없는지 등 고객이 가려워하는 부분을 찾아 긁어 주자고 마음먹었다.

집으로 돌아온 나는 프로그램을 하나 만들었다. 엑셀을 이용해 쉽게 제작한 것이었지만, 그야말로 체계적으로 분석이 가능한 보장 분석 프로그램이었다. 이후 나는 다시 개척지로 나가 보험 가입 권유가 아니라, 이미 가입된 보험 상품들을 분석해 주겠다고 홍보했다.

예상대로 고객들이 보험 분석을 해달라며 증권을 가져오기 시작했다. 많은 날에는 하루에 50개 이상의 증권을 회수하기도 했다. 집에 돌아와 새벽까지 잠을 미루고 증권 내용을 일일이 입력하고 분석을 이어 나갔다. 그 결과를 참고해 제안서까지 제작했다. 한동안 그 일을 반복했더니 증권을 보지 않고, 가입된 상품과 보험사 이름만 들어도 보험의 내용과 장단점을 모두 외울 수 있게 되었다. 보험에 관해서는 척척박사, 진짜 전문가가 된 것이다. 나는 이때부터 명실공히 보장 분석 전문가가 되었다.

많은 사람이 자신의 분야에서 성공하고 부자가 되고 싶어 한다. 그런데 나는 성공이 단순히 개인적인 성취만을 의미한다고 생각하지 않는다. 진정한 성공은 내가 다른 사람에게 대체 불가능한 존재가 되고, 사회적 영향력을 발휘할 수 있을 때 실현된다.

대체 불가능한 특별한 존재가 되는 것. 즉, 자신을 가치 있는 사람으로 만드는 것부터 시작해야 한다. 대체 불가능한 존재라고 해서 어렵고 거창하게 생각할 필요는 없다. 몇 가지 중요한 원칙만 잘 따라하면 누구나 성공할 수 있다.

성공의 길로 가는 가장 중요한 기본 원칙은 신뢰이다. 다른 사람이 나를 믿고 의지한다면 그만큼 성공에 한 발짝 더 가까워진다. 명심하자. 신뢰는 가장 강력한 자본 중 하나이다.

성공은 시간과 노력이 필요한 과정이다. 이 책에서 내 이야기를 통해 말하고 싶은 것이 바로 이것이다. 실패와 어려움을 겪을 수 있지만,

이러한 경험을 통해 더 특별한 사람으로 성장할 수 있다. 중요한 것은 포기하지 않는 의지와 성공을 추구하는 목표 의식이다.

# CHAPTER 04

# '신'은 돌아오는 거야!

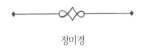

정미경

보험 영업을 시작하고 처음 체결한 계약은 내게 기쁨과 동시에 청약 철회라는 절망감을 안겨 주었다. 하지만 나는 주저앉지 않고 그 일을 반면교사 삼아 신뢰의 중요성을 가슴에 새겼다. 그 후로 고객을 만나 면 신뢰를 먼저 쌓기 위해 최선을 다했다. 하지만 나의 최선이 곧바로 긍정적 결과로 돌아오지는 않았다.

내가 아무리 많은 양의 보험증권을 회수해 분석하고, 제안서를 들고 찾아가도 개척지에서 만난 사람들로부터 추가 설계를 요청받거나 새로 운 계약을 체결하는 일은 쉽지 않았다. 자신이 가입한 보험 상품에 대 해 분석을 해주는 것에만 만족하는 사람들이 더 많았다.

분석 결과 다른 보험 상품에 가입할 필요가 있다고 느낀 사람들도 자신이 기존에 알고 지낸 보험설계사를 통해 계약하려고 했다. 보험 상품은 최소 10년이나 20년씩 길게 가야 하는 무형 상품이다. 상품이 눈에 보이는 형태를 갖춘 것이 아니어서 더더욱 신뢰가 전제되어야 한다. 그렇지만 나는 고객들에게 나이 어린 신입 설계사에 불과했다. 여러 가지를 고려할 때, 고객으로서 오랫동안 알고 거래해 왔던 설계사를 선택하는 것이 어찌 보면 당연한 결과인지도 몰랐다.

그렇다면 나도 나와 오래 알고 지낸 사람들을 찾아가면 어떨까 하는 생각이 들기 시작했다. 사람들이 보험 같은 영업이 필요한 일을 시작해도 쉽게 지인을 찾아가기 어려운 이유는 사실 단순하다. 같은 거절이라도 오랜 관계를 유지해 온 이들로부터 받는 거절의 상처가 더 깊기 때문이다. 그래서 아예 시도조차 하지 않고 생면부지의 사람들만 몇 날 며칠, 몇 달씩 찾아다니면서 정성을 쏟는다. 그러다 거절을 당한다 해도 지인의 경우와는 달리 쉽게 '그럴 수도 있지.'라고 생각한다.

나도 다르지 않았다. 낯선 이들의 증권을 회수해 밤새 작업한 정보를 제공했는데, 고객이 그 정보를 고스란히 이용해 다른 설계사와 계약한다고 해도 깊은 상처를 받는다거나 서운함이 오래가지는 않았다. 반면 오랫동안 알던 지인이 나의 정보와 서비스를 받고 정작 다른 설계사와 계약했다는 말을 들으면 몹시 서운하고 상처도 오래갈 것 같았다.

그런데 내 지인이라고 해봤자 울산여상을 졸업한 동창들이 다였다. 그중 친한 친구들 몇 명을 찾아가 보험 가입을 권유했다가 거절당한 경험이 있었다. 당시 얼마나 자존심이 상했는지 모른다. 그래서 더더욱 지인을 찾아가기보다는 새로운 시장을 개척해서 몰랐던 이들을 상대로 정성을 기울여 서비스를 제공하며 마음을 다지는 훈련을 계속했다. 하지만 나를 몰랐던 사람일수록 거절은 더욱 냉정했고, 나에게 정보만 받아서 자신과 친한 설계사와 계약하는 일이 다반사였다.

그래서 생각을 달리하기로 했다. 어차피 거절당하고 상처받을 것이라면 차라리 아는 지인을 더 찾아가는 것이 낫지 않을까. 한번 거절했다고 자존심 상해하지 말고, 낯선 시장을 개척하는 마음으로 몇 번이라도 찾아가 정성을 쏟아 가며 정보를 제공하는 것이 낫지 않을까. 오히려 낯선 이들보다야 나를 선택하게 되는 사람이 더 많지 않을까 하는 생각이 점점 강하게 들었다.

## 반가워, 정 양!

쇠뿔도 단김에 빼랬다고, 지체할 수 없었다. 내게는 그동안 트레이닝을 받으며 만든 고객 응대 자료와 보장 분석 프로그램이라는 든든한 무기가 있었다. 완전무장을 한 나는 그간 신뢰를 다져 온 사람들을 찾아가기로 했다. 고민 끝에 내가 정한 첫 고객은 나를 가장 신뢰하고, 내 실력을 인정했던 전 직장 분들이었다.

가장 먼저 나를 반갑게 맞아 준 분은 경비 아저씨였다.

"아니, 이게 누구야? 현장 사람들 챙길 때 잊지 않고 매번 나한테까지 커피랑 음료수 갖다 주던 '정 양' 아냐?"

아저씨의 따뜻한 인사에 나는 긴장이 다소 풀렸다.

"왜 이제야 왔어? 정 양이 보험회사 들어갔다는 얘기 들은 지가 언젠데. 당연히 나도 하나 가입하려고 진작부터 기다리고 있었지."

그렇게 말해 주시는 아저씨가 아버지라도 된 것처럼 고마웠다. 나는 그 자리에서 경비 아저씨에게 건강보험을 설계해 드렸다. 아저씨는 정 양이 어련히 잘 알아서 했겠냐며 내가 설계한 내용 그대로 가입하셨다. 나중 일이기야 하지만, 몇 년 후 아저씨는 급성심근경색으로 수술을 받으셨다. 병을 얻은 것은 가슴 아픈 일이지만, 그날 나에게 가입한 보험으로 병원비 부담만은 더실 수 있었다. 그 일로 두고두고 가족 분들이 내게 얼마나 고마워하셨는지 모른다.

경비 아저씨와 계약을 체결했다고 해서 사무실로 향하는 발걸음이 마냥 가벼운 것은 아니었다. 여전히 마음에 쇳덩어리가 하나 얹어진 것 같았다. 우선 재직 당시 나를 대리로 승진시키려고 했던 이사님을 찾아갔다. 활동 허락을 먼저 받아야 할 것 같았다. 긴장이 다 풀린 것은 아니었지만, 나는 당당해 보이기 위해 애쓰며 이사님께 말했다.

"이사님, 저 똑똑한 거 아시죠? 그때 이 회사에서 배운 프로그래밍 실력으로 보험회사에 들어가서도 보장 분석 프로그램을 직접 만들었어요. 처음부터 이 회사로 와 테스트할 수가 없어 다른 곳에서 먼저 연습도 하고 왔어요. 다들 꼭 필요한 정보였다는 걸 인정하셔서 여기로 찾아왔어요. 그러니까 정말 소중한 분들께도 이런 좋은 정보를 제공할 수 있도록 꼭 허락해 주세요!"

이사님은 흔쾌히 허락하며 말을 덧붙이셨다.

"보험 일이 생각처럼 쉽지만은 않을 텐데, 그렇게 당당하게 잘 해내고 있다니 정말 대단하네. 그래도 일을 계속하다 보면 어쩔 수 없이 힘든 시기가 올 거야. 그럼, 그때 내 걸 설계받을 테니 나를 찾아오게."

사실 회사 내에서 활동을 허락받기 위해 내가 이미 보험 실적이 좋은 것처럼 말했던 것인데, 이미 잘나간다고 하니 이사님은 나중에 힘든 시기가 올 때 자신의 보험을 맡기시겠다는 것이었다. 그제야 '이사님, 지금이야말로 너무 힘들어요, 이사님의 도움이 절실하다고요.'라고 말할 수는 없었다. 나는 웃으며 더 당당하게 말했다.

"이사님, 저는 지금도 잘하고 있지만 앞으로는 이사님이 만나고 싶어도 못 볼만큼 유명해질 겁니다. 그러니 저를 만난 지금 바로 설계를 받으셔야 합니다. 지금 제가 가장 잘 도와드릴 수 있습니다. 일단 제가 만든 프로그램을 믿고 설계라도 받아 보시죠?"

이렇게 말하고 곧바로 이사님 보험을 분석하고 설계하여 계약까지 체결했다. 다른 사무실 직원들이나 현장 작업자들은 최대한 업무에 방해되지 않도록 설문조사와 개인 정보 정도만 받았다. 설문조사야 그동안 하루도 빠짐없이 해왔던 과정이라 어렵지 않았다. 받은 내용을 토대로 상담을 위해, 지역별로 요일을 정해 집으로 방문하기로 했다.

많이 망설이다 찾아간 전 직장이었지만 돌이켜 생각해 보면 내 활동 영역을 넓히는 데 가장 탁월한 선택이었다. 한때 보상 없이 고생만 했다고 여긴 그 시간이 '신뢰'라는 이름표를 정면에 달고 나에게 돌아오기 시작했다.

## 소개는 소개를 부르고

당시 내가 방문한 회사는 고작 한 군데였고, 매번 출근하는 사람은 한정되어 있었다. 하지만 각자 사는 곳이 달랐고, 거주지로 찾아가면 그곳에는 내가 다시 개척해야 할 주변 이웃들이 있었다. 내 활동 영역을 한껏 넓힐 기회의 장이었다.

어느 날, 한 지역의 아파트로 같은 회사 직원의 집을 찾아 방문했는데 주부들이 여러 명 모여 있었다. 본능적으로 그곳이 동네 아지트라는 것을 알아챘다. 반사적으로 그곳에 모인 사람들에게 내 일을 소개하고 보험 보장 분석 예시를 내밀었다. 설명은 보험증권 회수로 이어졌고, 그 동네 일대를 새로운 시장으로 개척할 수 있었다.

나는 소개를 받기 위해 점심때마다 늘 계약 고객의 집으로 짜장면을 시켜 사람들을 불러 모았다. 식사가 끝나면 나는 다시 설문조사를 수행하고 보험증권을 회수하는 과정들을 반복했다. 한 달간 그 동네에

가는 날은 점심으로 짜장면만 먹었을 정도다. 물론 짜장면만 먹고 내가 말을 걸기도 전에 도망치듯 나가는 사람도 있었다. 그래도 실망하지 않고 다음에도 와서 꼭 짜장면을 같이 먹자고 했다. 내가 참고 견디는 시간이 훗날 내게 신뢰로 돌아오리라는 믿음이 있었기 때문이다.

나랑 상담할 의향이 있는 사람들은 두세 번씩 와서 짜장면을 먹었지만, 그렇지 않은 사람들은 다시 오지 않았다. 그래도 그 동네를 방문하는 날은 이벤트 같았다. 계약자가 또 다른 사람을 데려와 소개하고, 상담받은 사람이 자기 옆집 사람을 데려오는 식이었다. 릴레이 게임처럼 고객을 늘려 나갔다. 결국 나는 작은 아파트의 한 라인 사람들을 모두 계약자로 만들기도 했다.


다시 전 직장으로 들어가 생산과 아주머니들을 설득하기 위해 휴게실에서 소규모 설명회를 열었다. 당시 5년 만기, 6.5% 이자의 저축보험을 일본과 비교하면서 설명했다. 저금리 시대에 5년 동안 확정금리 6.5% 이자에 비과세까지 받는 상품은 당장 1년만 지나도 구경하지 못할 것이라고 설명했다(예측대로 금리는 1년도 채 안 되어 4%대로 떨어지더니 이내 3%, 2%를 지나 1%대로 떨어졌다. 그야말로 저금리 시대가 도래한 것이다).

그 자리에서 아주머니들에게 가입 안내서를 돌렸다. 각각 50만 원, 30만 원, 20만 원짜리 상품을 설계하고 바로 계약까지 체결했다. 그렇게 전 직장이 내 실적을 급성장시키는 발판이 되어 주었다. 나는 급기야 월 30~40건의 계약을 체결하고 연봉 1억 원을 달성하는 기염을 토했다. 보험회사 입사 1년 만에 이룬 성과였다. 전 직장에서 근무하던 당시 온전히 받지 못한 대가가 이렇게 시간이 지나 이자까지 붙어 내게 돌아왔다. 이 일을 시작으로 나는 입사 6년 만에 한화생명 전체 1등을 거머쥐었고, 10년 연속 보험 여왕 자리를 석권할 수 있었다.

## 베스트 드라이버가 된 임신부

주 2회는 이전 회사를 방문하고, 주 1회는 개인 집을 방문하고, 주 1회는 새로운 개척을 위해 이리저리 다니며 일하는 재미에 빠져 있을 때 첫 임신을 하게 되었다. 바쁜 시기라 마냥 기뻐할 수만은 없었다. 그때만 해도 나는 매일 각종 선물과 서류 가방까지 2~3개씩 들고 버스를 타고 이동했다. 특히 무더운 여름이 되자 입덧으로 차멀미가 심해졌고, 발걸음이 무거워 한 번에 여러 고객을 방문하는 것이 여간 어려운 일이 아니었다. 주변에서는 아이를 낳고 키울 때까지 좀 쉬는 것이 어떻겠냐고 했다.

하지만 나는 다른 선택을 했다. 차를 사기로 했다. 남들은 운전하다가도 쉰다는 임신 초기에 나는 연수를 받고 곧장 운전을 시작했다. 첫 차는 비스토였다. 파란색 경차였는데 당시 내가 운전하기에 안성맞춤이었다. 차를 몰고 나는 정해진 요일 일정에 따라 여기저기 신나게 돌아다니며 활동을 지속했다. 그야말로 물 만난 물고기였다.

그러던 중 새마을금고에 다니는 친구에게서 연락이 왔다. 자기 과장님의 아이 보험을 새마을금고와 비교해서 설명해 달라는 요청이었다. 목적지는 울산 시내에서 거리가 꽤 먼 지역이었다. 하지만 나는 망설임 없이 그곳으로 달려갔다. 소개받은 과장님을 만나 나도 임신 중인데 내 아이 앞으로 가입하기 위해 이것저것 비교하고 검토해 본 결과 이 보험이 가장 좋았다고 말하며 상품 설명을 시작했다. 내 말을 경청하던 과장님은 내가 추천한 상품에 그대로 가입했다.

인사를 마치고 새마을금고를 나왔지만 나는 거기서 만족하지 않았다. 새마을금고 옆에 있는 비디오 가게로 들어가 설문조사를 했다. 비디오 가게를 나와서는 그 옆의 미용실로 들어갔다. 새마을금고에 근무하는 과장님의 아이 보험을 체결하러 왔는데 멀리까지 왔으니 그냥 가기 아까워 들렀다고 솔직하게 말했다. 그때 그 동네에서 만난 사람의 80% 정도가 나와 계약을 체결했던 것 같다.

달이 차고 만삭이 되었다. 나는 최대한 설 명절 기간에 맞춰 출산하고 싶었다. 연휴에 출산하고 조금 쉬면 될 것 같았다. 그런 계산으로 명절 연휴 전날까지 만삭의 몸으로 일을 계속했다. 출산하면 한 달 정도는 일을 못 할 것 같아 더 열심히 다녔다.

그런데 첫 아이라 그런지 연휴에도 아이가 나올 생각을 하지 않았다. 이미 예정일을 넘겼는데도 아이는 감감무소식이었다. 설날이 그렇게 지나고 다음 날 나는 산부인과로 찾아갔다. 병원에서는 유도분만을 해보자고 했다. 밥 한 그릇을 다 비우고 나는 유도분만실로 들어갔다. 그런데 웬걸, 열 시간이 지나도 아이가 나오지 않았다. 정말 하늘이 노랗게 보이고 죽을 것 같았다. 보다 못한 선생님이 수술을 권하셨다.

"자궁이 좁아서 고집부려도 안 되겠어. 수술합시다."

그렇게 첫째 아이는 제왕절개로 음력 1월 3일에 태어났다. 출산 후 일주일 동안 병원에 입원해 있었다. 수술한 탓에 예상보다 입원 기간이 길어졌다. 같은 병원에 나와 함께 유도분만을 시도했다가 제왕절개로 출산을 한 언니가 있었다. 그 언니를 찾아가 나를 소개했다. 몸조리가 끝나면 집으로 한번 찾아가겠다고 하자 언니는 흔쾌히 허락했다.

"그래, 동기 좋다는 게 뭐야."

출산 동기라는 말이었다. 퇴원한 나는 몸조리를 위해 산후조리원에 들어갔다. 3주 동안 산후조리를 하기로 했다. 조리원의 내 방은 2평도 안 됐다. 매일 여기저기 돌아다니던 내가 그 좁은 방에 갇혀 누워만 있었더니 우울감이 몰려왔다. 설상가상으로 젖도 돌지 않아 아이에게 젖도 물릴 수 없었다. 시도 때도 없이 눈물이 흘렀다.

그렇다고 계속 울고만 있을 수는 없었다. 나는 용기를 내어 휴게실로 다른 산모들을 찾아갔다. 이제 막 출산하고 조리원에 들어온 엄마들이 서로 출산 경험담을 나누고 있었다. 한 엄마가 젖이 너무 잘 나와 남아돈다고 하소연했다. 나는 그분과 친해지기 위해 혈액형을 물었다. 당시에는 어떻게든 인연을 만들어야겠다고 생각했다. 인연이 되려고 그랬는지 혈액형이 나와 같았다. 나는 이것도 인연인데 우리 아기에게 젖을 한 번만 물려줄 수 없겠냐고 부탁했다. 그분이 고맙게도 우리 아이에게 젖을 나눠 줬다. 그 일을 계기로 나는 차츰 다른 엄마들에게도 말을 걸고 몇 명을 더 사귈 수 있었다. 내 아이에게 젖을 나눠 준 엄마는 중국집을 운영했는데 직접 요리도 한다고 했다. 나도 내 직업을 소개하고 한번 놀러 가겠다고 했다.

## 임산부의 편지

마음이 바빠졌다. 내가 출산하고 쉬는 동안에 종신보험이 출시되었다. 언뜻 듣기에도 보장 분석의 완성품 같았다.

산후조리원에서 3주간 몸조리를 할 계획이었지만 나는 마음이 급해 2주 만에 집으로 돌아왔다. 집에서 2~3일 더 쉬면서 아이 보육을 도맡아 할 분을 물색했다. 집 건너편에 이전 직장의 생산과 과장님이 살고 있었는데, 다행히 그 사모님이 월 50만 원에 낮 동안 아이를 봐주겠다고 했다. 나는 태어난 지 한 달도 안 된 갓난아이를 남에게 부탁하고 출근하게 되었다. 명절 연휴까지 다 합쳐도 내가 회사에 나가지 않은 날은 한 달 조금 더 될 뿐이었다.

회사에 나가자마자 본격적인 판매를 위해 종신보험 교육을 먼저 받았다. 교육장에 들어온 강사는 〈노을 속에 당신을 묻고〉라는 제목의 영상을 먼저 재생했다. 갑작스러운 가장의 사망으로 남은 가족이 충분한 애도의 시간을 가질 겨를도 없이 비참한 생활이 시작되는 내용이었다. 슬픔과 가난에 내몰린 영상 속 주인공은 아기를 데리고 자살을 시도했다. 그 부분에서 교육장은 울음바다로 변했다. 사람들은 통곡하며 영상을 계속 보았다. 당시에 막 출시된 종신보험에 대한 니즈를 끌어낼 수 있는 최고의 영상이라고 할 수 있었다. 특히 아이를 출산한 지 얼마 안 된 나에게는 영상 속에서 벌어지는 일이 도저히 남 일 같지 않았다. 너무나 현실적으로 와닿았다. 영상이 끝나도 눈물이 멈추지 않았다. 나에게도 종신보험은 꼭 가입해야 하는 필수품이라는 확신이 생겼다. 교육이 끝나고 나는 고객들에게 편지를 쓰기로 했다.

안녕하세요? 대한생명 정미경입니다.

새롭게 시작하는 올 한해도 고객님 가정에 행운이 가득하길 기원합니다.

저는 여러분의 응원과 관심 덕분에 예쁜 공주를 낳고 건강하게 한 달 만에 다시 출근할 수 있게 되었습니다. 그리하여 여러분에게 깊은 감사의 마음을 담아 편지를 보냅니다.

아이를 낳고 몸조리하는 동안에도 저는 늘 여러분께 달려가고 싶은 마음이 간절했습니다. 하지만 더 멀리 가기 위해서는 쉬어 가야 한다는 옛말을 가슴에 새기고, 여러분들과 더 오래 함께하고 싶어 한 달간 산후조리를 잘하고 돌아왔습니다.

막상 한 달이라는 시간을 쉬고 와보니 무엇부터 다시 시작해야 할지 몰라 마음만 부산하던 차였는데요. 마침 보장 분석의 완성작이라고 할 수 있는 '종신보험'이 새롭게 출시되어 시대의 변화에 빠르게 적응하기 위해 며칠 정신이 없었답니다.

사랑하는 고객 여러분,

여러분이 아이를 낳고 일을 그만둬야 할지도 모른다는 불안감을 해소해 드리겠다고 한 약속을 지키기 위해 저는 이렇게 여러분 곁으로 돌아왔습니다. 이제 여러분이 제게 출산 선물을 주실 차례입니다. 바로 여러분 주변에 있는 소중한 가정의 가장을 소개해 주시는 겁니다. 저 정미경이 앞장서 그 소중한 가정을 지킬 수 있도록, 보장 분석을 통한 완벽한 보장을 설계해 드릴 수 있도록, 꼭 한 분이라도 소개해 주시길 부탁드립니다. 절대 저와의 만남을 후회하지 않게 해드릴 자신이 있습니다.

한 통의 편지가 기적을 가져왔다. 수많은 고객이 내게 응원과 지지를 보내 주었다. 소개가 끊이지 않았다. 그해 봄은 누구보다 나에게 제일 먼저 찾아왔다. 3월 한 달, 거리에 벚꽃이 채 피어나기도 전에 소개영업의 꽃은 이미 만발했다. 덕분에 내 3월 영업실적은 울산 지역에서전체 1등을 달성했다. 입사 후 최고 업적이었다.

## 신뢰의 가치

물론 소개로 이어지는 연고 시장인 만큼 나에게 부과되는 책임의 무게는 더욱 가중되었다. 그 무게가 나를 긴장시켰지만 기쁨까지 감출수는 없었다. 내가 개척 시장에서 연고 시장으로 눈을 돌려 새롭게 도전하지 않았다면 나는 출산 후 일을 하러 다시 회사에 나오지 않았을지도 모른다. 하지만 내가 다 아는 분들을 통해 소개로 이어진 고객들과의 약속이었기에 배신할 수 없었다. 그런 나의 책임 의식에 신뢰를 느낀 고객들이 자신의 지인을 계속 소개하는 것으로 이어진 것 같다. 만약 내가 고객들에게 편지를 보내지 않았다면 어땠을까. 고객들은 내가출산 후 계속 쉬는 줄로만 알고 소개도 없지 않았을까.

보험설계사는 고객의 금융 안전과 미래를 책임지는 역할을 한다. 여기서 신뢰는 가장 중요한 가치이다. 고객은 자신의 가족과 재정 안정을 맡기는 결정을 내릴 때, 전문 지식뿐만 아니라 윤리적 행동을 중시하는 보험설계사에게 의존하게 된다. 나는 항상 신뢰를 바탕으로 고객과의 관계를 구축하고 오랫동안 이어가기 위해 노력했다.

성공은 모든 분야에서 다른 사람과의 신뢰를 기반으로 이루어진다. 고객은 자신의 돈, 시간, 정보를 맡길 때 신뢰할 만한 파트너를 찾고 싶어 한다. 그렇다면 신뢰를 쌓기 위해서 우리는 어떻게 해야 할까?

첫째, 약속을 지켜야 한다. 둘째, 높은 품질의 서비스를 제공해야 한다. 셋째, 윤리적으로 행동해야 한다. 이것은 자연스럽게 긍정적인 평판을 형성하고 고객의 추천을 얻을 수 있게 해준다. 넷째, 고객의 요구와 필요에 부합하는 솔루션을 제공해야 한다. 마지막으로 소통이 중요하다. 열린 의사소통은 오해를 방지하고 신뢰를 키우는 데 중요하다. 이러한 요소들이 모여 신뢰를 형성하고, 고객과의 인연을 오래도록 유지하게 해준다.

세계적인 자기 계발 전문가이자 저술가인 브라이언 트레이시Brian Tracy는 "신뢰는 모든 관계의 기반이며, 이 기반 없이는 어떤 것도 지속되지 않는다."라고 했다. 그리고 "신뢰 쌓기는 상대에 대한 칭찬과 상대를 인정하는 마음이 있어야 하며, 고객의 말을 들어주는 것이다."라고도 했다. 성공하기 위한 기술에는 빛나는 이론들이 많다. 그런데 그 중심에 서 있는 것은 바로 신뢰이다. 이 점을 반드시 가슴에 새기고 다음 파트로 넘어가길 바란다.

# PART 2

# '줄'을 잘 서야 돈이 보인다

CHAPTER 05

# 내가 찾은 동아줄

정미경

10년 동안 보험 여왕을 하고도 나는 아직도 고객을 만나면 소개를 부탁한다. 물론 신뢰가 기본이겠지만 아무리 신뢰가 탄탄하다고 해도 '소개'라는 말을 입 밖으로 꺼내는 것과 그렇지 않은 경우, 결과의 차이는 크다.

옛말에도 '우는 아이 젖 준다.'라는 말이 있지 않은가. 내가 입을 꾹 닫고 있으면 고객들은 이미 충분하다고 여기는 듯했다. 당연하게도 고객들의 소개 릴레이는 거기서 멈췄다. 그것을 너무 잘 아는 나는 숨 쉬듯이, 밥 먹듯이 그냥 습관적으로 '소개'를 부탁하고 다닌다. 얼마나 소개를 많이 받느냐가 나에 대한 고객의 진정한 평가이자 결과물이라고까지 말할 정도이다.

한때 서울로 이사 와서 활동하느라 5년 정도 지방 고객의 소개를


CHAPTER 05   내가 찾은 동아줄

93

소홀히 한 적이 있었다. 지방은 기존 고객님들만 관리하고 따로 소개를 부탁하지 않았더니 거짓말처럼 신규 고객이 단 한 명도 늘지 않았다. 게다가 내가 미처 개척하지 못한 시장을 다른 경쟁사들이 점령해 버리는 일까지 발생했다. 한 번 실수는 병가지상사兵家之常事라지만 같은 실수를 거듭한다면 그것은 분명 내 탓이다. 그 일로 나는 아무리 많은 고객을 보유한 상태일지라도 늘 소개 부탁만큼은 멈추지 말아야 한다는 것을 깨달았다. 그 후로 나는 소개의 줄을 절대 놓지 않았다.

## 내겐 너무 까칠한 당신

살다 보면 인생에서 큰 스승을 만날 기회가 찾아온다. 2013년 한창 성장 가도에 있을 무렵 나를 한 단계 더 성장시켜 줄 사람을 만났다. 대구에서 미용실 여러 개를 운영하던 회장님이 소개해 주신 분이다. 그 분야에서 유명한 분을 경영자로 모셔 왔다고 내게 연락을 주셨다. 내가 회장님께 설계해 드린 내용을 그분께도 설명해 보라고 하셨다.

마침 나는 대구와 울산에서 미용실 분야 전문가들을 많이 만나 고객으로 삼던 중이었다. 어느 정도는 지방의 부자들에게 이미 인정받고 있었다. 처음 만난 그분에게도 나는 당당하게 명함을 내밀며 인사했다. 그런데 그분이 일명 '다나까' 말투, 그러니까 지극히 사무적인 말투로 경영자로서 보험에 대한 목적을 물으시는 것이 아닌가. 나는 순간 당황했다. 그동안 각 분야 최고의 전문가들을 만나 왔다. 그리고 내 분야인 보험에서만큼은 누구 못지않은 최고 전문가가 나라고 자부했다. 그래서 늘 확신에 찬 목소리로 자신감 있게 상품을 설계하고 설명할 수 있었다. 그것이 내 장점이었고, 그 점에 신뢰를 얻어 많은 고객이 나를 선택해 주었다.

그런데 그분은 지금껏 내가 경상도에서 들은 적 없는 말투와 낮은 톤으로, 그리고 품위 있게 천천히 말을 이어가셨다. 나는 당황한 것을 애써 감추며 지금껏 해왔던 것처럼 흔들림 없는 몸짓과 당당한 목소리로 상품 설명을 시작했다. 한참 열심히 말하고 있는데 그분이 내 말을 중단시키셨다.

"이 정도 지급 능력이 있는 사람이라면 당신과 거래하고 싶어 할 것 같지 않은데……. 어떻게 회장님과 거래를 시작했는지 모르겠지만 나라면 당신에게 이렇게 큰 금액을 맡기지는 않을 것 같습니다. 아직 상류층과 거래해 본 적 없으시죠? 지금이야 당신의 열정만 보고 선택하는 사람이 있을지 모르겠지만, 시간이 지나도 더 성장할 수 있을 것 같지는 않습니다.

나는 오늘 당신과 처음 만났습니다. 그런데 내가 무엇을 원하는지 왜 묻지 않습니까? 묻지도 않고, 본인 이야기만 늘어놓지 않았습니까? 그건 대화 매너가 아닌 것 같습니다. 게다가 목소리가 왜 이렇게 큽니까? 목소리가 커서 무슨 얘기를 하려는지도 난 잘 모르겠습니다. 정말 시끄럽군요. 지금은 내가 바쁘니 보험 관계해서는 앞으로 회장님과 얘기하도록 하세요."

냉정하게 말씀하시며 그분이 몸을 일으켰다. 지금까지 수많은 고객을 만나 왔지만 내게 이런 말을 해주는 사람은 처음이었다. 나름 내 분야에서는 최고라 자부했고, 그것을 증명하듯 보험 여왕 자리도 지켜온 나였다. 고액 연봉자답게 누구를 만나더라도 자신감을 잃지 않던 나는 그분의 말씀에 얼굴이 뜨거워졌다. 무엇보다 일단 자존심이 상했다. 하지만 그 와중에도 나 자신을 뒤돌아볼 지각은 남아 있었다. 다행이었다.

고졸 학력으로 스무 살부터 그때까지 일하면서 그 분야 최고 전문가가 되겠다고 밤낮없이 뛰어다니며 공부하고, 일하면서 한 번도 생각해보지 못했던 나의 말투와 태도! 그것 때문에 상류층으로 진입할 수 없을 것이라는 말이 내 심장을 아프게 찔렀다. 그렇다면 내 성장은 여기까지가 한계라는 말인가. 그럴 수는 없었다. 나는 어느 때보다 상류층으로 진입하고 싶었다. 나는 민망함을 감추기 위해 억지로 미소를 짓고, 자리를 이탈하려는 그분을 향해 입을 열었다.

"네, 대표님! 저는 그게 문제입니다! 제 문제가 바로 그거였습니다!"

내 외침에 놀란 그분이 다시 자리에 앉으셨다. 나는 곧바로 말을 이어갔다.

"대표님께서 해주신 말씀이 저의 가장 큰 문제라는 걸 압니다.

부끄럽게도 그걸 알고도 고치려고 한 적이 한 번도 없었습니다. 아무도 저에게 그게 문제라고 말해 준 적이 없기 때문입니다. 오늘 대표님을 만나기 전까지는요. 그러니 처음 제 문제점을 지적해 주신 대표님께서 직접 고쳐 주십시오!"

나는 내 문제 해결의 책임을 그분에게 떠넘겼다. 임기응변으로 위기를 모면하고자 꺼낸 말이 아니었다. 내 문제점과 한계를 단번에 알아보았으니 그것을 해결할 수 있는 능력도 그분께 있을 것이라고 믿었다.

"내가 왜 그래야 합니까?"

말투와 달리 웃으시는 표정이었다. 그 미소가 나에게 확신을 주었다. 나는 다시 말을 이었다.

"저는 나름 잘나가고 있고, 늘 이 분야에서 최고라고 생각했습니다. 그런데 대표님께서 제게 해주신 충고를 듣고 나니 더 나이 들기 전에 바꿔야겠다는 생각이 듭니다. 지금이야 젊은 혈기에 막힘없는 말투와 큰 목소리로, 열정으로 신뢰를 얻어 낼 수도 있겠지만 시끄러운 말만 하는 존재로 나이 들기는 정말 싫습니다. 그러니까 대표님이 저를 좀 고쳐 주세요. 저의 스승이 되어 주십시오!"

최대한 시끄럽게 들리지 않도록, 공손하게 말했다. 그날 나는 그분께 아무런 약속도 받지 못하고 자리에서 물러났다. 일단 회장님과 통화해 그분에 대한 자세한 이야기를 좀 더 들어야 했다.

# 우리 만남은 운명?!

그분은 상류층에서 유명한 여성 지도자로서 우리나라 매너 교육 및 경영자 교육 등을 이끌어 온 사교계의 어머니라고 회장님은 말씀하셨다. 과거에는 제자를 받아 양성하는 일을 주로 했으나 지금은 하지 않으신다고 했다. 그래서 경영자로 모셔 올 수 있었다고도 했다. 앞으로 정미경도 그분 옆에서 많이 배우라고 하셨다. 나는 차를 타고 울산으로 돌아오면서 대표님에게 문자를 보냈다.

'오늘은 제 인생에 있어 새로운 성장을 위한 스승님을 만난 최고의 날입니다. 만나서 영광이었습니다. 다음에 뵐 때는 스승님이 되어주십사 한 제 부탁에 대하여 확답을 받고 싶습니다.'

문자를 보내고도 마냥 기다릴 수만은 없었다. 다음 날 바로 대표님 댁으로 찾아갔다. 집에 들어서는 순간 그분이 왜 상류층과 일해 본 적 없냐고 물었는지 단번에 알게 되었다. 혼자 지내는 집인데도 70평이 넘는 광활한 아파트에 모던한 인테리어가 눈에 띄었다. 깔끔하게 정돈된 책장에는 책이 가득했다. 적재적소에 배치된 소품들까지 한눈에 봐도 그냥 돈만 많다고 아무나 따라 할 수 있는 인테리어가 아니었다.

나는 더욱 간절한 마음이 되어 조심스러운 말투와 태도를 잃지 말자고 다짐했다. 그런데 그날은 오히려 대표님의 말투가 전에 없이 부드러운 것이 아닌가. 아마도 회장님을 통해 나에 대한 다른 정보를 더 들으신 것 같았다. 나는 다시 한번 나의 스승이 되어 달라고 정중하게 부탁드렸다. 1년, 2년이 아니라 평생에 걸쳐 삶의 태도와 품위에 대해서 나의 멘토가 되어 달라고 했다. 대표님이 나를 보며 웃으셨다.

"내가 제자를 안 받은 지가 7년도 넘었는데 이제 와 다시 제자를 받아야 되니? 내가 왜?"

말씀은 그렇게 하셔도 계속 웃는 표정이었다. 이미 존댓말을 쓰시지 않는 것만 봐도 마음이 많이 넘어왔다는 느낌이었다. 나는 그분의 제자가 될 수 있겠다고 확신했다.

"저는 정미경이잖아요. 지금까지 만난 제자들과는 또 다를 테니 대표님도 아마 키우는 재미가 있으실 거……."

"이제 선생님이라고 불러라."

내 말이 끝나기도 전에 대표님은 이 한마디로 승낙의 뜻을 밝히셨다.

"재능은 없고 가능성만 있는 사람, 재능이 있어 성공하고도 가능성이 없는 사람, 재능이 있어 성공도 하고 앞으로 가능성도 있는 사람, 이렇게 세 부류가 있다면 너는 세 번째구나.

너도 네 분야에서 나름 성공한 사람이라니, 내가 지난번에 그렇게 말해서 굉장히 자존심이 상할 만한데 그 자리에서 대뜸 '저는 이게 문제입니다.'라고 하는 걸 보고 사실 좀 놀랐다. 여태껏 수많은 제자를 키워 봤지만, '이런 물건은 처음인걸.' 할 정도로 신선했지."

자기 문제점을 알아봐 줬으니 그런 분이라면 고치기도 할 수 있다고, 그러니까 스승이 되어 달라고 말한 순간, 이미 내가 진 게임이었다. 나도 너의 큰 재능에 또 다른 힘이 되고 싶어졌으니까.

나이 들면서 가져야 할 교양과 지식은 굉장히 중요한 부분이야. 상류층 진입을 위해서는 기본이란다. 상류층은 꼭 돈이 많다고 될 수 있는 게 아니다. 물론 재력은 능력의 대가로 가지는 힘이지만, 거기에 품격까지 갖추어야만 진정한 상류층이 되는 거란다."

물론 내가 상류층이 되기 위해 그분에게 스승이 되어 달라 부탁한 것은 아니다. 살아가면서 내내 나를 지도해 주고, 일이든 삶의 지혜이든 뭐라도 다 상의할 수 있는 분이 필요했다. 인생의 로드맵을 함께 그릴 수 있는 멘토를 찾은 것 같아 삶의 원동력으로 삼고 싶었다. 다행히 그분이 흔쾌히 나의 멘토가 되어 주셨고, 나는 인생에서 든든한 힘이 되어 줄 스승님을 만난 것이다.

선생님은 한 달에 한 번, 어휘 선택 및 대화법을 시작으로 스타일 교육, 매너 교육 등 다양한 프로그램을 만들어 나를 지도해 주셨다. 그 시간이 정말 좋았다. 매일 싸움터에 나가는 쌈닭처럼 하루하루를 전투적으로 살아온 삶이었다. 하지만 선생님과 만나는 시간만큼은 전투복을 벗어 놓고 또 다른 삶의 자세에 대해 배울 수 있었다. 물론 선생님께 나를 더 알릴 수 있는 시간이기도 했다. 짬이 나면 선생님은 내 일에 대해서도 많은 것을 물으셨다. 이런저런 대화를 나누다 자연스레 선생님의 재무설계까지 도와드렸다.

시간이 지나면서 처음 느꼈던 선생님의 딱딱함도 어느새 사라졌다. 나와 함께 있을 때면 선생님은 아이처럼 해맑은 얼굴이 되셨다. 당신이 가진 모든 지식을 나에게 전해 주고 싶어 하셨고, 나도 그런 선생님을 믿고 따랐다. 그러던 어느 날 선생님이 내게 말씀하셨다.

"내가 너와 함께하는 시간 동안 네가 어떻게 그 자리까지 올랐는지 알겠더구나. 너는 내가 말한 품위와 매너보다 더 큰 장점이 있는 사람인 것 같아. 교육하다 보면 오히려 내가 너를 따라 사투리를 쓰게 되고, 목소리 톤이 올라가기도 하면서 에너지가 충전되는 걸 느껴. 그건 무엇보다 중요한 너만의 큰 장점인데 내가 그걸 고치려 드는 게 과연 맞을까?

그래서 말인데 이런 식의 교육은 이제 오늘까지만 하자. 나는 멘토로서 너와 늘 함께하면서 너에게 힘이 되는 사람이 되어 주마. 너는 지금보다 더욱 성장해서 전문가로서 내 노후를 보장해 주면 되겠구나."

말씀을 마친 선생님이 인자하게 웃으셨다. 그날 이후로 별도 프로그램에 따른 교육은 하지 않으셨다. 하지만 사는 내내 내 삶의 중심에는 늘 선생님이 계셨다.

# 여왕의 골프 대회

보험 여왕이 된 후 나와 함께한 고객들을 위해 뭔가를 해드리고 싶었다. 고민 끝에 골프 대회를 개최하기로 했다. 그렇게 2007년 봄, '제1회 정미경 여왕 배 골프 대회'가 열렸다. 내가 보험 여왕에 오르는 데는 의사 고객 시장 개척이 큰 몫을 했다. 그래서 하루를 '정미경 DAY'로 정하고 의사 고객들을 초대해 골프도 치고, 시상도 하고, 만찬을 즐기며 친목을 다졌다. 물론 고객 네트워크를 확장할 목적이었다.

1년 동안 자주 못 찾아가 서운했을 마음도 달래야 하는 중요한 행사였다. 철저히 준비했다. 당시 나는 둘째를 임신한 상태였기 때문에 대회에 직접 참가할 수는 없었다. 그래도 계획을 미루지 않고 진행을 맡는 것으로 첫 대회를 시작했다. 제1회 골프 대회를 축하라도 하는 것처럼 내 주치의 선생님이 홀인원을 기록했다. 흥분에 휩싸인 대회장은 그야말로 축제 분위기였다.

만찬에는 가족들도 초대해 행사 분위기를 고조시켰다. 그때만 해도 의사 선생님들은 대부분 남성이었다. 남자들만 초대해 라운딩하면 집에 남은 배우자들이 불필요한 오해를 할 우려가 있었다. 나는 그런 잡음을 애초에 차단하기 위해 가족 모두를 만찬에 초대했다.

나의 멘토가 된 선생님도 2014년 대회부터 참여해 자리를 빛내 주셨다. 처음 골프 대회에 참석한 선생님은 행사 내내 나의 참모습을 보았다고 말씀하셨다. 고객들이 내게 보내는 신뢰에 특히 놀라워하셨다. 그 밖에도 매끄러운 행사 진행과 고객 가족들과의 관계에 대해서도 칭찬을 아끼지 않으셨다. 2015년 골프 대회에서는 선생님이 친히 슬로건까지 만들어 주셨다.

**'행복한 가정 속에 정미경이 함께하겠습니다.'**

내 일에 가장 큰 의미가 담긴, 진정성 있는 슬로건이었다. 역시 선생님의 안목은 탁월했다. 이후 실시하는 골프 대회부터는 전체적인 면뿐만 아니라 세세한 부분까지도 준비를 철저히 했다. 그 결과 슬로건과 함께 더 가치 있는 시간으로 보낼 수 있었다.

## 멘토를 찾아, 멘토가 되는 길

나에게 선생님은 그런 분이었다. 나의 가치를 더 가치 있게 만들어주는 멘토. 다가오지 않은 미래에 대한 막연한 두려움을 희망으로 바꾸는 힘이 되는 사람 말이다. 나 또한 고객들에게 늘 그런 사람이 되고 싶었다.

시간이 지날수록 선생님과 나는 서로 닮아 갔다. 가끔 선생님을 만나면 나를 보는 것 같다는 착각을 일으켰다. 그 정도로 우리는 공통점이 많아졌다. 선생님과는 최근까지 함께하면서 서로가 가진 재능을 공유했다. 좋은 멘토와 멘티 관계란 상호보완적으로 발전하는 관계가 아닐까.

성공을 향한 여정은 종종 외롭게 느껴질 수도 있다. 그러나 그 여정을 함께할 수 있는 훌륭한 멘토를 찾는다면 상황은 달라진다. 멘토는 자신의 경험과 지혜를 통해 우리에게 방향을 제시하고, 어려움을 극복하는 데 도움을 줄 수 있다. 나는 여러분이 멘토를 찾는 일을 소홀히 하지 않기를 바란다. 성공을 향해 가는 길이 외롭지 않게 동반자가 있다면 얼마나 힘이 되겠는가!

성공한다는 것은 어찌 보면 학습과 성장의 여정이기도 하다. 따라서 혼자 노력하는 것은 한계가 분명히 존재한다. 나는 한계에 부딪히거나 스스로 만족하며 안주하려 할 때, 나에게 따끔한 충고를 따뜻하게 해주는 멘토를 찾았기에 전환점을 맞아 더욱 성장할 수 있었다.

훌륭한 멘토는 멘티를 강제하려 하지 않는다. 또 좌절시키려 하지도 않는다. 강인함을 이유로 상처를 주지도 않는다. 명확한 기준을 보여주며, 언제든 손을 내밀어 끌어 주고 밀어주는 사람이다. 멘티가 스스로 변화하고 성장을 촉진하게 해준다. 함께 걷고 나아가자. 그것이 성공으로 가는 지름길을 안내해 줄 것이라 믿는다.

# CHAPTER 06

# 줄이 줄, 줄, 줄

정미경

사람은 저마다 관계의 끈을 가지고 산다. 누군가와 한번 인연이 닿으면 그 사람이 가진 관계의 끈과도 연결된다. 나도 전 직장을 통해 알게 된 사람들이 나의 고객이 되었고, 다시 그 고객들의 인맥이 나의 고객이 되는 것을 이미 경험한 바 있다. 내가 만나는 누구라도 함부로 대할 수 없는 절대적인 이유다.

내가 보험 여왕으로 성장하는 단계에서 주 고객층이 일반 직장인에서 전문직 종사자로 바뀌었다. 잡은 줄이 바뀌니 연달아 이어지는 줄도 달라졌다. 그런데도 나는 여전히 더 많은 줄을 원했다. 한 고객이 다른 고객을 소개해 준다고는 하지만, 한 명이나 많으면 두 명 정도였다.

나는 한꺼번에 더 많은 소개를 받고 싶었다. 방안을 찾기 위해 내내 고심했다. 그러다 짜낸 아이디어가 호텔 강연을 진행하는 것이었다. 전 직장 분들의 동네를 다니며 짜장면을 먹던 기억에서 비롯된 아이디어였다. 나는 세무사 한 분을 강사로 섭외하고 사업소득세에 관한 내용으로 강연을 열고 음식 대접도 하기로 했다. 당연히 개인사업자가 대상이었다. '원 플러스 원'이라는 명분을 만들어 초대받은 한 분이 지인 한 분을 더 데려오도록 했다. 세미나 형식이라 다들 부담 없이 참석했고, 일반 소개보다 효과도 좋았다.

다만, 세미나의 강사가 내가 아니었기 때문에 나는 전문가 이미지보다는 행사 주최자라는 이미지로 남았다. 그것이 못내 아쉬웠다. 이 일을 계기로 다음 세미나부터는 내가 직접 강의할 기회를 만들어 보기로 다짐했다.

2006년에 나는 한화생명 2만 명 재무설계사Financial Planner, 이하 FP 중 1등을 했고, 그해 겨울 둘째를 임신했다. 임신하고도 나는 오로지 더 성장할 궁리에만 빠져 지냈다. 나는 지난번 '원 플러스 원' 세미나에 힘입어 이번에는 전문직 종사자를 대상으로 하는 세미나를 열기로 했다. 이번에는 내가 직접 강의하기로 했다. 먼저 내가 할 수 있는 강의 내용을 준비해야 했다.

지금까지의 경험을 바탕으로 왜 돈을 모아야 하는지, 왜 재무설계가 필요한지에 대한 내용으로 교안을 구성해 그대로 진행했다. 세미나를 시작하고 30분쯤 지났을 때, 고객 한 분이 슬며시 일어나 밖으로 나가더니 다른 한 분을 데려와 다시 자리에 앉았다. 강의가 끝나고 그 고객은 대구에서 오느라 좀 늦었다는 친구를 소개했다. 대구에서 병원을 하는 원장님이라고 했다.

## 챔피언의 도시

며칠 후 나는 다른 지역으로 내 시장을 개척할 좋은 기회라 생각하고 대구로 향했다. 사실 대구는 엄마의 고향이었지만 그때까지 한 번도 가본 적이 없었다. 대구는 울산보다 큰 도시였고, 소개받은 원장님의 병원 규모도 상당했다. 설렜다. 사실 그 당시 대구는 보험사마다 챔피언을 많이 배출하는 도시이기도 했다.

대구는 보수적인 성격이 강해 다른 지역 사람들을 배척하는 성향이 있다고 원장님이 말했다. 그만큼 자기들끼리는 의리가 강하고, 한번 믿으면 끝까지 간다고도 했다. 내가 대구 시장을 뚫는 일이 그리 쉽지만은 않을 것이라는 말이기도 했다. 그렇다고 어렵사리 잡은 대구 '줄'을 맥없이 놓을 수는 없는 일이었다. 소개받은 원장님은 재무설계의 중요성에 관한 설명을 듣고 내 의견에 동의했고, 고객이 되었다. 그분은 내가 대구에서 인정받으면 전국에서도 인정받는 사람이 될 수 있다면서, 대구에서 인맥을 넓혀 보라고 했다.

나도 진심으로 대구에서 성공하고 싶었다. 그 욕망에 사로잡혀 그날 밤 나는 잠을 이루지 못했다. 대구에서 내 고객이라고는 그 원장님 한 분뿐이었다. 오직 내가 잡고 갈 줄이 이 원장님뿐이라는 말이기도 했다. 나는 원장님을 계속 찾아가 소개를 부탁드렸다. 소개에는 영 자신이 없다던 원장님은 나에게 자신이 가는 모임에 한 번 와서 강의해 보라고 했다.

당시 대구에서는 매년 5월 초에 열리는 대구·경북 미스코리아 선발 대회가 유명했다. 원장님이 말씀하신 모임은 한국일보 편집위원회였다. 대구·경북 미스코리아 선발 대회를 주도하고 심사까지 보는 등, 지역사회에서 공식적인 활동을 주로 하는 모임이었다. 구성원들도 성형외과 의사, 대형 미용실 원장, 피부과 의사, 치과 의사, 한의사 등 지역에서 유명한 인사들이었다.

원장님이 강의하라고 알려준 날은 대구·경북 미스코리아가 확정되고 축하 파티를 벌이는 날이었다. 강의에는 관심이나 기대가 전혀 없어 보였다. 게다가 장소가 중국집이다 보니 분주했고, 축하 분위기에 맞춰 술잔을 주고받는 상황이라 내가 길게 강의하기에는 무리가 있었다. 나는 준비해 간 모든 내용을 강의하는 것은 포기했다. 일단 식사 후 딱 10분만 시간을 내달라고 부탁해 승낙을 받았다. 그때 중국집 테이블에 깔린 전지가 눈에 들어왔다. 준비한 자료를 못 쓰게 되었으니, 임기응변이 필요했다. 나는 전지를 벽에 붙이고 매직으로 그 위에 그림을 그리기 시작했다.

그림을 이용한 접근은 단시간에 집중력을 높이기에 효과적이다. 누가 가르쳐 주지 않았지만 본능적으로 알게 된 기술이다. 평소 상담을 할 때도 집중력을 높일 필요가 있다고 판단되면 내가 주로 사용하는 방법이기도 하다.

당시 내가 그린 그래프는 선행된 주식 동향과 현재의 경기 상황, 후행으로 예측되는 부동산 시장 흐름에 대한 것이었다. 현재 투자에 관한 내용을 그림으로 그리면서 설명하니 즉각적인 효과를 불러왔다. 모임에 온 분들은 흥에 취한 와중에도 투자에 관심을 보였다. 대구 분들이 기본적으로 투자에 관심이 많은 편인 것 같기도 했다.

## 열정도 만삭

원장님도 대구 사람들이 투자를 많이 하는 편이고, 그 투자 수수료로 보험을 들 정도라고 말씀하셨다. 다른 보험사 FP들도 투자로 접근해 보험설계까지 유도하는 것 같았다. 나는 투자도 무시할 수 없지만 가장 중요한 것은 재무적인 주기와 목표임을 강조했다. 그만큼 앞으로의 계획 자체가 인생에서 가장 중요한 투자라고 말했다. 부동산이나 주식 등 다른 투자보다 보험이 중요한 이유라는 설명을 덧붙였다.

모임에 참석한 많은 사람이 나에게 명함을 건네며 개별적인 상담을 받고 싶다고 했다. 당시 그 자리를 소개한 원장님은 그 모임의 총무였다. 내가 설명을 마치자, 총무님이 기다린 듯 사람들에게 나를 소개해 주었다.

"이분은 한화생명 FP 중 전국에서 1등을 하는 분이에요. 곧 아이를 출산할 만삭 임신부입니다. 그런데도 이렇게 열정적으로 강의까지 해주신 정미경 씨에게 큰 박수를 보냅시다."

사람들은 그제야 놀라서 내 배를 쳐다보았다. 강의를 진행하는 동안은 대부분 인지하지 못한 사항이었다. 그만큼 내가 아닌 그래프에 집중했다는 뜻이다. 만삭에 열정적인 강의를 진행한 나에게 다들 우레와 같은 박수로 성원했다. 진정한 프로의 모습이라면서 그 자체가 신뢰감을 준다고 한마디씩 보탰다. 그렇게 내 존재를 각인시켰다.

나이 지긋한 한 원장님이 다가와 명함을 달라고 하셨다. 그러고는 내 배를 보면서 말씀하셨다.

"그럼 이제 아이 낳고 나서야 정미경 씨를 볼 수 있겠네요?"

나는 웃으며 씩씩하게 대답했다.

"아직 출산이 두 달이나 남았으니 부르시면 곧바로 달려가겠습니다."

사람들은 다들 웃으며 대단한 열정이라고 인정해 주었다.


소규모 세미나일수록 타깃층 파악이 중요하다. 모든 사람이 다 내 고객이 될 수는 없다. 나는 강의 중간에 나와 눈이 마주치는 사람을 마음에 담고, 눈에 띄는 그 한두 명 정도에 집중하는 편이다. 타깃이 된 분들을 따로 메모해 두었다가 한 달이 채 가기 전에 반드시 연락해 만남의 자리를 마련한다.

타깃을 일반 직장인에서 전문직 종사자로 변경하고, 지역은 울산에서 대구로 넘어가는 시점이라 새로운 전략이 필요했다. 내 선택은 세미나 마케팅이었다. 그 자리에서 우선 나를 알리고, 나를 그 시장 안에 굳건히 세우려면 든든한 협력자를 만들어야 했다. 의사 고객 시장의 내 협력자는 그 이전에 내 고객이 되어 준 치과 원장님이었고, 세미나 마케팅에서의 내 협력자는 나에게 대구에서의 첫 고객이 되어 준 그 원장님이었다.

내가 세운 원칙에 따라 나는 세미나에서 명함을 요구하셨던 나이가 지긋한 원장님에게 연락했다. 성형외과 의사였고, 지역사회에서 인지도가 높은 분이었다. 그것은 내게 행운이었다.

일식집에서 사모님과 함께 만났다. 강의장에서 뵈었을 때는 나이도 좀 많고 카리스마 있어 보였지만 사모님과 함께 일식집에서 만나 이것저것 대화해 보니 인자한 모습이 마치 아버지 같았다. 내가 가진 모든 무기를 사용해 설계하고 강인한 열정으로 파트너가 되어 두 분의 노후 준비를 돕고 싶다고 말했다. 원장님도 사모님도 흔쾌히 좋다고 하셨다.

드디어 대구에서 두 번째 고객을 만드는 데 성공했다. 그 후 나의 줄은 대구 안에서 거침없이 뻗어 나갔다. 대구라는 낯선 지역에서 낯선 분을 고객으로 만드는 일이 물론 쉽지만은 않았다. 그럴수록 더 공을 들여 신뢰를 쌓았다. 한번 고객이 되면 이상하게도 내가 지금까지 알고 지내던 분들보다 훨씬 가깝고, 아니 가까운 것을 넘어 가족이라도 된 것처럼 친분이 두터워지는 것을 느꼈다. 대구에서 처음 내 고객이 되어 준 원장님의 말이 그대로 들어맞았다. 대구 분들은 일단 한번 신뢰를 보내기 시작하면 자신의 전 재산을 맡기는 일도 거리낌이 없었다. 말할 것도 없이 그 후 10년, 20년을 함께하면서 나는 그분들과 가족이 되었다.

## 정미경의 시대

2007년 7월 무더위에 둘째를 출산했다. 2007년 우리 사회는 초등학생도 다 주식을 할 정도로 주식에 대한 관심이 뜨거웠다. 또한 펀드가 활성화되면서 코스피 지수가 2,000P를 돌파하는 시대를 맞았다. 당시는 〈경제야 놀자〉라는 프로그램이 인기를 얻고, 자산관리 즉 PB Private Bank 센터가 유행하던 시절이었다.

둘째를 출산하고도 한 달 이상 누워 있을 수 없었다. 급격히 빨라진 시대 변화가 마치 내 시대의 도래인 것처럼 마음이 조급했다. 그렇다고 산후조리를 아예 하지 않으면 오히려 향후 활동에 지장을 초래할 수가 있었다. 나는 들썩이는 마음을 추스르며 참고 참아 출산 26일 만에 사무실로 나가 다시 일을 시작했다.

대구 시장도 본격적으로 늘리고 싶었고, 의사 시장뿐만 아니라 기업을 상대로 하는 시장도 구축하고 싶었다. 출산 이후 나는 본격적으로 고객들을 찾아다니며 소개받았고, 세미나를 통해 알게 된 고객들도 여기저기서 마구 터져 나왔다. 최고의 자리에 올랐다고 할 만큼 성공한 사람들이, 둘째 출산 후 제대로 쉬지도 않고 책임을 갖고 나와서 활동하는 내 열정에 박수를 보냈다. 그 보답으로 고객들은 자신이 정말 좋아하고 믿는 사람들을 나에게 소개해 주었다.

대구에서 처음 강의한 모임 회원들의 요청으로 나도 해당 모임의 회원이 되었다. 한 달에 한 번, 모임을 통해 자연스럽게 친분을 쌓아나갔다. 또한 한국일보 편집위원회 위원이 되면서 자연스럽게 대구·경북 미스코리아 선발 대회에 심사위원으로도 들어갔고, 두 번이나 심사도 하게 되었다. 당시 나는 내가 속한 모임 회원들의 80% 이상을 내 고객으로 만들었다. 치과, 한의원, 피부과, 미용실 등 지역 최고의 전문인들로 구성된 모임인 만큼 내 고객층도 자연스럽게 대구 지역의 최고 전문인들로 구성되었다.

매회 미스코리아를 배출하는 대구에서 7개의 미용실을 운영하는 회장님은 나이가 많은 골드 미스였다. 내가 강의할 당시 그분은 그 모임의 회장이었다. 키는 작았지만, 카리스마와 분위기가 멀리서도 느껴질 정도로 어마어마했다. 나는 그분을 따로 찾아가 미용학원 법인설립 및 개인 재무설계와 함께 자산 확대를 위한 자금을 설계해 드리며 고객으로 만들었다. 그분이 하시는 미용실 7개의 매장 원장님들도 세미나를 주최해서 내가 직접 설계하고 관리했다. 그 지역을 다니며 만나는 사람마다 고객화하는, 한마디로 정미경의 시대가 도래한 것이다.

## 성공의 두 날개

모발센터를 하는 성형외과의 한 원장님은 '인생은 운칠기삼運七技三'이라며 나의 운이 너무 좋아 자신도 함께 그 운을 타고 싶다면서 내 고객이 되기도 했다. 물론 운이 다는 아니지만 그것 또한 나에게는 큰 무기가 된 것이다.

그 원장님은 병원을 운영하는 분이었지만 사업가의 마인드를 가진 분으로 나와 생각이나 가치관이 일치했다. 나를 자신의 동생이라고 할 만큼 아끼고 지지했다. 그 당시 나는 점심으로 항상 차에서 김밥을 먹고 상담에 들어갔고, 저녁도 대구에서 돌아오는 차 안에서 대충 때우는 정도였다. 밥을 안 먹어도 배가 부를 만큼 행복한 시절이었다.

지금까지 살아오며 깨달은 것 중 하나가 성공하는 데 인맥이 강력한 무기가 된다는 점이다. 우리는 다른 사람과 연결되고, 협력하며 성장한다. 인맥은 이 과정에서 핵심 역할을 한다.

본질이 아무리 뛰어나고 훌륭해도 인맥을 통해 뻗어 나가지 못한다면 성공을 향한 추진력을 잃게 된다. 따라서 두 가지를 조화롭게 결합해 성공을 더 가속해야 한다. 자신을 특별하게 포장하고 성장시키며 새로운 인맥을 꾸준히 만들어 가는 것이 중요하다.

그리고 인맥의 첫걸음은 항상 신뢰로부터 시작된다. 먼저 자신을 믿고, 자신의 원칙을 지켜 나가야 한다. 그런 다음 다른 사람을 이해하고, 그들의 관심사를 알아가야 한다. 진정한 관심과 진심 어린 소통은 인맥을 쌓는 데 필수적이다. 내가 누군가의 문제나 요구사항을 듣고 공감해 주면, 그들은 나를 신뢰하게 되고 그때마다 소개와 연결의 문이 열렸다.

1부와 2부에서 이야기한 신뢰와 인맥은 성공의 두 날개와 같다. 이 두 날개가 단단히 연결되어 있지 않으면 날지 못한다. 성공을 향해 가는 길은 외로운 여행이 아니라, 함께 나아가는 여정이다. 신뢰와 인맥의 가치를 중요하게 여긴다면 누구든 더 멀리 나아갈 수 있을 것이다.

# CHAPTER 07

# 내가 동아줄

오두환

누구나 특별한 사람이 되길 바란다. 능력자가 되길 꿈꾼다.

그렇게 되기 위해 필요한 것은 무엇일까? 실력이 전부일까?

그렇게 생각한다면 착각이다. 아무리 실력이 출중해도 남들이 몰라주면 소용이 없다. 본질과 무관하게 '있어 보이는' 브랜드와 홍보 능력, 자기 관리 기술이 매우 큰 비중을 차지하기 때문이다. 그렇다면 누구나 '있어 보이는' 사람이 될 수 있을까? 있다. 그것도 짧은 시간에 더 적은 노력만으로 최대의 효과를 얻을 방법이!

이번 장에서는 이와 관련된 내용을 다룰 것이다. 특별해지고 싶다면 이번 장을 절대 놓쳐서는 안 된다. 이미 우리가 특별하다고 생각하는 사람들은 모두 알게 모르게 이 방법을 쓰고 있기 때문이다.

'인맥', 흔히 말하는 '줄'이란 뭘까? 나는 신뢰를 바탕으로 한 네트워크가 인맥이라고 정의하고 싶다. 직장 생활이든 사업이든 모두 사람이 하는 일이다. 결국 가장 중요한 것은 사람이라는 말이다. 무슨 일을 하든 개인적인 것이 우선되어야만 하는 이유다. 다만, 혼자서 모든 일을 다 할 수 있는 사람은 없다. 설사 많은 것을 다 할 줄 아는 사람일지라도 혼자 많은 일을 다 하는 것은 효과적이지 못하다. 무인도에서 혼자 살아갈 것이 아니라면 도와주려는 마음, 도움을 받으려는 마음 탑재는 필수다.

나 또한 다른 사람들과 함께하기 위해 내 인생 목표를 설계하기 시작했다. 바로 내가 그 동아줄이 되기로 한 것이다. 내가 잘나고 특별해서가 아니다. 오히려 나는 손 내밀어 잡을 줄조차 주변에 없었다. 그래서 직접 줄이 되고자 노력한 것뿐이다. 힘들 때 잡을 줄 하나 없다는 사실이 얼마나 고된지 누구보다 잘 안다. 그래서 더더욱 누군가의 든든한 줄이 되기 위해 꾸준히 내 삶을 관리하며 살았다. 누군가는, 최소한 나보다 더 적은 노력으로 빨리 성공하길 바라니까.

## 오케팅으로 만든 동아줄

짧은 시간에 더 큰 효과를 얻는 방법은 과연 뭘까? 바로 내가 늘 활용하는 '오케팅' 비법이다. '오케팅'은 특별히 복잡하다거나 전문성을 갖춰야만 할 수 있는 것이 아니다. 이 책을 읽는 누구라도 할 수 있다. 그럼 오케팅이 무엇인지부터 살펴보자.

오케팅이란 용어는 내가 중의적인 의미를 부여해 만들었다. 표기 자체는 알파벳 'O'와 영어 'Marketing'의 합성어이다. 마케팅과 어감도 비슷해 최종 선택하게 되었다. 나는 스스로 '생계형 마케팅 천재 오두환'이라 명명했다. 그래서 'OK'라는 긍정의 의미, 그리고 'O' 형태로 돌고 돈다는 순환Cycle의 의미도 담았다. 오케팅은 절대 한 번으로 끝나지 않는다. 알파벳 O처럼 끊임없이, 꾸준히 계속해야 한다.

오케팅은 특정 사업 부문에만 적용되는 것이 절대 아니다. 오케팅은 우리 삶 어느 부분에도 다 적용할 수 있다. 오케팅만 잘 해낸다면 투자나 사업을 하지 않아도 얼마든지 부자가 될 수 있다. 특별해질 수 있다.

오케팅 과정을 간단히 설명하자면 다음과 같다. 선한 대의, 비전을 품고 단기·장기 목표를 설정해 부르기 쉬운 이름을 지어 준다. 그리고 강점을 찾아 강조하고 단점은 보완한다. 롤모델이나 경쟁자를 설정하고 오케팅을 할 타깃까지 정한다. 그런 다음 이해하기 쉽게 시나리오를 만들고 슬로건을 만든다. 슬로건은 순간적으로 상대방 뇌리에 효과적으로 이미지를 각인시킬 뿐만 아니라 설득하기 쉽게 해준다. 이후 베타테스트를 통해 오차를 줄여 본격적으로 타깃에게 알린다. 후기를 분석해 도약의 기회로 삼고 점차 좋은 후기와 평판을 쌓아 나간다. 마지막으로 이 모든 과정을 계속 반복하여 실수를 줄이고 트렌드와 상황에 맞게 업데이트한다.

좀 더 쉽게 말하자면 자신을 '특별해 보이도록' 잘 '포장'해서 '알리는 것'을 '끊임없이' 하는 것이다. 지금 당장 특별하지 않다고 생각되어도 상관없다. 우리가 아는 특별한 사람들은 그들이 다른 사람보다 더 특별해서가 아니라 특별해 보이도록 포장을 잘해서 더 특별해 보이는 경우가 많다. 본질이 아무리 특별한 사람일지라도 남들 눈에 그렇게 보이지 않으면 아무 의미가 없다. 여기서 포장한다는 것이 마케팅이고, 알리는 것이 광고에 해당한다. 상품이나 서비스처럼 자기 자신을 마케팅하고 광고해야 한다. 마케팅과 광고의 최종 목적은 파는 것이다. 즉, 제품이나 서비스보다 자신을 먼저 팔아라.

마케팅의 아버지라 불리는 필립 코틀러Philip Kotler는 이렇게 말했다.

"마케팅할 대상은 상품이나 서비스에 그치지 않는다. 사람이나 장소, 아이디어, 경험, 그리고 조직을 마케팅할 수도 있다."

즉, 제품이나 서비스에만 마케팅을 한정해서는 안 된다는 것이다. 특별해 보이도록 포장하고 남들에게 알리면 그 포장에 걸맞은 사람이 되기 위해 노력하게 될 것이다. 그러다 보면 나 자신이 어느새 포장을 뛰어넘은 사람이 되어 있을 것이다. 그러면 목표를 높여 다시 포장하고 알리기를 반복하면 된다.

오케팅은 한 번으로 끝나지 않는다. 어제 밥을 먹었다고 오늘은 안 먹어도 되는 것은 아니지 않은가. 오케팅 또한 밥 먹고 숨 쉬듯 끊임없이 반복해야 한다. 그러다 보면 당신은 어느 순간 부자가 되어 있을 것이다.

오케팅이 무엇인지 잘 몰랐던 사람이라도 자신의 행동을 뒤돌아보면 이미 무의식적으로 오케팅을 수행하고 있었다는 사실을 발견할 수도 있다. 소위 세상에서 잘나간다는, 성공했다는 사람들의 행적을 되짚어 보아도 우리는 그들이 오케팅을 잘 수행해 왔음을 발견하게 될 것이다.

오케팅을 계속하다 보면 당신은 결국 하나의 브랜드가 되어 있을 것이다. 우리는 이미 사람이 브랜드가 되는 시대에 살고 있다. 아무리 시사에 관심이 없는 사람이라도 '퍼스널 브랜딩'이라는 말을 한 번쯤은 들어 봤을 것이다. 오케팅이야말로 자신을 브랜드화할 수 있는 가장 효과적인 방법이다. 나 자신을 브랜딩할 수 있다면 내가 얼마든지 다른 사람들의 동아줄이 될 수도 있다.

## 맞춤형 오케팅

내가 마케팅의 'ㅁ'도 알지 못하던 시절에도 나는 끊임없이 오케팅을 해왔다. 모두 생계를 위한 방편이었다. 그래서 나는 나의 오케팅을

'생계형 오케팅'이라고 부른다. 나는 어려움이 닥쳐오면 불행하다고 표현하지 않고 오케팅할 '기회'를 얻었다고 말한다. 잡은 기회들을 붙잡고 오케팅한 결과 지금의 부자가 될 수 있었다. 그렇게 해서 언제 부자가 되겠냐고 반문할지도 모른다. 그러나 그렇게 해서 빠르게 부자가 된 내가 산증인이다. 전혀 특별한 것 없는 내가 해냈으니 여러분이라고 못할 것 없다.

예를 들어 보자. 1장을 읽은 여러분은 이미 내가 아버지를 도와 자동차 판금·도색에 관한 광고를 했었다는 사실을 알고 있을 것이다. 그때 내가 어떻게 오케팅을 했는지 하나씩 따져 보자.

나는 광고를 널리 알리는 것에 그치지 않고, 가치를 빛나게 하고光 높이는高 것이라고 늘 말한다. 마케팅 또한 만들고Make, 찾는Hunting 일이라고 생각한다. 영어로 빨리 읽으면 마케팅과 발음도 유사하니 기억하기 쉬울 것이다. 마케팅과 광고를 통해 '인식'시키고 '가치를 알리는 것'이 내 일이다.

먼저 나는 아버지를 돕겠다는 선한 대의를 품었다. '오 박사의 자동차 판금·도색'이라는 이름으로 카페를 개설했고, 아버지의 강점을 살려 광고했다. 별로 내세울 것 없던 아버지의 간판점 경력이나 페인트칠 경력을 내세워 차별화 전략을 구축했다. 또한 작업 성공 사례를 뽑아 나열함으로써 가치를 증명하고자 했고, 생계를 위해 아버지 일을 도와야 하는 나의 상황을 시나리오로 만들어 진정성 있게 호소했다. 그리고 신뢰를 이끌기 위해 아버지의 사진과 내 휴대폰 번호도 오픈했다. 롤모델을 1급 공업사로 설정해 고객 범위를 넓혔다.

그러자 카페 게시판을 통해 손님들이 몰려왔고 경험이 쌓이는 만큼 아버지의 실력도 향상됐다. 만족한 고객들이 카페를 통해 스스로 광고하기 시작했고 사업은 아버지가 건강 문제로 일을 놓으실 때까지 호황을 누릴 수 있었다. 이 모든 것은 내가 무의식적으로 오케팅을 실행했기 때문이다.

다만, 지금의 나라면 아버지에게 건강 문제가 발생했을 때 사업을 접으시게 하지는 않았을 것이다. 기세를 모아 사업의 규모를 확장하고 아버지가 직접 노동을 하는 대신 관리 감독을 하실 수 있도록 만들었을 것이다. 그렇다면 나는 아버지가 지금쯤 1급 공업사 사장님이 되셨을 거라고 믿는다.

혹자는 아버지가 개인사업자였으니 오케팅이 통했을 것으로 생각할지도 모르겠다. 하지만 오케팅은 사업자에게만 국한되는 것이 아니다. 직장인이 오케팅을 잘하면 직장 상사나 대표에게 인정받아 남들보다 빠르게 승진할 수 있다. 어떤 업종이든 필요한 마케팅과 광고가 습관이 되도록 몸에 익어야 한다. 그렇게 하면 남들과 같은 양의 일을 해도 더욱 대접받을 수 있다.

주부의 경우는 어떨까. 오케팅을 제대로 적용하면 아이들에게 더 멋진 엄마가 될 수 있다. 특히 다른 주부들에게도 그 재능을 인정받아 교육 요청을 받을 수도 있다. 누구나 숨겨진 재능이나 잘하는 것이 있다. 오케팅은 바로 그런 숨겨진 재능을 주위에 알리고, 수익을 낼 수 있는 능력을 끌어낸다.

학생이나 취업 준비생도 당연히 가능하다. 오케팅을 제대로 몸에 익히면 사고력이 높아지고 학업 성과가 좋아진다. 자신을 사랑하는 마음도 당연히 커진다. 발표 능력을 기를 수도 있고, 전략적으로 자신의 강점을 어필하고 약점을 감추는 데 능숙해진다. 취업 준비를 할 때도 오케팅을 수행하면 면접관에게 호감을 얻어 채용될 확률이 높아진다. 어떤 목표를 세우더라도 그 목표를 향해 돌진할 수 있는 열정과 패기, 용기가 생길 것이다. 그러면 위기마저도 기회로 만들어 내는 지혜가 생긴다.

이렇게 말하면 너무 추상적으로 들려 잘 와닿지 않을 수 있다. 그렇다면 내 경험을 에로 들어 보겠다. 나는 대화생 때 교원자격증을 취득하기 위해 오케팅을 수행한 경험이 있다. 물론 그때도 무의식적으로 행한 것이었다. 학생도 오케팅을 할 수 있다는 것을 증명하기 위해 그 이야기를 풀어내고자 한다.

## 낙제생의 오케팅

어려서부터 내 꿈은 교사였다. 내 성적에 맞춰 교직과정을 이수하기 위해 대학교를 고르다 지방대학에 입학하게 되었다. 문제는 내가 누구보다 공부하는 것을 싫어하는 학생이었다는 점이다. 특히나 암기 과목은 기피 대상 1호였다. 어려서부터 나는 뭐든 있는 그대로 받아들이는 성격이 아니었다. 하물며 책을 읽어도 책 속의 위인들과 대립하기도 했다. 그러니 줄줄 외우기만 하는 공부가 나에게 어땠을지는 말할 필요도 없을 것이다. 성적이 좋을 리 없었다.

대학교 1학년 때 내 성적은 올 C를 기록했다. 낙제점에 학사 경고까지 받았지만 나는 내 성적을 심각하게 받아들이지 않았다. 그런데 내가 미처 몰랐던 사실이 있었다. 교직과목을 모두 이수하고도 학부 성적이 상위 10% 안에 들어야만 교원자격증이 나온다는 것이었다. 낭패였다.

그렇다고 포기부터 하는 것은 내 스타일이 아니다. 나는 그 상황에서 교사가 될 방법을 고심하기 시작했다. 오케팅을 하기 시작한 것이다. 물론 이것 또한 무의식적으로 행한 생계형 마케팅이었다. 계산해보니 남은 학기 동안 올 A를 받아도 부족했다. 그나마 남은 과목 대부분에서 A$^+$를 받으면 가능할 것 같았다. 그런데 공부 못하는 내가 무슨 수로? 여느 모범생들이 하듯 공부만 해서는 불가능하다는 결론이었다.

아무리 경쟁자(모범생들)를 분석해도 공부만으로는 따라잡을 수 없을 것 같았다. 차별화 전략이 필요했다. 먼저 나를 분석했다. 확실한 포지셔닝이 우선되어야 할 것 같았다. 나의 장단점을 파악해 정리한

다음 목표를 수립하고 실행 단계에 들어갔다.

일단 교수님이 느끼는 나의 가치를 올려놓는 일이 먼저였다. 수시로 교수님 연구실로 찾아가 이런저런 질문을 했다. 교수님이 제시한 답을 그대로 수행하지 못하더라도 성의를 보이기 위한 노력의 결과들을 들고 다시 찾아가 내 성실함을 증명하는 일도 잊지 않았다. 교수님이 기획하신 모임이나 교대의 행사에는 빠짐없이 참석했다. 수업을 경청했고 강의가 끝나도 마지막까지 강의실에 남았다. 연구실로 이동하시는 교수님 옆에 붙어 대화를 이어갔다.

수업 중간에 쉬는 시간에도 강의실에서 전공 서적을 열심히 읽었다. 교수님께 들키기 위한 전략이었다. 결국 광고의 목적은 들키는 것이 아닌가. 교수님과 소통이 원활해지자 아주 개인적인 이야기까지 할 수 있었다. 교수님은 내 꿈과 개인적인 사정들까지 모두 알게 되었고 진실한 조언과 격려도 많이 해주셨다. 교수님을 통해 배우게 된 것들도 참 많았다. 내 생계를 위해 의도적으로 한 행동이었지만 의도치 않은 배움까지 얻은 좋은 기회였다.

그럼 나는 시험을 잘 봤을까? 꼭 그랬다고 대답할 자신이 없다. 시험지를 받고 문제의 요점조차 파악하기 어려운 경우도 있었으니까. 하지만 그런 경우라도 나는 백지를 제출하지 않았다. 내가 파악한 문제에 대한 나만의 답을 써냈다. 물론 교수님이 원한 답은 아니었을 것이다. 하지만 나는 내 간절함을 담아 시험지 앞뒷면을 모두 글자로 채웠다.

어쩌면 그 지면을 가득 채운 것은 내 간절함이었을지도 모른다.

이 시점에서 가장 궁금한 것은 내 학점 결과일 것이다. 결과적으로 나는 원하는 학점을 달성하고 교원자격증을 취득했다. 그것도 2개나. 물론 내가 더 열심히 노력해 성적이 향상된 이유도 있겠지만, 과연 정말 그것뿐이었을까. 나는 이것이 나를 마케팅하고 광고한 결과라고 확신한다.

그 후에도 여러 번 목표를 수정하고 보완하면서 꿈을 재설정해 왔다. 신사업을 일으켜 회사를 빠르게 성장시켰다. 그렇게 오케팅을 끊임없이 반복해 왔다. 직원에게도, 거래 지점 원장님들에게도, 그리고 회사에도 나는 이미 튼실한 동아줄이 되어 가고 있었다.

사람이 살면서 어떤 줄을 잡느냐, 즉 어떤 사람을 만나느냐가 미래를 결정짓는 중요한 요소인 것은 틀림없다. 유유상종이라는 말이 괜히 생겼겠나. 자기 발전을 위해 꾸준히 노력하는 사람과 동행하면 반드시 긍정적인 영향을 받아 나도 성장하게 된다. 그래서 누구나 좋은 사람과 같이 일하고 싶어 한다. 하지만 언제까지 나를 끌어 올려줄 동아줄만 찾아다니며 살 것인가. 물론 경험이 전혀 없는 상태로 처음 시작할 때는 나를 이끌어 줄 좋은 스승이 필요하다. 처음 훌륭한 줄을 찾아 붙잡는 것도 중요하지만, 그만큼 그 줄을 잡고 올라가 끝내는 내가 다른 사람들에게 그에 못지않은 동아줄이 되어 주려고 노력해야 한다.

또한 인생에서 고비가 찾아와도 오케팅을 생활화하여 성장을 멈추지 말고, 설사 정상이라고 생각되는 자리에 올랐을지라도 오케팅을 멈추지 말아야 한다. 다시 추락하지 않기 위해서. 정상에 오르기까지는 오랜 시간과 노력이 필요하지만 발을 헛디뎌 실족하는 것은 한순간이니 말이다. 부자는 알라딘의 요술램프처럼 어느 날 '짠' 하고 나타나는 것이 아니다. 판타지는 현실에서 볼 수 없기 때문에 판타지인 것이다.

## 해고와 강제 창업

나는 10년 넘게 네트워크 병원이 운영하는 광고회사에서 일했다. 그러던 2020년, 전 세계를 강타한 코로나 19라는 전염병이 한국에도 상륙했다. 팬데믹의 타격에서 내가 일하던 회사도 비껴갈 수 없었다. 많은 회사가 심각한 경영 악화에 직면했다. 문을 닫는 회사들이 속출했고, 그중에는 당연히 우리 광고주도 있었다. 계속되는 광고주 이탈로 회사 매출이 반토막 났다. 3개월 연속 적자가 이어졌다. 회사 설립 이래 처음 겪는 난항이었다. 같은 업계 회사들이 폐업하는 것을 불안속에 지켜봐야 했다.

결국 대표님은 나에게 인원 감축을 지시했다. 하지만 나는 대표님을 설득했다. 어떻게든 몇 개월만 참고 버티면 적자를 반드시 흑자로 바꿔놓겠다고 단언했다. 내가 제시한 기간은 6개월이었다. 그냥 말로만 주장한 것이 아니다. 흑자 전환 방안을 구체적으로 제시하고 시뮬레이션도 했다. 하지만 이번에는 대표님을 설득하는 일이 쉽지 않았다. 물론 대표님의 심정을 이해하지 못하는 것도 아니었다.

나는 언제나 내 직원을 가족이라고 생각하며 일했다. 내가 뽑은 직원을 해고한다는 것은 내가 내민 동아줄을 믿고 잡은 사람들을 스스로 털어 내는 기만행위나 마찬가지였다. 처음 내가 입사할 때 있던 3명을 제외하고는 모두가 내 밑의 직원들이었다.

나는 지금껏 해온 대로 배수의 진을 치기로 했다. 대표님이 계속 직원 해고를 강요한다면 내가 그 직원들을 모두 데리고 나가겠다고 했다. 그런데도 끝내 대표님을 설득하지 못했다. 대표님은 몇 개월 동안 계속된 적자로 인해 이미 지칠 대로 지쳐 있었다. 결국 해고 통보를 받았다. 마른하늘에 날벼락은 이럴 때 쓰라고 있는 말이었다.

새로운 사업을 끊임없이 연구하며 직원으로서 회사를 성장시키는 일과 사업체 전체를 맡아 운영하는 일은 다른 차원의 문제였다. 그런데도 나는 내가 뱉은 말에 책임을 져야 했다. 나는 창업하기 위해 내 밑에 있던 직원들을 모두 데리고 근무하던 회사를 나왔다.

이번에는 가족들과 친구들을 설득할 차례였다. 주변에서는 그동안 쉴 새 없이 채찍질하며 달려왔으니 잠시 인생의 쉼표를 찍고 가라고 했다. 하지만 나는 그 쉼표가 자칫 마침표가 될까 봐 두려웠다. 결국 내가 창업을 강행하려고 하자 이번에도 주위에서는 아낌없는 응원을 보내왔다.

"미쳤어? 미쳤냐고? 회사라는 게 구멍가게 열듯 그렇게 뚝딱 차릴 수 있는 건 줄 알아?"

"있는 회사들도 줄줄이 문을 닫는 판에 다른 일도 아니고 같은 업종으로 창업을 한다고? 아예 기름통을 들고 불 속으로 뛰어들지 그래?"

하지만 나는 가까스로 가족을 설득해 집을 팔아 '강제 창업'을 했다. 아내는 내가 힘든 시기를 지날 때마다 나를 믿고 지지해 주었다. 그런 아내를 위해서라도 나는 반드시 성공해야만 했다. 내 인생을 사업에 베팅한 셈이니 밤에 눈을 감는다고 잠이 올 리 만무했다. 이 사업에 실패하면 내 가족뿐만 아니라 내 직원들까지 다 무너지는 것이었다. 나는 내가 내민 동아줄을 잡은 사람들이 흔들리지 않도록 어느 때보다 굳건해져야 했다.

매일매일 더 열심히 뛰어다녔다. 도움을 받을 수 있는 곳에 손을 내미는 것도 망설이지 않았다. 그리고 새로운 회사에 걸맞은 새로운 목표를 세웠다. 직원들이 불안해하지 않도록 6개월 이내 흑자 전환을 약속하고 규모도 계속 키우겠다고 선포했다. 내뱉은 말이라면 무조건 지키는 내 성격을 잘 아는 직원들이 다행히 나를 믿고 따라 주었다. 그 믿음이 또다시 큰 힘이 되었다. 새로운 회사 비전도 설정했다.

**'그것이 무엇이든 회사에 이익이 되게 하라.'**

이것이 바로 새로운 회사의 사훈이 되었다. 언뜻 듣기에 사업주 위주의 이기적인 사훈이라고 생각할지도 모른다. 하지만 우리 회사 직원 모두가 주인 의식을 갖고 일하기 때문에 가능한 사훈이었다. 회사에 이익이 된다는 것은 직원 개개인에게 이익이 되어 돌아간다는 말이라는 것을 어떤 직원도 의심하지 않았다. 또 회사의 이익이 협력사의 이익이 되는 것은 당연한 인과였다.

## 킹메이커 오두환

우리 회사는 팬데믹 상황에서도 처음 세운 목표를 초과 달성하는 기염을 토했다. 창업 당시 세운 목표의 열 배가 넘는 매출을 달성했고, 나 또한 20여 개의 사업체를 운영하는 법인 대표가 되었다. 그때 내가 내민 불안한 동아줄을 굳게 믿고 함께 달린 가족과 직원들, 협력사들 덕분이었다. 오늘도 내가 내민 동아줄은 묵직하지만 여전히 굳건하다.

하지만 누구나 처음부터 스스로 동아줄이 되기는 어렵다. 나 스스로 튼튼한 동아줄이 되기 위해서 먼저 나를 이끌어 줄 유명한 동아줄을 찾는 것이 훨씬 효율적이다. 효과적인 방법이 있는데 굳이 어려운 길을 갈 필요는 없다.

내가 아직 스스로 줄이 될 수 없다면 유명인과 함께하거나 유명한 조직과 일하는 것만으로도 충분히 '있어 보이는' 사람이 될 수 있다.

능력자와 함께하다 보면 어느 순간 능력자가 되는 것이지, 처음부터 능력자인 사람은 드물다. 내가 누구라고 먼저 말하지 않아도 세상 사람들이 나를 알아볼 때까지는 일단 다른 동아줄을 붙잡고 올라가야 한다.

세상 사람들은 이미 퍼스널 브랜드라는 색안경을 쓰고 서로를 바라보게 되었다. 퍼스널 브랜드란 결국 타인이 나를, 내 삶을 바라볼 때 갖는 인식이다. 그 인식을 만들기 위해서는 다른 사람이 되어 객관적으로 나의 스토리와 역사를 바라보려는 시도가 필요하다. 그래야 자신을 냉정하게 평가할 수 있고, 발전시킬 수 있으며 브랜딩에도 성공할 수 있다.

나는 현재 '킹메이커 오두환'이라는 브랜드로도 활동하며 사람들의 퍼스널 브랜딩을 만들어 주고 있다. 뒤에 이어지는 이야기를 모두 읽고, 다른 곳에서 동아줄을 찾기 힘들다면 나를 찾아와도 좋다. 나는 언제든지 여러분을 도와줄 준비가 되어 있다.

# CHAPTER 08

# 돈이 넝쿨째

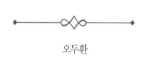

오두환

앞서 이야기했듯이 돈은 무한하다!

세상에는 돈이 너무 넘치고 넘쳐서 갈 곳을 찾아 헤매고 있다. 하지만 사람들은 세상에 돈이 부족하다고 생각하기 때문에 늘 남의 것을 빼앗으려 든다. 반면 세상에 돈이 넘친다는 사실을 아는 사람은 타인의 재물을 탐하지 않고 다 함께 잘될 궁리를 한다. 따라서 경쟁할 필요도 없다. 상대가 잘되도록 도와주면, 그 사람도 나를 도와 서로 발전할 수 있다고 믿기 때문이다.

그런 선의를 이용만 하는 사람도 많지 않겠냐고?

물론 있을 것이다. 그래도 상관없다. 그 역시 사람 잘 못 본 나를 조금 탓하면 된다. 다음에 더 정확히 분별할 수 있도록 스스로 성장할 테니 결과적으로 손해는 아니다. 산에 오르는 과정에서 눈앞에 벌레나

산짐승이 나타난다 해도 개의치 않고 제 갈 길을 열심히 가다 보면 어느새 정상에 서게 되는 것처럼 말이다. 나의 이야기를 읽고 체화한다면 어느새 여러분 앞에도 사람들이 줄을 서게 될 것이라고 확신한다.

## 퇴짜 대장, 오두환?

상위 1%, 아니 5% 안에라도 들고 싶지 않은가? 그렇다면 95%와 다르게 생각하고 행동해야 한다. 남들과 다르게 살고 싶어 하면서 남들과 똑같이 행동한다는 것부터 모순이다. 나도 남들과 '다르게' 살고 싶었기 때문에 항상 '다르게' 생각하려고 노력했다. 하지만 그렇게 다른 생각을 하는 사람을 세상이 언제나 환영하는 것은 아니다. 솔직히 말하면 냉담한 반응을 더 자주 마주하게 될 것이다. 나의 초라했던 대부분의 시작이 이를 증명한다.

현재 사업체 운영과 더불어 수많은 강연을 하고 있지만 내가 처음부터 환영받는 스타 강사였던 것은 아니다. 처음 일을 시작할 때부터 나는 누군가에게 도움을 주겠다는 대의를 품었다. 아무리 어려운 순간에도 그 대의를 놓은 적이 없었다. 그래서 나는 내가 가진 것, 내가 잘할 수 있는 것을 통해 그 대의를 실천하고 싶었다. 내가 잘하는 것은 오케팅이었고, 다른 사람들에게 일상에서 행할 수 있는 오케팅을 알려 주고자 노력했다.

그런 마음으로 강연을 하기 시작했다. 하지만 초반, 주변의 반응은 싸늘했다. 알고 보면 누구나 '별난 사람'인데, 세상 사람들이 겉으로 보기에 나는 지방대 출신의 '별 볼 일 없는 놈'일 뿐이었다.

한번은 공공기관에 근무하는 지인이 원래 잡혀 있던 강연의 강사가 갑작스레 일정을 취소하는 바람에 곤란하게 되었다면서 강사 추천을 의뢰해 왔다. 선뜻 내가 직접 무료로 마케팅 강연을 해주겠다고 나섰다. 분명 선의였다. 하지만 그 지인은 내부 논의 과정도 없이 바로 거절했다. 마케팅 강연은 필요 없다는 이유였다. 사람들이 마케팅에 대해 어떤 편견을 지니고 있는지 알 수 있는 경험이었다.

마케팅이라고 하면 경영학 전문 과정에서나 들을 법한 내용쯤으로 생각해 다들 어려워하는 경향이 있다. 물론 그런 전문적인 학문 분야도 당연히 존재하고 또 필요하다. 하지만 내가 알리고 싶은 마케팅은 그런 고학력자들이나 학습할 수 있는 난해한 내용이 전혀 아니다. 내가 개발한 오케팅은 어린이부터 성인까지 누구라도 적용할 수 있는 생계형 마케팅이다. 이렇게 말하면 또 '어린이에게도 적용하는 마케팅이라고?' 하고 반문할지도 모르겠다. 마케팅이라고 하면 상품 영업을 하는 사람, 즉 직업인으로서 판매원을 먼저 떠올리기 때문이다. 하지만 마케팅은 누구에게나 필요한 삶의 전략이다. 남녀노소 예외가 없다. 오케팅은 돈을 버는 일뿐만 아니라 좀 더 특별한 내가 되는데 필요한 방법이기 때문이다.

나의 또 다른 저서 중에 《특별한 내가 될래요》라는 책이 있다. 오케팅의 동화 버전이다. 그 책을 읽어 보면 알겠지만, 초등학생도 오케팅을 통해 얼마든지 대의를 품고 더 특별한 아이가 될 수 있다. 오케팅을 아는 어린이라면 대의를 품고 자신의 장점을 더 특별하게 포장할 줄 알며, 자신의 대의를 이루기 위해 끊임없이 오케팅을 할 것이다. 하나의 목표를 달성했다고 거기서 멈추지 않고, 알파벳 'O'처럼 다시 목표 재설정, 재도전을 계속해 나갈 것이다. 그렇게 어려서부터 오케팅을 생활화한 아이가 자라면 어떻게 될까? 실로 무한한 가능성을 가진 사람이 되지 않을까?

나는 아이들에게도 오케팅을 가르쳐 주고 싶어 집 근처에 있는 보육원에 마케팅 강연을 제안해 보았다. 무료 강연이었다. 하지만 보육원에서는 내 제안을 거절했다. 역시 마케팅 강연은 필요 없다는 이유였다. 내 전공과목 강연이라면 괜찮다고 덧붙였다. 하지만 내가 아이들에게 전해 주고 싶은 것은 대학에서 전공한 내 교과목 내용이 아니었다. 지금 당장 실생활에 적용해 더 특별한 아이로 성장할 수 있게 만드는 오케팅 강연이었다.

계속해서 내 선의가 받아들여지지 않아 나는 크게 실망했다. 그렇다고 내가 거기서 멈췄을까? 절대 아니다. 내 대의가 거절당한 것 같아 안타까웠지만, 그 또한 내게 오케팅 할 기회가 온 것일 뿐이었다. 나는 오히려 마케팅과 광고를 더욱 대중화하겠다는 새로운 목표를 설정하고 연구에 들어갔다.

그 결과 《오케팅》, 《광고의 8원칙》, 《특별한 내가 될래요》 등의 저서들을 출간할 수 있었다. 누구라도 어렵지 않게 읽을 수 있도록 쉽게 쓰인 책들이다. 글을 한 번이라도 써본 사람이라면 알 것이다. 막히는 부분이 없이 술술, 쉽게 읽히는 글이 제일 쓰기 어렵다는 사실을.

## 진짜 아는 것

오케팅은 절대로 어렵고 방대한 내용을 암기하는 방식이 아니다. 암기라면 나도 질색이다. 스스로 질문하고, 생각하며 답을 찾아 실제로 적용할 수 있도록 만들어 주는 것이 오케팅이다.

그런데 생각하는 것조차 잘 안 되면? 될 때까지 하면 된다. 그것이 내가 원한 교육 방식이기도 하다. 멀리 공자나 소크라테스, 석가모니, 예수까지 갈 필요도 없이 우리의 옛 과거 시험 방식만 봐도 절대 암기 방식이 아니었다. 간단한 키워드, 즉 시제를 제시하면 응시자들이 그에 관한 생각이나 해법들을 제시하는 방식이지 않았나. 정해진 답은 애초에 없고, 더 지혜로운 해법을 제시한 사람들이 합격할 수 있었다. 그런데 식민지 시기를 거치면서 사고를 방해하는 주입식 교육으로 대체된 것 같아 못내 아쉽다.

주입식 교육이 왜 안 좋은지는 내가 말하지 않아도 모두 알 것이다.

모름지기 교육의 목적은 학습한 내용으로 더 나은 세상을 만들기 위함일 텐데, 지금의 주입식 교육의 최종 목적은 어느새 시험이 되었다. 그래서 시험이라는 목적 달성이 끝나면 쓸모를 다했다고 여기게 되는 것이다. 아마도 시험이 끝남과 동시에 암기한 내용이 머릿속에서 깡그리 사라지는 마법 같은 일을 누구나 한 번쯤은 경험해 봤을 것이다. 설사 머릿속에 남아 있더라도 적용하기 위한 학습이 아니었기 때문에 활용할 수 없는 지식이니 결국 쓸모없게 되는 것이다.

사람들을 만나 이야기하다 보면 이미 '다 알고 있는 것'이지만 안 되는 것뿐이라는 말을 종종 듣곤 한다. 적용과 실천이 안 되는 지식이라면 그것은 알고 있는 것이 아니라 '알고 있다고 착각'하는 것이다. 알고, 깨달음을 얻어 실천으로까지 이어져야 '진짜 아는 것'이라고 할 수 있다.

나는 몇 번의 시행착오 끝에 이제 진심으로 배우고자 하는 이들을 위해서만 강연하겠다고 다짐했다. 가능성 있는 사람들에게 더욱 집중하고 싶었다. 그렇게 해보니 강연의 질도 몰라보게 좋아진다는 것을 스스로 느꼈고, 수강생의 만족도도 높아졌다. 앞에서도 말했듯 고객 만족도가 높아지면 그때부터는 고객이 자발적으로 광고에 동참하게 된다. 나에게도 여기저기서 강연 요청이 끊이지 않고 들어오게 되었다.

가파른 성장을 유지하면서도 나는 한시도 오케팅을 멈추지 않았다. 끊임없이 고민하고 연구한 결과 광고의 8원칙, 오케팅, 13가지 브랜드 법칙, 브랜드 상대성 이론 등 여러 개의 특허까지 출원하면서 마케팅과 광고의 대중화를 이끌어 가기 위한 노력을 멈추지 않고 있다.

이런 노력의 하나로 책도 몇 권 저술했다. 어떻게든 더 많은 사람이 오케팅을 알고 실천해 지금보다 부자가 되기를 희망하기 때문이다. 같은 맥락으로 오케팅을 더욱 널리 확산시키고 싶은 마음에 현재는 대학교수가 되어 인재 양성에도 힘쓰고 있다. 그러다 보니 대학뿐 아니라 다양한 곳에서 강연 문의가 쇄도하고 있다. 이 모두가 오케팅을 통해 나 스스로 퍼스널 브랜딩에 성공한 덕분이다.

## 나누면 배가 되는 기적

우리는 청소기 하나를 살 때도 브랜드를 따진다. 브랜드에 대한 믿음이 사용해 보지도 않은 물건에 대한 믿음으로 이어지기 때문이다. 하물며 무한 가능성을 내포한 사람을 선택할 때는 어떨까? 브랜딩이 확실히 되어 있는 사람을 만나고 싶지 않을까? '오두환'이라는 이름만 들어도 다른 회사와는 차별화된 마케팅·광고 효과를 기대할 수 있으므로 나를 알지 못했던 사람들도 여기저기서 연락을 해오는 것이다.

강연을 해오는 내내 나는 오케팅을 멈추지 않았다. 강연을 통해 수강자들뿐만 아니라 나까지 동반 성장할 수 있던 이유다. 다른 사람을 돕고자 하는 대의를 품고 오케팅을 실천했기 때문에 가능했던 일이다.

나에게 강연 요청을 하는 사람 중에는 '퍼스널 브랜딩' 코칭을 원하는 이들도 많다. 나 스스로 퍼스널 브랜딩에 성공한 것을 뛰어넘어 이제 다른 사람들의 퍼스널 브랜딩을 창조하는 사람이 되었다. 내 강연을 들은 사람들은 모두가 변화에 성공했다고 감히 말할 수 있다. 만약 코칭 이후 아무런 변화가 없다면 100% 환급을 감행하겠다고 선언했다. 그만큼 결과에 자신 있었다.

막무가내로 열심히만 한다고 해서 브랜드가 생기지는 않는다. 효과적인 알고리즘이 있다. 그것을 찾는 일이 우선이다. 거기에 하나 더 강조하자면, 사람이든 서비스든 제품이든 브랜딩에 성공하려면 남을 돕겠다는 대의를 품어야 한다. 선한 마음은 전파력이 매우 강하다.

내가 운영하는 사업체 중에는 '꿈을 찾는 사람들(이하 꿈찾사)'이 있다. 말 그대로 꿈을 찾는 사람이라면 누구라도 함께할 수 있는 커뮤니티 중심의 사업체이다. '꿈찾사'를 통해 매월 무료로 강연을 진행한다. 분야별로 퍼스널 브랜딩에 성공한 강사들을 초빙해 '꿈을 찾는 사람들'이 꿈을 찾을 수 있도록 돕는다. 각계각층의 퍼스널 브랜딩 강사들이 선한 영향력을 행사하는 데 기꺼이 동참하고 있다.

선한 영향력은 강연뿐만이 아니다. 나는 '굿닥터네트웍스'라는 후원단체도 이끌고 있다. '좋은 + 의사 + 선생님'이 되고자 하는 사람들이 모여 있는 네트웍스이다. 굿닥터네트웍스는 매달 20여 곳의 보육원에 정기적인 후원을 하고 있다. 그럴 리 없겠지만 혹여라도 회사 상황이 여의찮아도 중단되는 일이 없도록 일단 10년 자동이체로 등록했다. 여느 후원 단체와 달리 누군가의 후원금만을 받아 후원하는 시스템이 아니라 마케팅과 광고 수익으로 보육원을 후원한다.

후원을 희망하는 분들은 회사 계좌가 아닌 보육원 계좌로 바로 입금하도록 하고 있다. 선한 분들의 후원금은 100% 보육원으로 들어간다. 우리는 다만 허브 역할을 할 뿐이다. 우리가 심은 씨앗을 시작으로 전국 굿닥터들의 자발적인 후원과 사회단체의 후원이 이어지길 바라는 마음에서 애쓰고 있다. 내 바람은 대한민국 국민 모두가 굿닥터가 되는 것이다. 거창한 자산가가 아니어도 누군가의 줄이 되어 줄 수 있다고 믿기만 하면 가능한 일이다.

이쯤 되면 무료 강연과 정기 후원이 부자가 되는 것과 무슨 상관이 있냐고 묻고 싶을지도 모른다. 주머니 사정이 플러스가 아니라 마이너스가 되는 일이 아니냐고 말이다. 하지만 절대 그렇지 않다. 우리는 지금도 매일매일 나누면 배가 되는 기적을 경험하고 있다. 그런데 다시 생각해 보면 그것은 기적이 아니라 당연한 결과였다.

우리가 진행하는 '꿈찾사' 강연을 통해 꿈을 찾은 누군가는 부자가 될 수 있다. '굿닥터'들의 후원으로 심신이 건강하게 자란 아이들은 부자가 될 수 있다. 결국 부자가 많아지면 지역이, 나라가 부자가 될 수 있다. 건강한 국가가 될 수 있다.

전체는 부분이 모여 만들어진다. 그 부분의 내실을 다지면 전체는 튼튼해질 수밖에 없는 논리다. 역으로 전체가 부자가 되었다면 그 부분으로서 우리 회사도 부자가 될 수밖에 없다. 오케팅을 지속하는 한 말이다. 누가 뭐래도 나는 그렇게 믿는다. 처음 아버지의 자동차 판금·도색 광고를 시작할 때부터 지금까지 나는 '돕겠다는 마음'으로 일해왔다. 누군가를 돕기 위해 일한 결과, 가장 많은 도움을 받은 사람은 바로 나였다.

그러므로 내가 무료 강연과 정기 후원을 한다고 해서 재정적 손해를 보고 있다고 생각한다면 큰 오산이다. 우리 회사는 더 많은 강연과 후원을 할 수 있게 날로 성장을 거듭하고 있다. 우리의 성장은 여전히 현재 진행형이다. 지금도 퍼스널 브랜딩 문의가 끊이지 않고 있다. 우리를 통하면 브랜딩에 실패할 이유가 없다. 단순히 기술적 코칭만을 하는 그런 브랜딩이 아니기 때문이다. 브랜딩은 있는 본질을 그대로 보여 주는 것이 아니다. 가지고 있는 본질에 마케팅을 이용해 근사하게 포장하고, 더 멋지게 보이도록 광고까지 성공적으로 해낼 때 브랜드가 완성된다.

혹자는 멋지게만 보이고 실속은 없는 것이 아니냐고 물을 수도 있다. 하지만 결코 그렇지 않다. 퍼스널 브랜딩 과정 자체가 오케팅을 지속하는 과정이므로 자신도 모르는 사이 브랜드에 합당한 사람이 되어 있는 것을 발견할 수 있다.

# 누군가의 동아줄이 되어

퍼스널 브랜딩에 성공하면 사람들의 시선부터 달라진다. '별 볼 일 없던 놈'도 '별난 놈'이 된다. 내가 강연을 제안하지 않아도 먼저 돈을 들고 와서 강연을 부탁하게 된다. 그 돈을 넘어서는 가치를 창출할 수 있다는 믿음이 생겼기 때문이다. 내 코칭을 통해 퍼스널 브랜딩에 성공한 사람들의 후기를 보면 나조차도 감동에 벅차오를 때가 많다.

한 CEO는 더는 광고를 하지 않는데도 고객 소개가 늘어서 감당이 안 될 정도라고 한다. 그분은 현재 생산 공장을 늘려야 할지도 모르겠다는 행복한 고민에 빠졌다. 경영자뿐만 아니라 이름만 대면 누구나 알 수 있는 유명인부터 변호사, 병원장, 강사, 프리랜서, 작가, 전업주부까지 나의 코칭을 통해 퍼스널 브랜딩에 성공한 사람들이 정말 많다. 모두가 내가 내민 동아줄을 붙잡은 사람들이지만 그들은 이미 다른 누군가의 든든한 동아줄이 되고 있다.

다양한 강연에 초빙 강사로 다니고 있는 지금도 나는 내가 여전히 부족한 사람이라고 느낀다. 그래서 어디서고 배울 것이 있다면 배움을 게을리하지 않는다. 물론 내 본업이 강사는 아니다. 내 주업은 어디까지나 마케팅과 광고이다. 오히려 강연을 하려면 20여 개의 사업체를 운영하기에도 바쁜 시간을 쪼개야 한다. 그런데도 여전히 강연의 끈을 놓지 않는 이유는 더 많은 사람을 돕겠다는 대의 때문이다.

밑바닥까지 내려가 누구보다 힘든 시간을 보내 봤기에, 그 시기에 누군가 동아줄을 내밀어 주었다면 조금은 더 쉽고 빠르게 어려움을 극복했을 것이라는 사실도 안다. 그래서 더더욱 강연을 통해서든, 책을 통해서든, 일을 통해서든 나를 만나는 모든 사람이 나보다 쉽게 특별한 사람이 되어 누군가의 또 다른 동아줄이 되어 주길 바란다.

# PART 3

# '돈'을 모셔야 돈이 보인다

CHAPTER 09

# 더 큰 돈을 향하여

정미경

2003년 12월, 처음 재무설계사 자격인증 시험Associate Financial Planner Korea, 이하 AFPK 공부를 시작할 무렵의 이야기이다. 나는 이미 직장인 고객만으로도 고소득을 올리는 설계사였다. 하지만 더 큰 시장을 창출하고 싶어 AFPK 자격증을 취득하기로 했다.

시험과목은 일곱 과목. 당시 증권을 회수하고 보장 분석을 설계하는 일만으로도 밤잠을 설칠 정도로 바빴다. 그런데도 더 큰 그림을 그리기 위해 나는 공부했고, 단 한 번의 도전으로 자격증을 취득했다. 하지만 자격증 취득만으로 곧바로 재무설계 일을 시작하기는 어려웠다.

회사에서 개설한 AFPK 자격증 취득자들을 위한 연수 과정을 신청했다. 연수를 받기 위해서는 일주일의 기간이 필요했다. 당시 일주일을 통으로 빼내 교육받는다는 것은 나에게는 매우 부담스러운 결정이었다. 이미 보유한 고객들 관리만 해도 얼마든지 편하게 먹고 살 수 있는데 왜 한눈을 파느냐고 걱정하는 시선이 많았다. 그러다 가지고 있는 시장마저 다 빼앗길 것이라고 겁을 주기까지 했다. 나도 그런 문제들을 걱정하지 않은 것은 아니다.

당시 나는 월 30건 이상의 계약을 체결하며 월 2,000만 원의 수당을 받는 30세의 고액 연봉자였다. 이때까지만 해도 고객 대부분이 일반 직장인이었고, 전문직 종사자는 학원과 어린이집 원장 정도가 전부였다. 건당 계약 보험료는 소액이었지만 다수의 계약을 체결했고, 유지율도 높은 실속파 설계사였다.

그동안 주로 보장 분석을 통해 보험을 설계했고, 부족한 보장을 채워 주고 기존에 중복된 보험을 정리하면서 추가 계약을 넣어 주는 방식으로 영업했다. 특히 종신보험은 가장의 책임 기간과 은퇴 기간을 구분해서 설계했다. 아이가 대학에 입학할 때까지는 보장 위주로 설계하다 보니 주계약 보험료가 비싼 편이었다. 그래서 수입 보장 같은 특약을 추가해 보완 설계했고, 암이나 건강 보장 역시 특약으로 넣어 월납 보험료 부담을 줄였다.

이렇게 종신보험이 마지막 선택이라 생각하고 준비할 수 있도록 돕다 보니 그들에게 보험설계를 추가할 수 없는 상황이 되어 버렸다. 재무설계 영업이 꼭 필요해진 이유였다. 물론 다수의 계약을 체결하고 다니는 나에게는 시간이 곧 돈이었다. 그 와중에 일주일간의 교육

기간은 타격이 컸다. 그런데도 새로운 시장이 열릴 것을 기대하며 충실히 일주일간의 교육에 집중했다.

## 반전이 있는 교육

교육 첫날, 외국계 보험사 출신 강사가 와서 강의했다. 건당 보험료로 1,000만 원 이상 되는 건만 계약하는 분이라고 했다. 고객 중에는 연예인도 있다면서 본인이 주로 하는 컨설팅 방식을 바탕으로 강의를 진행했다. 수업에 집중해 보려고 했지만 하나도 머리에 들어오지 않았다. 무엇보다 나에게는 건당 1,000만 원 이상의 월 보험료를 납부할 수 있는 고객이 없었다. '지방에서 보험료를 매달 1,000만 원씩이나 내려면 도대체 어떤 직업에 종사해야 하는 걸까?' 하는 생각으로 온통 하지 못할 이유를 머릿속에 채웠다. '이 아까운 시간에 상담이나 한 건 더 하는 게 낫지.'라는 생각 때문에 자꾸만 집중에 방해가 되었다. 그렇게 첫날이 지나갔다.

둘째 날에는 세무사가 상속을 주제로 강의했다. 당시 강사님은 송경학 세무사님이었다. 그때의 인연으로 지금까지 함께 일하고 있다. 당시 그분이 강의한 상속세 재원 및 절세 대비 보험은 내게 해당 사항이 전혀 없어 보였다. 내 고객은 직장인이 대부분이었기 때문에 상속세 재원으로 보험 가입을 한다는 말은 딴 세상 이야기처럼 들렸다. 더더욱 강의 내용이 하나도 와닿지 않았다. 설사 내 고객들이 종신보험에 가입한다 해도 자녀들이 성장해 가장으로서 책임 기간이 지나면, 주계약을 연금으로 전환해 노후 자금으로 준비하는 쪽이 더 좋은 선택이라고 생각했다.

셋째 날이 되었다. '빨리 교육이 끝나고 집에나 갔으면 좋겠다.'라는 생각으로 강의실에 들어갔다. 그날 강의도 별 기대가 없었다. 그런데 그날 강의가 내 뒤통수를 강타했다. 개인 목표에 따른 재무설계 내용이었다. 내가 이전에 미국의 FP가 되고 싶어 자격증 공부를 하면서 막연하게 꿈꾸었던 분야에 대해 실질적인 방향을 제시해 주는 강의였다.

재무설계 기간 목표를 설정한 다음 목적자금을 만들기 위한 플랜으로 접근하는 방식이었다. 막상 이 강의가 귀에 들어오기 시작하니 앞에서 그냥 지나친 강의까지 다시금 중요하게 여겨졌다. 재무상태표, 손익계산서, 현금흐름표 점검 등, 그 모두를 잘 파악해 유기적으로 적용해야 한다는 생각에 마음이 조급해졌다.

교육 내용을 토대로 적용해야 할 고객들을 머릿속에 떠올렸다. 수업 중에 재무설계를 적용할 고객 5명을 적어 보았다. 학원 관장님, 배터리 사업을 하는 사장님, 유조차 운전업 사장님, 어린이집 원장님, 운수업 사장님이었다. 보장 분석을 통해 계약을 체결했던 고객 중 직장인을 제외한, 자영업자나 전문직 종사자를 다 뽑아 보니 그 5명이 전부였다.

## 정미경표 백지 설계

교육 마지막 날인 토요일에는 교육 동기생들과 함께 플라자호텔로 갔다. 포크, 나이프를 바깥쪽에서 안쪽 순서대로 사용해야 하는 등의 기본적인 식사 예절을 익히는 것으로 마지막 교육을 마쳤다. 나는 교육이 끝나기 무섭게 바로 공항으로 가 비행기를 타고 울산으로 향했다. 울산 공항에 도착해 짐을 끌고 태권도 학원으로 고객을 찾아갔다. 개인 소유의 건물을 지어 태권도 학원을 운영하는 관장님이었다. 이전에 실효된 보험을 분석해 관장님과 사모님의 종신보험 가입을 도와주었다. 상대적으로 아주 가까운 관계라고 할 수는 없었지만 내 고객 중 재무설계를 적용하기에 가장 적당한 고객이었다.

짐을 끌고 온 나를 보고 깜짝 놀라는 고객에게 내가 온 이유를 차분히 설명했다.

"교육받는 동안 사모님이 너무 생각났어요. 교육받은 내용을 잊어버리기 전에 꼭 사모님과 상담하고 싶은 마음이 앞서 주말이지만 이렇게 곧장 날아왔습니다."

사모님이 웃으면서 나를 맞아 주었다.

"뭐가 그리 좋은 내용인지 들어 봅시다."

나는 교육받을 때 받은 두꺼운 책을 꺼내 사모님께 보여 주었다. 일주일 동안 교육받은 얘기를 풀어놓으며 본격적으로 질문을 시작했다.

생애 첫 재무설계였지만, 교육받는 내내 하고 싶은 말들을 이미 머릿속에서 문장으로 만들어 두었고, 오는 동안에도 여러 차례 되뇌었기 때문에 말을 술술 꺼내 놓을 수 있었다. 몇 차례 질문으로 알게 된 정보에 의하면 관장님 부부는 당시 대출 원리금을 상환 중이었다. 나는 말했다.

"대출은 자산을 늘릴 수 있는 기회비용입니다. 건물을 직접 지었기 때문에 대출 한도가 높고, 그만큼 부동산의 가치도 빨리 오를 수 있어요. 대출 자체가 향후 레버리지 효과를 낼 것입니다. 금리가 낮아지기 때문입니다. 제 생각엔 모은 돈과 추가 대출을 이용해 이런 부동산을 하나 더 매입하는 것이 좋을 듯합니다. 제가 재무 목표에 따른 목적자금 설계를 구체적으로 해서 가져오겠습니다."

사모님은 교육 종료와 함께 짐을 끌고 날아온 내 열정과 눈빛에 어느 때보다 더 신뢰가 간다고 말했다. 아울러 내가 설계해 올 부분도 기대한다고 했다. 그전까지는 사모님만 만나 설계를 했지만, 재무설계를 해오면 관장님과 함께 상담하자고도 했다. 단순한 보험 가입이 아니니 관장님이 직접 듣는 것이 좋을 것 같다고 했다. 내가 더 성장할 좋은 기회였다. 쉬운 고객을 만나면 작은 계약은 쉽사리 가능해지지만, 큰 계약은 어렵다. 반면 어려운 고객을 만나면 오히려 큰 계약으로 이어질 가능성이 있으리라는 확신이 들었기 때문이다. 이날부터 내가 하기 시작한 것이 바로 '백지 설계'였다.

백지 설계란 말 그대로 백지에 인생을 설계하는 것이다. 빈 종이에 현재부터 사망시점까지 밑줄을 여러 개 긋고, 이벤트가 발생할 만한 나이나 시점을 표기해 체크한다. 그리고 소득 가능 기간, 저축 가능 기간, 투자할 수 있는 나이 등을 계산해 은퇴를 준비할 수 있도록 하는 것이다. 그것은 재무설계 니즈를 충족시키는 데 꼭 필요한 최고의 무기였다. 컨설팅을 위한 프레젠테이션은 현재 재무상태표, 손익계산서, 현금흐름표를 통해 목적자금, 교육 자금, 노후 자금, 보장 설계 이렇게 네 가지를 구성하여 설계했다.

관장님 부부의 자산은 부동산 위주였다. 빚을 갚는 것 자체를 지출로 간주하고 매달 지출하는 동안 건물 가격은 올랐다. 그러나 그 탓에 늘 현금이 부족해 다른 투자를 할 여력이 없었다. 나는 지금부터라도 대출이자만 지출하고, 돈은 모아서 또 다른 투자 기회를 엿보자고 권했다. 오히려 사모님보다 관장님이 내 말에 더 공감하며 당장 시작하자고 했다. 나는 목적자금 중심으로 저축 상담을 진행해 재무설계를 했다. 관장님 부부는 가입 금액 300만 원짜리 상품으로 나와 계약을 체결했다.

당시 내가 목적자금 설계에 이용한 상품은 이율 4%대 최저 보증 연금보험 상품이었다. 10년 이상 보유하면 비과세도 가능했다. 납기 또한 5년 납, 7년 납, 10년 납 중에 선택할 수 있었다. 고객의 자금 필요 시점에 따라 방향을 잡아 설계하기 좋았다. 그때까지 내가 보장 분석을 통해 체결한 상품 중 최고액은 월 보험료 70만 원인 종신보험이었다. 그런데 재무설계를 통해 정보를 수집하고 고객 필요 자금에 따른 목적 자금으로 상품 제안을 진행하니 월 300만 원까지도 보험료가 책정되었다. 컨설팅 결과에 만족한 관장님은 동종 업계 지인을 소개하는 일이 많아졌다. 그 후 재무설계 전문가 정미경의 앞날은 탄탄대로였다.

## 에브리바디, 투자!

투자의 붐을 타던 2007년, 나도 수입의 50% 이상을 매달 주식에 투자하면서 단기 수익을 창출했다. 사실 보험은 재무 목표에 따른 저축의 일종이지 투자의 영역은 아니다. 하지만 나는 투자에 굶주린 사람처럼 2006년에는 부동산으로, 2007년에는 주식으로 투자할 곳을 찾아다니고 전문가들을 만나 정보를 얻으며 투자를 지속했다. 나는 부자가 아니기 때문에 종잣돈을 계속 투자해서 불리길 원했다. 그 수익을 고객들에게도 보여 주고 싶은 마음이었다. 그러다 보니 가장 빠른 투자 결과가 나오는 주식을 선택한 것이다.

만나는 고객들에게 내가 하는 주식을 추천하거나 변액보험 상품 가입을 함께 권유했다. 그렇게 나는 더 빠르게 시대의 전성기를 맞이할 수 있었다. 당시에는 다른 금융의 프라이빗 뱅커Private Banker, 이하 PB들도 펀드나 주식투자를 하는 고객들 유치에 미쳐 있었다.

2008년 초, '제1회 아시아 PB대상'에서 내가 속한 회사는 수상 대상에서 빠졌지만, 나는 개인 자격으로 최우수상을 받았다. 수상자들은 서로 명함을 건네며 인사를 나누었다. 명함마다 화려한 학력과 경력으로 장식되어 있었다. 당시 방송에서도 자주 등장하는 사람들이 그 자리에 모였다. 나는 울산여상 졸업이 최종 학력이었던지라 그것을 내세울 수는 없었다. 하지만 그들보다 연봉이 높았기 때문에 기죽을 필요도 없었고, 그 자리가 전혀 어색하지도 않았다.

## 큰물에서 한번 놀아 볼까

일주일에 두 번 정도 대구와 울산을 오가면서 재무설계를 해 시장을 확장하던 시기였다. 대구시의사회 등 대구시에서는 많은 활동을 하며 피부과 업계에서도 유명한 원장님이 있었다. 그분은 각 회사의 보험 챔피언들과 대부분의 거래를 하고 있었다. 대구에서 의사 고객 시장을 확장해 나가던 나도 그분을 놓치고 싶지 않았다. 그래서 더 열정적으로 원장님을 찾아가 설계를 제시하고 사모님께도 재무설계를 도와주었다. 그런데 약학 박사인 사모님은 보험학 박사라고 불러도 좋을 만큼 보험 지식이 해박했다. 과연 모든 보험 챔피언과 거래하는 고객다웠다.

나는 더더욱 그분들에게 신뢰를 얻고 싶었다. 대구에서 처음 고객을 만들 때는 기준 보험료가 있었다면, 그분들에게는 또 다르게 접근했다.

"일단 거래해 보고 나중에 금액을 올리시죠? 당장 계약 1건이 문제가 아니라 장기적 관리 차원으로 보십시오. 10년 뒤, 수많은 챔피언이 아니라 저 혼자 남게 될 테니까요."

"그랬으면 좋겠네요."

그분들은 그렇게 작은 계약으로 거래를 시작했다. 절대 한 사람에게 올인하지 않는다고 했다.

"내가 한 사람에게 10건을 하는 것보다는 10명의 FP에게 1건씩 계약하면 나에게도 10명의 고객이 생긴다고 생각해요. 그래서 여러 FP에게 관리받고 있어요."

나는 원장님께 이렇게 대답했다.

"원장님 병원에 오시는 환자가 열 군데 병원에 다니면서 치료한다면 제대로 된 치료가 될까요? 여러 병원의 여러 원장님께 진료받다 보면 오히려 제대로 된 진료를 방해할 수 있습니다. 그냥 단순한 보험 하나 가입하는 거라면 10명의 FP, 아니 100명의 FP가 원장님께 도움을 줄 수도 있겠죠. 하지만 보험은 1년만 하는 것이 아닌 10년, 20년, 아니 평생을 보유할 자산입니다. 그래서 그냥 물건을 사듯이 가입할 게 아니라 재무설계를 통해 자산관리의 차원으로 접근하는 것이 옳다고 생각합니다. 또한 이건 눈에 보이는 상품이 아니기 때문에 더욱 담당자가 중요합니다. 평생을 믿고 함께 갈 만한 동반자를 선택하셔야 합니다."

나는 당당했다. 내 말을 잠자코 듣던 원장님이 말했다.

"큰물에서 한번 자신을 소개해 볼 수 있겠어요?"

나는 무슨 말인지 몰라 아무 말 없이 고객의 얼굴만 쳐다봤다. 점심 시간을 이용해 대구 피부과 학술 대회에서 특강을 하라는 것이었다. 대구 피부과 학술 대회는 전국에서도 제법 큰 규모의 대회였다. 30분 정도로 짧은 시간 동안 대강당에서 원장님들이 도시락으로 간단히 점심 식사를 하면서 듣는 특강이라고 했다. 집중도 잘될 것이고 다른 강의보다 큰 무대가 될 것이라고 했다. 부스도 세워 홍보까지 해보라고 부추겼다.

이건 또 다른 도전이었다. 지금까지 나는 세미나를 주최해 내 고객들이나 소개자들로 구성된 분들을 대상으로 강의했다. 하지만 이건 전문적인 의료인 학술 대회의 한 세션으로 강의하는 것이었다. 가문의 영광이었다. 나는 무조건 하겠다고 대답했다. 이를 위해 만반의 준비에 들어갔다. 부스를 세우고, 찾아오는 원장님들의 정보를 받기 위해 팀원들의 협조를 구해 그날 행사에 동참시켰다.

드디어 학술 대회 날이 되었다. 대강의장과 소강의장이 있었고, 주변 복도마다 화장품이나 의료기기 부스로 북적였다. 의사며, 간호사며 행사에 참석한 사람들로 붐볐다. 긴장되고 너무 떨렸다. 우리 부스는 사실 의료 쪽이 아니어서 강의장과 좀 떨어진 지하 휴게실 쪽에 자리 잡았다. 그쪽에도 다른 부스들이 있었지만, 사람들이 몰리는 곳은 아니었다. 위치가 썩 좋다고는 할 수 없었다.

## 재무구조에 꼭 맞는 설계

내 강의는 가장 많은 사람이 모이는 점심시간에 진행됐다. 강의 주제는 '시대적 흐름에 대한 투자 방향'이었는데, 내가 지금까지 했던 투자와 현재 하는 투자의 방향, 또 앞으로의 투자 방향들에 관한 내용으로 준비했다. 요약하자면, 나의 설계 방향을 따라 투자해야 한다는 내용이었다.

당시 주식은 꼭짓점이었으므로 가능하면 이익을 실현하고, 채권이나 안전한 투자로 갈아탈 타이밍이라는 내용도 덧붙였다. 사실 앞으로 다가올 금융위기에 대한 부분은 나도 몰랐다. 하지만 주식의 꼭짓점에서는 이익을 실현해야 한다는 것은 지금도 강의에서 늘 하는 말이다.

비교적 짧은 강의였다. 휴게소 앞쪽에 우리 부스가 있으니, 그쪽으로 차 한잔 드시러 오라고 간략하게 홍보하고 강단에서 내려왔다. 얼마나 긴장했는지 다리가 후들거렸다. 그때까지 그런 큰 무대에서 강의해 본 적은 없었다. 내 전문 분야이긴 하지만 전문가들 앞에서 강의하는 것은 절대 만만치 않았다. 강의를 들은 사람들이 우리 부스 쪽으로 몰려왔다. 내 팀원들은 원장님들의 정보를 수집했고 나는 거기서 그분들에게 인사를 하며 명함을 교환했다. 그분들이 내게 와서 하는 말들은 거의 비슷했다.

"정말 주식을 빼는 게 맞을까요?"

내가 주식 전문가는 아니었다. 하지만 나 역시 지속적인 투자를 통해 주식으로 돈을 많이 벌었던 만큼 누구보다 주식에 대해 관심이 많았다.

"이미 수익이 난 종목만 우선 이익을 실현하고 빠지시라는 겁니다. 제 말의 요점은 주식보다 본인의 재무구조에 꼭 맞는 설계를 해야 한다는 거고요. 그게 제대로 되어 있어야 닥쳐올 경제적 굴곡에도 방향을 잃지 않고 나갈 수 있습니다."

나는 그분들을 설득했다. 물론 내 말의 결론은 그런 일을 잘 도와줄 수 있으니까 나에게 재무설계를 받아 보라는 것이었다. 다행히 많은 분이 내 의견에 동의해 주었고, 그 결과 나는 울산과 대구에서 많은 의사와 CEO를 고객으로 만들 수 있었다. 나는 신이 나서 매일 새벽까지 일했다.

## 부자를 향해

돈을 많이 벌어 부자가 되고 싶다면 그만큼 돈이 많은 시장에 다가

갈 필요가 있다. 돈을 많이 벌기 위해서는 질과 양에서 하이엔드 클래스를 추구해야 한다는 말이다. 이는 비즈니스 세계에서 매우 중요한 원칙 중 하나이다.

물론 큰물에서 놀면 그만큼 경쟁이 치열해질 수 있다. 하지만 동시에 높은 보상을 기대할 수 있다. 그리고 이를 실현하기 위해서는 철저한 준비와 전략은 필수이다.

돈이 많은 고객은 높은 수준의 서비스나 제품, 솔루션을 기대한다. 따라서 그들의 기대치를 충족시키기 위해서는 먼저 업계 전문 지식과 경험을 쌓아야 한다. 아무런 준비도 하지 않고 무턱대고 그들에게 다가간다면 오히려 개인 명성에 큰 타격을 입을 수 있다.

또한 그들은 신뢰를 중시한다. 따라서 신뢰를 쌓고 유지하기 위한 노력이 필요하다. 그리고 고객의 비즈니스와 개인적인 목표를 잘 이해하고 지원할 수 있는 능력이 있다면 더할 나위 없다.

이러한 과정을 통해 돈이 많은 고객을 대상으로 영업하는 데 성공한다면, 이는 높은 보상과 긍정적인 비즈니스 결과를 가져다줄 것이다. 이 책을 읽는 여러분 또한 이를 통해 더 높은 목표를 이루고 더 큰 성공을 창출할 수 있기를 바란다.

# CHAPTER 10

# 빛이 되는 빚

정미경

나와 거래를 시작한 사람 대부분이 재정 상태가 변했다. 그로 인해 삶이 바뀌는 과정을 보았다. 물론 그런 변화는 짧은 시간 안에 일어나지 않는다. 10년, 20년이라는 긴 시간이 필요하다. 그 과정에서 내가 하는 일은 그들이 가능한 한 많은 수익을 창출할 수 있도록 구조를 설계하고, 초월적인 힘을 발휘해 계획에 맞춰 나갈 수 있게 돕는 것이다. 다행히 고객들은 내가 만든 수익 구조에 맞춰 열심히 일해 주었고, 수익을 모아 투자를 병행하는 방식으로 자산을 불려 나갔다.

하지만 내가 처음부터 수익 구조를 어찌지 못하는 사례도 있었다. 바로 직장인 고객이다. 직장인의 수익 구조는 이미 고정되어 있기 때문에 내 마음대로 바꿀 수 없다. 최근 직장인 중에 네트워크 사업을 겸하는 이들이 증가하고 있다. 직장 소득만으로 수익 구조를 바꿀 수 없으니 다른 방식으로 수입원을 만들기 위해서일 것이다. 하지만 안타깝게도 의도와 달리 대부분은 수익 증가보다는 지나친 지출을 감당하다가 그만두는 사례를 더 많이 보게 된다.

특히 식품이나 화장품 같은 네트워크 사업의 경우가 더욱 그렇다. 내가 한동안 지켜본 결과 본인 수입의 대부분을 물건으로 받아 창고에 쌓아 두는 사람이 허다했다. 그런데도 자신의 근본적 문제점을 파악하지 못하고 지출 행위를 지속했다. 그 지출이 또 다른 수입을 창출한다는 이론적 구조만을 맹신하며 지출에 집중하는 모습에 계속 실망한 나는, 더는 그들에게 나의 에너지를 쓰지 않기로 했다.

## 맞벌이 신혼부부를 위한 설계

직장인은 수입에 한계가 있어 현실적으로 저축이나 별도의 투자를 하는 일이 쉽지 않다. 직장인이 저축이나 투자를 할 수 있는 가장 쉬운 방법은 맞벌이다. 그런데 20년 전이나 지금이나 사람들의 사고방식은 크게 변한 것 같지 않다. 지방의 경우 더욱 그렇다. 결혼하고 아이가 생기면 당연한 절차처럼 직장을 그만두고 집에서 육아를 담당하려고 한다.

그동안 벌어 모은 돈을 까먹으며 살다가 아이가 어느 정도 자라 쓸 돈이 더는 없을 때, 다시 일을 찾게 된다. 하지만 수년간의 경력 단절로 인해 이전과는 비교도 안 되게 좁아진 취업문 앞에서 당황한다. 주부들이 손쉽게 접근할 수 있는 대부분의 일은 단순노동이나 감정노동 같은 것뿐이다. 이전에 다니던 회사에는 그들을 위한 자리가 남아 있지 않다.

직장인 맞벌이 부부를 만나 컨설팅을 진행할 때마다 아내들에게 자주 듣는 말이 있다.

"제 소득은 빼고 계산해 주세요. 저는 아이가 생기면 회사를 그만둘 수 있거든요."

하지만 내 생각은 다르다. 나는 그들에게 효과 좋은 처방으로 '대출'을 권한다. 이유는 다음 사례를 통해 이야기하겠다.


오래전, 내가 직장인 컨설팅을 한참 하던 시절이었다. 당시 소개로 알게 된 신혼부부가 있었다. 그들은 대기업 직원으로 맞벌이 중이었다. 회사에서 전액 지원하는 사택에서 거주 중이었으므로 주택을 별도로 구매할 필요가 없는 상황이었다. 처음 그 부부를 만났을 때, 내가 그들에게 한 말은 이랬다.

"여기 사는 분 중, 나이가 들어도 더 좋은 곳으로 이사하지 못하고 그냥 사시는 경우가 많다고 들었는데, 맞죠? 아마도 돈이 없어서 그럴 겁니다. 그동안 회사가 집을 제공해 준다고 돈을 버는 족족 여가에 다 써버렸기 때문이죠. 그렇다면 회사에서 제공하는 이 좋은 조건이 결과적으로는 우리가 부자가 될 수 없게 만드는 악조건으로 전락해 버립니다. 정말 마약 같은 존재죠?

신혼 시작과 함께 맞벌이할 수 있다면, 먼저 전세로 시작해 내 집 마련 목표를 시작으로 삼는 게 좋습니다. 보통 낡고 작은 집이라도 은행 대출을 받아 매입한 부부들은 대출 상환에 집중하면서 열심히 저축할 수밖에 없습니다.

하지만 이렇게 사택에서 평생 살아도 된다고 생각하면, 맞벌이로 여유 있는 삶을 즐기게 되죠. 자동차다, 여행이다, 하면서 지출이 계속 늘어나게 됩니다. 그러다가 자녀가 태어나면 더더욱 돈을 모을 수 없는 상황에 빠지고 말죠. 그런 식으로 악순환이 지속되는 걸 저는 정말 많이 봤습니다. 그래서 저는 이런 제안을 하고자 합니다. 대출을 이용해서라도 2년 이내로 집을 사서 사택에서 나갈 계획부터 세우십시오.”

잠자코 내 이야기를 듣던 부부가 말했다.

“매입한 집에 우리가 들어가지 않고 전세를 줘도 되겠네요?”

그들이 먼저 더 큰 효과를 볼 수 있는 투자 방안을 생각하게 만든 것이다. 이게 변화의 시작이다. 하지만 막상 설계에 들어가자 아내 분은 자녀 출산 이후 자신이 회사를 그만둘 수 있다는 사실을 전제한 설계를 원했다. 나는 당장 그만두는 것도 아니니 불확실한 미래를 지금 바로 반영하기보다는 정말 그만두면 그때 다시 조정할 수 있도록 설계하겠다고 말하고 일을 시작했다.

## 사택 탈출기

일단 나는 기간을 단기, 중기, 장기로 분류해서 계획을 잡았다. 단기에서 중기로 갈 때까지는 아내 분의 수입도 반영했다. 그리고 장기 계획에서는 일단 남편 분의 수입만으로 설계했다.

보통 재무설계는 한 번으로 끝나는 것이 아니다. 매년 투자와 지출의 변화에 따라 계획을 수정하면서 지속적인 관리를 해나가야 한다. 특히 신혼부부의 경우 갈 길이 멀다. 돈을 모을 수 있는 기한은 20년이지만 10년이나 5년 단위로 돈을 모을 수 있도록 했다. 거기에 의무 기간이 2년인 유동성 있는 상품들로 함께 구성하여 설계했다. 부부 합산 수입의 60% 이상을 저축하도록 만들었다.

부부는 내가 설계해 준 대로 부푼 꿈을 갖고 열심히 돈을 모았다. 2년이 지난 시점에서 무주택자 자격으로 아파트를 분양받고, 그동안 모은 돈으로 계약금을 넣었다. 그 후 아내 분이 임신했다. 하지만 분양받은 아파트의 중도금과 잔금 납부를 위해 저축을 멈출 수 없다면서 회사를 계속 다녔다. 그렇게 이 신혼부부는 대출을 받기는 했지만 전세가 아닌 자신들 명의의 집을 마련할 수 있었다.

다만, 부채에 대한 부담이 있었기에 아파트는 일단 전세를 주기로 했다. 전세보증금을 받아 대출을 갚고 나니 이자 부담 없이 다시 저축에만 집중할 수 있었다. 다시 2년이 지난 시점에 그들은 혁신 도시에 아파트를 한 채 더 구매했다. 분양을 직접 받지 못해 계약금에 프리미엄까지 얹어 매수했다. 그로 인해 다시 중도금과 잔금에 대한 부담이 발생했고, 아내 분은 둘째를 임신하고도 회사를 그만둘 수 없었다.

아파트가 완공된 후 부부는 자녀들의 교육 환경을 고려하여 사택에서 나와 혁신 도시의 아파트로 입주했다. 대출을 받아 입주했기 때문에 여전히 대출이자에 대한 부담이 남았다. 그만큼 저축을 소홀히 할 수 없던 아내 분은 이전보다 더 열심히 회사에 다녔다. 언젠가 아내 분이 내게 이런 말을 했다.

"전무님, 저는 아이만 가지면 일을 그만두려고 했는데 지금은 회사에서 잘리면 어쩌나 하는 생각에 더 열심히 회사 일을 해요. 이게 다 전무님과 우리가 함께 저지른 일들 덕분이에요. 이젠 정말 직장을 절대 그만둘 수 없게 된 거죠. 특히 장기 보험료는 다 넣어야 하니까요."

우리는 서로 기분 좋게 웃으며 앞으로의 계획을 의논하고 다시 설계를 수정했다. 처음 2년 동안의 저축으로 가장 많은 금액을 만들었지만, 두 자녀가 있는 상태에서는 그게 쉽지 않았다. 게다가 아파트 대출 상환 방식이 매달 원금과 이자를 함께 내야 하는 형태였다. 더더욱 저축 금액을 줄일 수밖에 없었다. 하지만 부부는 허리띠를 졸라매서라도 저축액을 줄이고 싶어 하지 않았다. 처음 만났을 때와는 크게 다른 모습이었다.

부부를 1년에 한 번씩 만나 설계를 수정하고 보완하는 과정에서 나는 많은 것을 느꼈다. 소득에 한계가 있는 직장인이라는 생각에 매몰되어 아무것도 시도하지 않고 현 상태만을 유지하려는 사람들도 많다. 하지만 이 부부는 아무것도 없이 시작해서 집 두 채를 보유하게 되었다. 조금씩 자산을 불리는 모습이 얼마나 흐뭇했는지 모른다. 이후 남편 분은 해외 사업부로 파견을 나가 더 많은 수입을 얻게 되었고, 아내 분은 혼자서 두 자녀를 키우면서 계속 회사 생활을 이어가고 있다. 그런 성실한 부부의 모습을 지켜보면서 나도 계속 힘이 되고 싶은 마음이 커졌다.

## 상가 하나 살까?

고민 끝에 우리는 나중에 아내 분이 퇴사할 경우를 대비하기로 했다. 따로 일할 수 있는 공간과 주택을 겸할 수 있는 상가 주택 매수 계획이었다. 마침 전세를 줬던 집의 매매가가 많이 올라 양도소득세 문제가 발생해 매도를 진행했다. 여기서 생긴 매매차익으로 그간 받은 대출금까지 상환했다.

매달 적립해야 하는 저축이나 대출금 상환, 자녀 교육비까지 고려해 빠듯한 생활을 하다 보면 회사에서 신용대출이나 마이너스대출 같은 것들을 받게 되기도 한다. 이들 부부도 마찬가지였다. 하지만 이 부부는 저축을 지속하면서 약간의 비상 자금이나 부족한 생활비를 마이너스대출 통장으로 해결해 나가고 있었다.

그러던 중 매매차익으로 목돈이 생긴 것이다. 이런 일이 발생하더라도 자금을 허투루 사용하지 않도록 대출금부터 상환하는 습관을 만드는 것이 중요하다. 만약 이 부부가 대출이 없었고, 평소 저축도 하지 않고 생활했다면 어땠을까. 아마 매매차익으로 생긴 목돈을 새 자동차나 다른 필요한 것들을 사고 싶다는 강한 유혹에 빠졌을 것이다.

대출이라는 것이 그렇다. 항상 반드시 해야 할 숙제 같은 존재다. 숙제가 있는 사람은 여윳돈이 생겼을 때 바로 숙제부터 끝내고 싶은 마음이 드는 게 당연하다. 하지만 숙제가 없었다면? 돈을 손에 쥐기도 전에 사용처가 먼저 나오지 않았을까. 이 부부의 경우 남편 분은 해외 파견 업무를 마치고 귀국했고, 그동안 아이들도 많이 성장했지만 아내 분은 여전히 직장에서 일하고 있다. 정말 사랑스럽고 기특한 가족이 아닐 수 없다.

코로나 19 팬데믹 시기 초반, 특별히 투자할 곳이 없는 상황에서 전국적으로 아파트 가격이 거품처럼 부풀어 올랐다. 아내 분은 그 시점에서 아파트를 팔고 상가 주택을 사고 싶다고 나에게 상담을 요청했다. 내 의견은 집값이 오른 지금이 기회일 수 있으니 아파트를 처분하는 것도 좋다는 것이었다. 하지만 워낙 경기가 안 좋아 대출금리가 오를 가능성이 컸다. 이번에는 10년이 지나 수익이 난 것들을 최대한 정리해서 자금으로 쓰고, 대출금은 최소화하는 것이 좋을 것 같았다. 그렇게 의견을 내고 일을 진행했다.

어느 날, 아내 분이 눈여겨본 상가 주택 매물이 나왔다고 흥분된 목소리로 연락해 왔다. 매매가가 좀 부담스러웠지만 아내 분의 간절함이 느껴져 조금 더 두고 보자고 할 수 없었다. 내 집값이 많이 오르면 당연히 다른 집값도 다 오른다는 점을 고려해야 한다. 내가 사고 싶은 건물의 매매가가 떨어지기를 기다리면, 내가 팔아야 할 부동산도 당연히 최고가를 받을 수 없을 것이다. 그렇다면 부동산 가격이 꼭짓점이라고 생각될 때 내 부동산을 처분하고 한동안 전세 세입자로 지내면서 부동산 시장을 지켜보는 것도 좋은 방법이다.

이론은 그렇지만 사람들은 대부분 그렇게 하지 않는다. 한 치 앞도 모르는 상황에서 부동산 매매가나 주가가 상승세를 타면 더 사려고만 한다. 자신과 같은 사람들의 심리가 작용해 가격이 계속 올라갈 수밖에 없을 것이라고 믿는다. 내 집을 먼저 팔고 기다리다가 정작 집을 다시 매수해야 할 때는 더 비싼 가격으로 사야 할지도 모른다는 불안감에 빠지는 것이다. 그래서 더 쉽게 결정하지 못한다.

하지만 반드시 고려해야 할 것들이 있다. 과연 언제 처분해서 이익을 한 번쯤 실현할 것인가 하는 문제이다. 아파트나 주식투자는 그

흐름이 비슷하다. 그렇다면 개발이나 차후 이슈로 인해 아파트 가격이 오르거나 갑자기 수요가 늘어 가격이 상승하는 타이밍은 아닌지 잘 지켜봐야 한다. 이 경우 장기적인 상승이 아닌 단기적인 상승이므로 우선 이익을 실현하는 것도 좋은 선택이다.

## 든든한 전문가

당시 나는 부부가 당장 그 집을 처분하는 것에는 찬성이었지만, 비싼 가격에 무리해서 상가 주택을 매입하는 것은 신중하길 바랐다. 하지만 아내 분의 간절한 꿈이라니, 그 또한 내가 도와야 한다고 생각했다. 나는 부부의 자산을 정리해 상가 주택 매입 자금을 만들어 주었다. 우리가 오랜 세월 함께해 온 저축의 힘으로 이렇게 꿈까지 이루었다는 데에 아내 분은 흥분을 감추지 못했다. 나에게도 여러 차례 고마움을 표현했다. 최근 만난 아내 분은 나에게 이런 말을 했다.

"부사장님을 못 만났더라면 저는 첫아이를 낳고 회사를 그만뒀을 거예요. 여전히 사택에서 편히 지내며 들어오는 소득을 다 써버렸겠죠. 누구를 옆에 두느냐 하는 문제가 이렇게 인생을 180도 바꾸는 일이라는 걸 이젠 알겠어요."

이 일을 하면서 내가 가장 큰 보람을 얻은 순간이다. 부부가 지나온 과정을 옆에서 지켜보면서 나는 다시금 느낀 것이 있다. 우리가 10년 넘게 저축을 놓치지 않고 계속할 수 있었던 이유는 정말 힘든 상황 속에서도 꿈과 희망을 놓지 않았기 때문이다. 게다가 이런 꿈의 성취는 한 사람만의 의지로 달성하기 어렵다. 전문성을 갖춘 누군가가 앞에서 끌면서 시작하게 하고, 옆에서 손잡고 동행하고, 힘들고 지칠 때 뒤에서 밀어줘야 한다. 그러면 또 그 힘으로 버티면서 꿈을 완성해 나갈 수 있다.

그 부부는 매사를 긍정적으로 대하는 모습이 참 예쁘다. 특히 나를 멘토처럼 따르며 내가 설계한 방향을 믿고 따라와 줬고, 노력을 게을리하지 않았다. 그런 그들의 건강한 태도에서 나는 '성공'이라는 단어를 떠올렸다.


나는 AFPK 자격증을 취득한 이후 재무설계를 진행하면서도 계속 대출의 레버리지 효과를 적극적으로 강조해 왔다. 부부의 사례에서 지켜본 것처럼 대출은 여러 가지 긍정적인 효과를 가져오기도 한다. 단, 계획 없이 무분별하게 대출을 받는 것은 금물이다. 그렇게 되면 빚내서 엉뚱한 데 다 써버리고 있는 집까지 팔고 길거리에 나앉기 쉽다.

반드시 대출 전부터 상환 계획까지 철저하게 설계하고 시작해야 한다. 이때 자신의 의지만으로는 힘들 것이다. 반드시 나 같은 전문가와 함께하라고 권하고 싶다.

# CHAPTER 11

# 돈 안 놓고 돈 먹기

오두환

꼭 돈이 있어야만 돈을 벌 수 있을까?

그렇지 않다. 물론 돈이 없으면 도전하기 어려운 전문직도 존재한다. 의사나 변호사를 생각해 보자. 어떤 식으로 벌든 돈이 있어야만 등록금이나 교육에 드는 비용을 감당할 수 있을 것이다. 하지만 내 생각으로는 90% 이상의 일들은 종잣돈이 없어도 돈을 벌 수 있다. 자본주의 시스템이 그렇게 설계되어 있기 때문이다.

근로자 중에서도 상위 0.1%의 고소득자는 많다. 당연히 그들도 처음부터 그런 고소득을 누린 것은 아니다. 그들 대다수는 자신을 통해 많은 사람이 큰돈을 벌었거나 이득을 봤기 때문에 고소득자가 될 수 있었다. 사업도 단순히 남들이 하니까 따라 하는 것으로는 분명한 한계가 있다. 평소 '돈이 없다.', '시간이 없다.', '능력이 없다.'라는 등의 핑계를 대는 사람도 마찬가지다. 그렇다면 어떻게 해야 핑계 대지 않고 돈을 잘 벌 수 있을까?

'장사도 밑천이 있어야 한다.'라는 옛말이 있다. 하지만 그 밑천이 꼭 돈이어야 할 필요는 없다. 앞에서 '오케팅'에 대한 설명을 했지만, 그런 마케팅 전략 같은 것을 몰라도 우리는 돈 없이 돈을 벌 수 있다. 다만 돈을 대체할 다른 밑천이 필요하다. 돈이 없는데도 아무런 노력 없이 돈을 벌 방법은 현실 세계에는 없다. 판타지 세상 속에서야 가능하겠지만 중요한 것은 그 이야기 속 주인공이 내가 아니라는 사실이다. 우리 중 누구도 판타지 속 주인공이 될 수 없기에 상대적 박탈감만 느낄 뿐이다. 그래도 실망할 필요는 없다. 우리는 얼마든지 돈이 없이도 돈을 벌 수 있으니까.

## 콧수염의 비밀

내 경험 중 재미있는 이야기를 하나 꺼내 보려 한다. 검색 포털에 내 이름인 '오두환'을 입력하면 나오는 프로필사진에 콧수염이 보일 것이다. 사실 내 콧수염은 인위적으로 만든 것이다. 나는 원래 수염이 잘 안 나는 체질이다. 그런데도 나는 수염이 무척이나 갖고 싶었다.

나는 원래 갖고 싶은 것이 생기면 반드시 가져야 직성이 풀리는 성격이다. 그래서 원하는 것을 가질 때까지 노력한다. 수염이라는 목표가 생겼으니 그것을 갖는 데 필요한 정보를 먼저 탐색해야 했다. 내가 찾아낸 해결책은 발모제였다. 시중에 나온 많은 발모제 중 '미크로겐'이라는 제품이 가장 평이 좋았다. 그래서 제품에 대해 알아보고 직접 사용해 보기로 했다.

웹상에서 접근할 수 있는 정보로는 한계가 있어 직접 발품을 팔아 더 알아보고자 했다. 사람들 말로는 남대문 수입 상가에 가면 어렵지 않게 구할 수 있다는 것이다. 나는 교통비를 투자(당시 내 형편은 교통비도 '투자'해야 할 상황이었다)해 남대문 시장으로 갔다.

미트로겐 효과는 좋아 보였지만, 문제는 가격이었다. 가장 저렴한 것이 2만 9,000원이고, 비싼 것은 3만 원이 넘었다. 평균 단가를 계산해 보니 3만 1,000원 정도였다. 당시 한 끼 식비로 3,000원 정도를 쓰던 나에게는 감당할 수 없는 큰돈이었다. 그나마 그 식비도 엄청나게 아끼며 쓰던 시기였다. 그렇다고 포기할 수는 없었다. 나는 목표를 수정했다.

**'돈 없이 미크로겐 구매하기'**

일단 남대문 시장으로 다시 실사를 나갔다. 지난번에 소비자로 접근해 단가를 물었을 때 가격이 평균 3만 1,000원 정도였기 때문에 이번에는 사업자로 신분을 속여 접근했다. 더 저렴한 가격 제의를 받을 수 있을 것이라는 계산에서였다. 하지만 상인들의 반응은 차가웠다. 오랫동안 시장에서 잔뼈가 굵은 상인들은 대번에 내가 사업자가 아니라는 것을 알아챘다. 이쯤에서 그냥 구입을 포기할 수도 있지만 나는 그럴수록 더더욱 미크로겐이 갖고 싶었다. 그래서 계속 생각했다. 내 사전에 쓸데없는 생각이란 없다. 잡생각도 계속하다 보면 쓸 만한 생각들로 변하고는 하니까. 내 아이디어의 대부분은 그런 '생각들'에서 비롯되었다.

## 수염 필요하신 분?

고민을 거듭하다가 '이런 사람이 나 혼자뿐일까?' 하는 생각에 이르렀다. 그렇다면 그런 사람들을 모으면 될 것 같았다. 가짜 사업자는 신뢰를 얻을 수 없으니 진짜 사업자가 되면 되지 않을까? 속임수는 더는 쓰지 않기로 했다.

나는 곧바로 내 사업장을 오픈했다. 수염을 갖고 싶은 사람들을 위한 온라인 커뮤니티 카페를 개설한 것이다. 카페에 미크로겐 판매 글을 올려 구매자를 모으기 시작했다. 이미 제품을 보유하고 있다는 거짓말도 하지 않았다. 일정 수량이 잡히면 좀 더 저렴하게 가져올 수 있다고 밝히고 예약 판매를 받았다. 제품 가격 3만 1,000원에 배송비 3,000원을 포함해 3만 4,000원씩을 먼저 입금받았다.

물론 사람들도 남대문 시장에 직접 가면 3만 1,000원으로 구매할 수 있다는 것을 대부분 알았다. 하지만 지방에서 와야 하는 사람도 있고, 수도권 거주자일지라도 개인 시간을 투자해서 다녀와야 하는 수고와 왕복 교통비까지 계산한다면 손해 볼 것 없는 조건이었다.

나는 5일 만에 구매 희망자 17명을 모았다. 입금액이 57만 8,000원이었다. 10명이 넘었으므로 2만 9,000원으로 저렴하게 물건을 구매할 수 있을 것 같았다. 그렇다면 제품 구입비가 49만 3,000원, 거기에 배송비가 총 5만 1,000원이므로 나에게는 3만 4,000원이 남는다. 보기 쉽게 수식만 간단히 정리하면 다음과 같다.

| 제품 가격 | 29,000원 × 17개 = 493,000원 |
|---|---|
| 배송비 포함 | 493,000원 + 51,000원 = 544,000원 |
| 순이익 | 578,000원 − 544,000원 = 34,000원 |

순이익 3만 4,000원은 내가 쓸 미크로겐을 사고도 왕복 차비와 한 끼 식사까지 해결할 수 있는 돈이었다. 나는 이렇게 '돈 안 놓고 돈 먹기'에 성공하고도 '고맙다.'라는 말까지 들었다. 사러 가고 싶어도 시간이 마땅치 않았는데 손수 발품을 팔아 구매해 집까지 편안하게 배송해 준다니, 정말 고맙다는 것이었다. 나는 나를 돕기 위해 시작한 일이었지만 결국 남을 도와주는 일을 해낸 것이다.

17개를 사겠다고 접근하니 남대문 시장 상인의 눈빛이 달라졌다.

허무맹랑하게 앞으로 많이 살 테니 우선 저렴하게 하나만 달라고 말만 하는 것과 구체적으로 구매 수량을 제시하는 것은 완전히 달랐다. 나는 이 일을 계기로 구체적 자료 제시가 사업의 기본이라는 것을 깨달았다. 앞으로도 계속 이렇게 많은 수량을 거래할 수 있다는 뜻을 내비쳤다. 나를 광고하기 시작한 것이다. 단가 협상을 위한 물 밑 작업이었다. 근거가 있어 가능한 일이기도 했다.

여러 곳의 상인들과 협상한 끝에 나는 단가 2만 1,000원을 제시하는 상인과 거래를 계속하기로 약속했다. 애초에 2만 9,000원으로 계산한 순이익이 3만 4,000원이었지만, 나를 광고하고 협상한 결과 단번에 내 순이익이 3만 4,000원에서 17만 원으로 올랐다. 간단한 계산표는 다음과 같다.

| | |
|---|---|
| 제품 가격 | 21,000원 × 17개 = 357,000원 |
| 배송비 포함 | 357,000원 + 51,000원 = 408,000원 |
| 순이익 | 578,000원 − 408,000원 = 170,000원 |

그렇게 이익을 남기고도 예약자들과 거래처 사장님께 고맙다는 인사까지 받았다. 나는 카페 예약자들과의 약속을 지키기 위해 꼼꼼히 포장해 배송까지 완료했다. 물론 내가 사용할 제품도 하나 구매해 왔다. 며칠 안 되어 제품을 잘 받았다는 후기가 카페에 올라오기 시작했다. 내 신뢰도는 자동으로 상승했다. 당연히 예약 판매 신청자가

늘었다. 내가 올린 카페 홍보 게시글과 구매자들이 주변 지인들에게 한 구전 광고가 더해진 효과였다.

## 경쟁자의 출현

막상 수량이 증가하자 매번 시장에 가서 제품을 사고 배송하는 일이 노동 아닌 노동이 되어 버렸다. 당시 공부를 하고 있던 나에게도 시간은 너무 소중했다. 다시 상황을 재검토하고 목표를 수정할 타이밍이 된 것이다. 나는 자나 깨나 배송비를 줄일 방법만 고심했다. 머릿속이 하얘서 아무것도 떠오르지 않을 것 같아도 생각을 계속해야 한다. 그러다 보면 분명 무언가가 떠오른다.

생각해 보니 남대문 시장 상인들은 배송 서비스를 대량으로 이용할 것 같았다. 만약 그렇다면 아무래도 배송비가 훨씬 저렴하지 않겠는가. 그런 택배 업체가 남대문 시장에 있는지부터 알아보았다. 과연 그런 업체가 있었다. 내가 그동안 지불한 배송비 단가는 3,000원이었는데 택배 업체와 거래하면 2,300원으로 가능했다.

그렇게 배송비 절감 방안은 찾아냈다. 하지만 배송비가 줄어든다 해도 내가 제품을 구매해 손상되지 않도록 내부 완충재를 넣어 포장하는 노동까지 택배 업체가 해줄 리는 없었다. 나는 또 고민했다. 하지만 그 문제 또한 시원하게 해결되었다. 내 고민을 전해 들은 거래처 사장님이 상자나 완충재만 제공해 준다면 포장은 자신이 해주겠다는 것이 아니냐. 그동안 항상 웃는 얼굴로 거래하며 쌓은 신뢰가 빛을 발하는 순간이었다. 나는 구매를 위한 발품도 줄이고 배송비를 절약하면서 포장에 드는 노동력까지 모두 아낄 수 있게 되었다. 내 사업은 순행을 계속했다.

그런데 남자들의 수염 로망이 확산되면서 미크로겐 유통을 하는 경쟁자들이 나타났다. 드디어 한 차례 더 성장할 기회가 온 것이다. 내가 가격 면에서도 우세했지만, 회원을 잃지 않기 위해 사탕을 넣어 주는 등 나름의 노력을 이어갔다.

그런데 어느 날, 판매 방식이 나와 매우 유사한 경쟁자가 나타났다. 나를 그대로 벤치마킹한 것이 틀림없었다. 게다가 나보다 가격이 1,000원이나 저렴했다. 나는 역으로 그 경쟁자 분석에 들어갔다. 가격 차이는 치명적인 결과를 낳을 수 있으므로 우선 나도 똑같이 가격 인하를 단행했다. 더불어 조금씩 나눠 사용할 수 있는 통을 사은품으로 제공했다. 한 번 사용해 보고는 싶은데 제품 가격을 다 지급하는 것은 부담스러운 사람들을 위해 고안한 소분 용기였다. 소비자들에게 조금씩 나눠 사용하면 휴대가 용이하다는 점을 적극적으로 홍보했다. 반응이 좋았다. 얼마 안 가 그 경쟁자는 자취를 감췄다. 잠깐 똑같이 누군가를 따라 할 수는 있겠지만 그 일을 지속하는 것은 어렵다. 게다가 아무리 똑같이 따라 한다고 해도 그동안 내가 쌓아 온 신뢰까지 훔쳐

갈 수는 없는 노릇이었다. 나는 다시 호황을 누렸다.

## 압수수색

그대로라면 평생 미크로겐 판매만 하고 살아도 부자가 될 수 있을 것 같았다. 그런데 그 꿈은 그리 오래가지 못했다. 내가 한 실수 탓이었다.

어느 날, 내가 사는 고시원 단칸방으로 법원 집행관들이 들이닥쳤다. 미크로겐 판매가 국내법상 불법이라는 것이다. 나는 그때까지도 그 사실을 전혀 모르고 있었다. 가장 기본이 되는 조사도 하지 않았다는 사실을 나도 믿기 어려웠다. 정신을 못 차리고 있는데 집행관들은 압수수색을 한다며 좁디좁은 고시원을 뒤졌다. 이미 유통 방식을 바꾼 후라 내 주거지에서 미크로겐 제품이 나올 리 없었다. 그들이 압수한 물품은 내가 사용하기 위해 개봉한 제품 하나였다.

집행관들이 찾는 제품이 나오지 않자 그들은 나를 강압적으로 질질 끌고 나갔다. 여기서 잠깐, 불법 의약품 판매자는 5년 이하의 징역 또는 5,000만 원 이하의 벌금에 처할 수 있다는 사실을 여러분도 알아두길 바란다. 나와 같은 실수를 하지 않도록 말이다. 당시만 해도 나는 교사가 될 준비를 하고 있던 처지라 전과자 낙인이 찍힐까 봐 너무 두려웠다. 세상의 모든 빛이 영영 사라진 것처럼 눈앞이 깜깜했다.

결론부터 밝히자면, 천만다행으로 나는 기소유예 처분을 받았다. 초범이었고 '생계형'이라는 점이 참작된 결과 전과자 신세는 면할 수 있었다. 조사를 받는 그 순간에도 나를 검사 앞에서 처절하게 마케팅할 수밖에 없었다. 꿈에도 불법임을 몰랐고, 앞으로 교사가 되기 위해 누구보다 열심히 살고 있으며, 그 과정에서 생계를 위해 하게 되었다고 하소연했다.

당시 내 사정을 들은 수사관은 오히려 겁먹은 나를 위로했다. 이보다 훨씬 나쁜 짓을 하며 사는 사람이 세상에는 정말 많다고 했다. 그러니 앞으로는 뭘 하든 제대로 잘 알아보고 시작하라고 격려해 주었다. 그간 미크로겐 판매로 벌어들인 수익금은 대부분 환수당했고, 벌금도 내야 했지만 그런 위험한 상황에서조차 나 자신을 마케팅해야 한다는 것을 뼈저리게 느낀 사건이었다.


## 돈이 되는 오케팅


비록 초기 정보 조사 단계에서 큰 실수를 해 결과가 안 좋게 끝났지만, 나는 그 과정만큼은 나름 성공한 마케팅 사례라고 말하고 싶다. 물론 이 일은 나를 한 단계 성장시키는 기억으로 남게 되었다. 그 뒤로 나는 초기 자료 조사를 더 철저하게 하는 습관이 생겼으니 그 또한 내 인생에는 긍정적인 작용을 한 셈이다.

아버지가 봉고차로 자동차 판금·도색 일을 할 때 내가 광고에 뛰어든 것도 어찌 보면 '돈 안 놓고 돈 먹기' 방식이었다. 돈이 없었기 때문에 마케팅을 시도했고, 광고 효과로 사업을 키울 수 있었다. 내가 돈을 놓을 자리에 대신 놓은 것은 '마케팅'과 '광고'의 반복, 오케팅이었다.

넉넉한 자본금으로 일을 시작할 수 있는 금수저였다면 오히려 이런 간절함에 의한 행동들은 나오지 않았을지도 모른다. 내가 과거에 생계를 위해 무의식적으로 시도한 행동들도 뒤돌아보면 모두 마케팅 행위였음을 알 수 있다. 미크로겐 사례에서는 나 스스로 브랜딩을 해서 신뢰를 팔았고 이후 집행관들에게 연행되었을 때조차 안타까운 고시생으로 자신을 브랜딩해 전과자가 되는 일을 막을 수 있었다. '오 박사의 자동차 판금·도색' 사례 역시 아버지를 브랜딩한 성공 사례라 볼 수 있다.

이처럼 우리도 일상에서 얼마든지 오케팅 실천을 통한 퍼스널 브랜딩이 가능하다. 물론 무의식적 행동들을 의식적으로 체계화해 실행한다면 훨씬 더 큰 효과를 볼 수 있을 것이다. 이제 다음에 이어지는 내용을 통해 퍼스널 브랜딩을 체계화함으로써 자신을 업그레이드해보자.

CHAPTER 12

# 확실한 투자처

오두환

'하이 리스크, 하이 리턴High Risk, High Return'

투자에 있어 큰 위험을 감수할수록 더 큰 보상을 얻게 된다는 뜻이다. 많은 사람이 투자에 망설이는 가장 큰 원인이며 투자를 감행하게 만드는 이유이기도 한 말이다. 결국 높은 수익을 원한다면 고위험을 극복해야만 한다.

하지만 절대 손해가 나지 않는 투자처가 있다면 어떨까?

심지어 매년 배당률이 기하급수적으로 상승한다면?

투자한 기업이나 부동산의 가치까지 덩달아 오른다면?

매달 수익이 증가하는 것에 그치지 않고 건물이나 자동차처럼 감가상각※조차 없다면?

우리가 꿈꾸는 경제적 자유를 얻으려면 매달 안정적인 수익 기반을 다져야만 한다. '안정적'이라는 말에서 눈치챘겠지만, 손해 볼 확률이 거의 없어야 한다는 말이다. 나도 그동안 적금, 주식, 부동산 투자까지 모두 점검하고 분석해 보았지만 모두 쉽지 않았다. 적금은 안정적이나 수익이 적어 성장하기 어려웠고, 주식이나 부동산은 손실위험이 컸다. 내가 고민 끝에 오케팅적 사고로 간신히 찾아낸 투자처가 있다. 궁금하다면 이번 장을 함께 살펴보자.

## 작가 도전

이 책이 나의 첫 번째 책이 아니라는 것은 많은 독자가 아는 사실이다. 나는 앞에서 이미 베스트셀러 작가임을 밝혔다. 하지만 내 책들이 베스트셀러에 오르기까지는 그리 순탄하지 않았다. 오히려 수많은 출판사에서 거절당하길 반복했다. 그럼 내 책들이 어떤 과정을 거쳐 세상에 나올 수 있었을까?

나는 내가 경험을 통해 발견한 유용한 것들을 책으로 출간해 더 많은 사람과 나누고 싶었다. 더 많은 사람에게 도움을 주고 싶어 책을

---

※ 토지를 제외한 고정 자산에 생기는 가치의 소모를 셈하는 회계상의 절차

쓰기로 했다. 특별한 사람들의 특별한 이야기는 세상에 이미 많다. 사실 상위 1%인 사람들을 위한 학문은 모두 돈을 벌게끔 설계되어 있다. 문제는 99%가 잘 이해할 수 없도록 최대한 어렵고 추상적인 언어로 설명되어 있다는 것이다. 나는 현학적인 용어들을 알지 못하는 사람이라도 누구나 1%에 진입하길 간절히 바랐다.

그리고 나는 일반인들이 1%로 진입할 수 있는 영역은 이제 마케팅밖에 남지 않았다고 생각했다. 나는 바닥부터 시작해 산전수전을 다 겪어 봤기 때문에 이런 간절함을 누구보다 잘 이해하고 있었다. 바닥을 있는 힘껏 박차고 뛰어오른 내 경험을 공유할 수 있다면 나와 같은 처지에 놓인 사람들에게 현실적인 도움이 되지 않을까 하는 생각에서 글을 쓰기 시작했다.

글을 쓰는 일이야 내 의지로 쓰면 되는 것이다. 물론 그 과정이 쉽다는 뜻은 아니다. 다만 다른 사람의 의지가 아닌 내 의지로 가능하다는 말이다. 그런데 책으로 출간한다는 것은 다른 문제였다. 어려서부터 책을 좋아했고, 글도 제법 잘 쓰는 편이라 생각했지만 책을 출판한 경험은 없었다. 그렇다고 포기하고 싶지도 않았다.

나는 교원자격증을 따야 할 때도, 신문사 입사 준비를 할 때도 항상 안 될 것부터 미리 걱정하는 성격이 아니었다. 당연히 글을 쓸 때도 출판사에서 내 책을 출간하지 않으리라는 걱정을 미리 하면서 쓰지는 않았다. 어찌 보면 '무모'한 행동이었지만, 나는 '용기'라고 말하고 싶다.

만약 어디서도 내 책을 내주지 않을 것이라고 여겨 겁부터 먹었다면 많은 독자의 사랑을 받은 《오케팅》이나 《광고의 8원칙》, 《특별한 내가 될래요》 같은 책들은 아예 나오지도 못했을 것이다.

원고를 쓰는 동안에는 글에만 집중했다. 그렇게 원고를 마무리하고 나서야 새로운 목표를 찾기 시작했다. 새로 찾은 목표에서 이미 내 책은 베스트셀러를 넘어 스테디셀러였고, 여러 나라의 문자로 번역되어 국경을 넘었다. 그 일이 가능해지려면 제대로 된 출판사를 만나야 했다. 내 목표를 달성할 저력을 지닌 출판사를 직접 선별하기로 했다. 이번에도 나는 출판사가 나를 선택하길 기다리지 않고 내가 먼저 출판사를 물색했다. 아무 출판사에서나 내 책을 출간하게 할 수는 없었다. 그때만 해도 투고만 하면 내가 선택한 출판사에서 오히려 감사해할 것이라는 착각에 빠져 있었다.

내 책을 출간할 출판사는 당연히 기획과 편집 능력이 좋아야 하고, 마케팅과 광고 능력까지 기본으로 갖춰야 했다. 아무리 원고 내용이 좋아도 출판사의 마케팅과 광고 능력이 받쳐 주지 못한다면 책이 제대로 빛을 발할 수 없을 것이다.

내가 찾은 출판사 리스트는 수백 개였다. 출판사가 너무 많아 시간이 오래 걸렸다. 그럴수록 스스로 정한 조건에 부합하는 출판사를 찾기 위해 세심한 주의를 기울였다. 검토 끝에 출판사를 총 세 곳으로 추렸다. 글을 쓰고 출간을 한다는 것도 모자라 대형 출판사를 통한 출간 계획을 주변에 알리자 열렬한 응원이 쏟아졌다. 미쳤다고!

이쯤 되면 미쳤다는 소리도 반가울 수밖에. '불광불급不狂不及'이라는 말도 있지 않던가. 미치지 않으면 미칠 수 없다고. 그런데 남이 보기에도 내가 미쳐 보인다니 이 얼마나 듣기 좋은 소리인가.

## 오케팅이 필요한 순간

대형 출판사들은 하루에도 엄청난 양의 투고를 받는다는 사실을 조사 과정을 통해 이미 파악하고 있었다. 담당자가 그 많은 양의 원고를 다 읽을 수는 없을 것이다. 그것은 물리적으로 불가능해 보였다. 그렇다면 평범한 원고 상태로 투고하면 안 된다는 말이었다. 그 많은 원고 중에 내 글이 담당자 눈에 띄어야 한다. 담당자가 내 원고를 읽게 해야 한다. 나는 방법을 찾느라 오래 고심했다.

생각해 보면 애초에 누군가를 돕고 싶다는 마음에서 시작한 글쓰기였다. 하지만 출판사 입장에서는 누군가를 돕자는 목적 외에도 책을 출간해 이익을 창출해야 할 것이다. 그렇다면 내 책을 출간함으로써 출판사가 더 많은 이익을 얻는 방법을 찾으면 된다. 나는 저자들이 통상적으로 받는 인세율보다 훨씬 낮은 3%를 제시했다. 처음부터 돈을 벌고 싶은 생각에 쓴 글이 아니었기 때문에 가능한 결심이었다.

무엇보다 출간이 진행되면 마케팅과 광고 전문가인 내가 직접 지원할 수 있는 부분이 있을 것이다. 게다가 내가 하는 강연에서 교재로 사용하면 그 자체로 홍보 효과가 있다. 계획을 구체화하는 과정에서 최종 희망 출판사를 한 곳으로 정했다.

나는 서슴지 않고 내가 선택한 출판사에 맞춤 제안서를 작성했다. 투고란이 버젓이 있었지만 나는 투고란을 이용하지 않을 생각이었다. 일단 원고를 읽기 좋게 편집해 책처럼 열다섯 권을 제본했다. 그리고 출판사 담당자에게 전화를 걸어 나를 광고한 덕에 어렵사리 미팅 약속까지 잡는 데 성공했다.

거기서 그치지 않고 나는 출판사 방문 시 어떻게든 나에 대한 인상을 각인시키기 위해 백설기를 준비해 돌리기로 했다. 출판사 근처 떡집을 물색해 약속 시간에 맞게 예약했다. 갓 만들어 따뜻한 떡처럼 내 원고도 따끈따끈한 인상으로 남길 원했다.

담당자와 미팅을 마치고 돌아와 오매불망 출간 확정 소식만 기다렸다. 며칠 후 담당자로부터 연락이 왔다. 출간 거절 통보였다. 뜻밖이었다. 다른 출판사에도 출간 제안서를 보냈지만 모두 거절당했다. 속상하지 않았다면 거짓말이다. 하지만 출간 거절을 당했다고 책 출간을 포기할 수는 없었다. 오케팅이 필요한 순간이었다.

# 내가 찾은 투자처

내 책은 내가 정한 조건에 맞는 출판사에서만 출간하고 싶고,

내가 선택한 출판사에서는 내 책을 출간할 수 없다고 하고,

다른 출판사에서 책을 낼 수도 없고,

내 책의 출간을 포기할 수도 없고……

결국 내가 찾은 확실한 투자처는 '나', 그리고 '우리 회사'였다.

포기하지 않기 위해 생각을 계속하다 내린 결론은 내가 정한 조건에 부합하는 출판사를 직접 만들자는 것이었다. 지금 하는 일에 지장을 줄 것이 뻔했다. 가보지 않은 길이니 험난하리라는 것도 예상되었다. 하지만 언제 내가 가본 길만 골라 걸어왔던가. 나는 그간 길을 내며 걸어왔다는 사실을 상기했다. 길을 새로 낸 결과 얻게 된 것들을 떠올리자 용기가 생겼다.

만약 내가 생각하는 출판사를 성공적으로 만들 수만 있다면 내 책 출간뿐만 아니라 이후 내 사업에도 얼마든지 활용해 성장할 가능성이 컸다. 내가 마케팅과 광고 전문가이니 독자들에게 내 책을 알리는 문제는 걱정할 필요도 없었다. 어느 출판사보다 잘할 자신도 있었다. 더불어 나처럼 진정성을 담아 선한 영향력을 전파하고자 하는 저자들의

책도 출간할 수 있을 것이다. 힘들 것이라는 사실만 제외하면 장점이 훨씬 더 많았다.

내가 출판 전문가가 아닌 것은 큰 문제가 아니었다. 출판 전문가를 찾으면 해결될 문제였다. 사람들은 간혹 나에게 20여 개나 되는 사업체를 어떻게 다 운영하느냐고 질문하곤 한다. 그럼 나는 망설임 없이 대답한다. 그것은 내가 특별하지 않기 때문이고, 그 사실을 내가 너무 잘 알기 때문이라고. 내가 특별하지 않다는 것을 알기 때문에 분야별로 특별한 직원들에게 일을 믿고 맡길 수 있는 것이다. 나는 내 직원들의 특별함을 믿어 의심치 않는다. 그런 특별한 직원을 다시 찾아야 할 차례였다.

오케팅적 사고로 무장하고 여러 사람을 면접한 결과 나에게는 없는 꼼꼼함과 완벽함을 추구하는 전문가를 찾는 데 성공했다. 나는 새롭게 출판사를 차리고 곧바로 책 출간에 돌입했다. 첫 책으로 《오케팅》을 내고 싶었지만 내가 가장 중요하게 생각하는 책이라 아껴 두자는 의견이 나왔다. 《광고의 8원칙》과 마케팅 관련 수험서를 먼저 출간해 보기로 했다. 처음인 만큼 시행착오를 겪을 수 있다는 것을 고려한 결정이었다. 미비점을 보완한 다음 《오케팅》을 완벽하게 출간하자는 계획이었다.

예상대로 책 출판이 처음인 우리는 다양한 시행착오를 겪었다. 광고를 진행한 후 유통을 해야 하는데 순서가 엉망진창으로 꼬였다. 광고

시안 수정만 수십 번을 하는 사이 유통이 먼저 시작되었다. 첫 시행착오는 각오했던 것이라 크게 실망하지 않았다. 결과가 좋지 않아도 우리에게는 좋은 경험이라는 소중한 선물이 남을 테니 괜찮다고 서로를 다독였다.

## 첫술에 베스트셀러

그런데 웬걸, 《광고의 8원칙》이 출간 일주일 만에 베스트셀러에 진입한 것이 아닌가. 별똥별처럼 한 번 반짝 노출되고 사라진 것이 아니라 13주 연속 베스트셀러 상위권을 유지했다. 마케팅 분야에서만이 아니라 종합 베스트셀러 1위도 여러 번 차지했다. 우리도 놀라움을 감출 수 없었다.

《광고의 8원칙》이 이룬 성과는 여기서 그치지 않았다. '한국출판문화산업진흥원 수출지원팀'에서 우리나라의 베스트셀러를 국내외에 소개하는 영문 웹진에 내 책을 소개하고 싶다고 연락해 왔다. 상승세를 타고 《광고의 8원칙》은 대학교의 마케팅학과 교재로 선정되었다. 광고 공부를 할 때 책으로만 뵙고 존경하던 성균관대 대학원 교수님께서 수업 시간에 초빙 강사로 나를 불러 주셨다. 또한 이 책을 접한 분들로부터 강연, 컨설팅, 마케팅·광고 문의가 줄을 잇기 시작했다. 사람들을 돕고자 시작한 일이 그야말로 크리스마스 선물처럼 기적을 일으켰다.

기대하지 않았던 《광고의 8원칙》이 이 정도였으니 만반의 준비를 다 지고 출간한 《오케팅》은 어땠을까? 두 번째 출간이었기 때문에 우리는 같은 실수를 범하지 않았다. 이전보다 더 체계적으로 《오케팅》 출간을 진행할 수 있었다. 첫 책의 성공 덕분인지 이번에는 직원 모두가 기대하는 눈치였다. 나도 그랬으니까.

감사하게도 《오케팅》은 출간 첫 주에 종합 베스트셀러 1위에 올랐고, 17주 연속으로 종합 베스트셀러 1~3위를 기록했다. 대박이었다. 《오케팅》은 해외 판권 문의가 들어오기 시작해 현재 태국에서 번역본이 출판되었고, 영어·일본어·중국어로도 번역이 끝난 상태이다. 우리는 이에 힘입어 드디어 어린이들도 오케팅을 접할 수 있도록 동화 버전 오케팅 책, 《특별한 내가 될래요》를 출간했다.

처음 보육원에서 강연을 거절당했던 기억을 잊지 않았다. 나는 아이들에 대한 희망을 버리지 않았다. 오케팅을 어려서부터 적용한다면 나는 한 개인을 넘어 국가마저 변화시킬 수 있다고 믿는다. 그렇게 진심을 담은 《특별한 내가 될래요》가 세상에 나왔다. 그리고 대한출판문화협회는 이 책을 '2022년 올해의 청소년 교양도서'로 선정했다.

결국 나는 다른 투자처가 아닌 바로 '나'와 '우리 회사'에 투자한 결과 예상보다 더 큰 보상을 누릴 수 있었다.

# 포기 대신 오케팅!

흔히 쓰는 '투자'라는 말은 부자가 되길 원하는 사람들이 가장 먼저 떠올리는 단어이다. 매달 벌어들이는 소득 외에도 주식이나 가상화폐, 금, 외화 등에 투자하는 사람들을 주변에서 어렵지 않게 볼 수 있다. 어떻게든 소득을 높여 부자가 되는 시기를 앞당기고 싶은 사람들이다.

나도 동생의 권유로 주식에 투자해 본 적이 있다. 주식투자가 다 그렇듯이 나도 경기에 따라 수익을 보기도 손실을 보기도 했다. 결국은 플러스와 마이너스를 반복하다 시간이 지나도 제자리걸음을 하는 나를 발견했다. 요즘 같은 주식 시장에서 제자리걸음만 해도 다행이라고 생각하는 사람도 많을 것이다. 물론 돈만 생각했을 때 그렇다는 말이다. 거기에 들인 내 시간과 노력, 그리고 투자에 신경 쓰느라 본업에 소홀해진 것까지 고려하면 확실한 마이너스다. 그런 사람이 비단 나뿐일까.

나는 계속 주식투자를 이어갈지 말지 선택해야 하는 갈림길에 섰다. 만약 주식투자를 그만둔다면? 다른 투자처를 찾아야 했다. 그렇다면 과연 어디에 투자하는 것이 나에게 가장 큰 이득일까. 나는 다시 오케팅적 사고에 돌입했다. 주식투자하듯 누구보다 잘 알고 발전 가능성을 점칠 수 있는 기업이어야 했다. 투자 후에도 오랜 시간 전전긍긍하며 불안해하지 않아도 좋을 투자처를 찾는 것이 우선이었다.

곰곰이 생각해 보니 그런 투자처는 멀리 있지 않았다. 바로 '나'와 '우리 회사'였다. 나와 회사를 누구보다 잘 알고 있을뿐더러 시간과 노력을 쏟아부어도 아깝지 않을 확실한 투자처였다. 게다가 회사가 성장할수록 그 이득을 내가 소중히 여기는 직원들과 나눌 수 있으니 이보다 적합한 투자처가 어디 있단 말인가. 그래서 나는 수익의 대부분을 '우리 회사'에 투자하기로 했다.

그 결과 나는 강연으로 이루지 못한 꿈을 책으로 성공시켰다. 지금도 강연을 많이 다니고 있지만 나는 강연보다 더 힘이 센 것이 글이라고 생각한다. 강연은 듣고 나면 머릿속에서 휘발되기 쉽지만, 글은 기록되어 보존되기 때문이다.

처음 출간 거절을 당하고 속상했던 과정들이 결과적으로는 감사한 일이 되었다. 그러니 대의를 향해 걷는 길목마다 좌절이 있다고 해서 포기할 필요는 없다. 그때 내가 출간 거절을 경험하지 않았더라면 지금의 대한출판사도 없었을 것이고, 어쩌면 《오케팅》이나 《광고의 8원칙》, 《특별한 내가 될래요》도 제빛을 발하지 못했을 것이다. 출간 거절에도 포기하지 않고 오히려 나는 더 큰 투자를 감행했다. 그 결과 회사에 투자한 것의 몇 곱절로 보상받았다.

비단 출판사뿐만이 아니다. 내가 처음 입사했던 네트워크 병원 광고 회사에서도 나는 신규 사업을 위해 끊임없이 회사의 투자를 끌어냈다. 그럴 때마다 매출 신장을 호언장담했기 때문에 내 말을 지키기 위해서 더 열심히 일했다. 나는 직원일 때부터 주인 의식을 지니고 있었다. 팬데믹 상황에서 직원을 해고하라는 대표의 지시에 따를 수 없었던 이유이기도 하다. 당시에도 나는 포기 대신 더 큰 투자를 결행했다.

나라고 돈이 많아서 매번 투자를 단행한 것은 아니다. 살던 집을 팔아서 내 인생 전부를 걸고 투자했다. 당시 잘못되면 죽는다는 각오로 나는 밤낮으로 누구보다 더 열심히 오케팅을 지속할 수밖에 없었다.

## 경제적 자유를 누리는 마을

내가 아직도 계속해서 회사에 수익을 재투자하는 데는 나만의 더 큰 목표가 남았기 때문이다. 그것은 바로 서두에서 밝힌 것처럼 경제적 자유를 누리기 위해서이다. 나 혼자만의 자유가 아니라, 나와 함께 하는 사람들 모두가 그 경제적 자유를 누리도록 하는 것이 내가 품은 대의이다. 대의를 꿈꾸는 사람이 모여 적게 일하고도 더 많이 벌면서 즐겁게 사는, 각자 좋아하는 일을 하며 돈 걱정 없이 살 수 있는 마을을 만들고 싶다. 결국 내 회사에 투자하는 것은 나를 위한 투자이고, 직원들을 위한 투자이며 함께하는 기업들을 위한 확실한 투자인 셈이다.

그렇게 투자로 인해 새로운 수익을 창출하고 재투자를 감행한 결과 나는 20여 개의 사업체를 운영하는 대표가 되었다. 지금은 시대의 변화에 발맞춰 유튜브 채널도 3개를 운영한다. 숨은 인재를 발굴해 더욱 빛나게 만들어 주는 '지식포털', 특별한 전문가를 만드는 '킹메이커 오두환', 꿈을 찾는 사람들을 위한 '꿈찾사' 채널이 그것이다. 유튜브 채널을 통해 더 다양한 계층의 사람들과 소통하면서 선한 영향력을 퍼뜨리고 있다.

이러한 대의를 이어가기 위해 나는 현재 영재 학교 설립을 진행 중이다. 인재 양성이야말로 국가의 미래를 위한 확실한 투자라고 믿기 때문이다. 경기도 산본에 문을 열 '혁신영재사관학교'는 한때 교사가 꿈이었던 내가 머릿속으로 그리던 학교의 모습이 될 것이다. 애초에 대의로 품었던 공동체 마을을 위해서라도 교육기관인 학교를 빠뜨릴 수는 없다.

이 학교는 범용 AI-메타버스가 결합된, 새로운 시대를 위한 STEAM(과학, 기술, 공학, 예술, 수학) 교육을 지향한다. 한국형 상상융복합 인재 육성을 위한 국제학교가 될 예정이다.

한국형 상상융복합 인재란 인문학과 신기술을 십분 활용하며 동료와 협력하여 새로운 세상을 규정하고, 자신과 동료에게 새로운 질문을 던질 수 있는 인재를 말한다. 획일적인 수업으로 누가 먼저 정답을 맞추는가가 아닌 개개인의 특장점을 찾아 키워 주고 창의력을 향상시키는 교육의 장이 될 것이다. 또한 졸업 전에 창업가를 배출해 학교가 창업 인큐베이터로서 지역 경제 활성화에 이바지할 것이다.

# PART 4

# '비밀'을 찾아야 돈이 보인다

CHAPTER 13

# 인생의 터닝 포인트

정미경

변곡점이 없는 인생은 없을 것이다. 다만 그 순간 내 인생을 바꿀 수 있다는 것을 인지하느냐 못하느냐의 차이가 있을 뿐. 어떻게 해야 인생의 기회를 놓치지 않을 수 있을까?

내 답은, 기다리라는 것이다. 오매불망 눈이 오길 기다리던 사람이 눈이 내리는 순간을 모를 리 없다. 정류장에서 버스를 기다리던 사람이 오는 버스를 놓칠 리 없고, 신호등 불빛이 바뀌길 기다리던 사람은 색이 바뀐 것을 확인하면 바로 움직이게 된다.

나는 어려서부터 부자가 되기를 항상 갈구했다. 어떻게 하면 부자가 될 수 있을지를 궁리했다. 많은 사람이 결혼이나 출산 시점을 터닝 포인트로 잡곤 한다. 물론 얼마든지 그럴 수 있다. 하지만 내 강력한 열망은 그것에만 있지 않았다.

# 터닝 포인트

내 첫 번째 터닝 포인트는 스무 살에 왔다. 한샘 부엌 가구 판매장에 서였다. 나는 늘 부자가 되기를 열망했고, 매장의 고급스러운 제품으로 집을 채우는 꿈을 꾸면서 공부를 게을리하지 않았다. 그랬기에 갑작스레 다가온 여성 고객에게 내가 가진 전문 지식을 꺼내 보여 줄 수 있었고, 큰 계약으로 이어졌다. 나는 거기서 만족하지 않고 이후 더 적극적으로 사무와 매장관리를 병행했다. 그 결과 고졸 여직원이 꿈꾸지 못할 고액 연봉을 제안받았다. 그 생활이 길게 이어지지는 않았지만, 그 경험은 다른 기회가 다가올 때마다 나를 행동하는 사람으로 만들어 주었다.

두 번째 터닝 포인트는 바로 AFPK 공부를 시작한 것이다. 보험 분석 영업은 1년으로 충분했다. 이 방법만으로 계속 가는 것은 한계가 있었다. 매달 새로운 고객을 발굴하는 것과 고객들이 소개하는 범위가 보험에 한정되어 있었기 때문이다. 나는 또다시 내가 변곡점에 섰다는 것을 알았다. 내 선택은 AFPK에 도전하는 것이었다. 나는 망설임 없이 바로 공부를 시작했다.

의외로 영업실적이 좋은 사람들이 자격증에 도전하길 더 꺼린다. 일하느라 공부할 짬이 나지 않기 때문이다. 또 자격증이 없어도 당장 영업하는 데 별 지장이 없기 때문이기도 하다. 하지만 나는 항상 미국의

FP들이 궁금했다. 그들의 재무설계 방식을 배우고 싶어 바로 공부를 시작한 것이다.

2003년 12월, 한 번의 도전으로 시험과목이 7개인 AFPK 자격증 취득에 성공했다. 그와 동시에 나는 보장 분석이 아닌 재무설계 접근으로 영업 방향을 틀었다. 이렇게 간단히 정리하면 그 과정이 모두 쉽게 느껴질지 모르겠지만 그렇지 않다. 물이 흐르던 방향을 따라 계속 흐르기 위해서는 다른 노력 없이 관성적으로 앞 물결을 따라가면 된다. 하지만 방향을 바꾸는 것 즉, 새 물꼬를 트는 일은 큰 용기와 노력이 필요하다. 손쉽게 얻는 대가는 없다.

영업 방향을 전환한 결과 내 평균 건당 월 보험료가 껑충 뛰었다. 이후 소개로 만난 고객은 처음부터 재무설계로 접근했다. 접근 방식이 달라지니 수집된 정보도 양적, 질적으로 달라졌다. 양질의 정보를 기반으로 재무 목표를 수립하고, 그에 맞는 상품으로 설계를 진행해 보면 월 보험료 300만 원 정도는 기본이었다.

나는 이제 단순한 재해나 질병에 대해서만 보험을 설계하고 계약을 체결하는 그런 보험설계사가 아니다. 전문가답게 고객의 재무 상태를 철저히 파악하고, 그에 따른 재무 목표를 세우고 그 목표를 달성하기까지 오랜 시간 동행하는 진정한 재무설계 디자이너가 된 것이다.

# 물이 가득 찼다고?

직장인을 대상으로 한참 설계를 할 무렵에 한 가지 고민거리가 생겼다. 컵에 가득 찬 물을 버려야만 다시 새 물을 담을 수 있다. 그렇다면 기존 고객들을 버려야만 새 고객들을 내가 가진 그릇에 담을 수 있는 것일까 하는 고민이었다. 하지만 내 고객들을 버릴 수는 없었다. 고민 끝에 기존 고객들 관리는 계속 이어가고, 신규 계약은 더는 하지 않기로 했다.

사실 관리차 고객을 방문하는 일 자체가 새로운 고객을 소개받거나 신규 계약을 하는 출구이다. 이 일의 특성상 새로운 계약을 계속하지 않으면 월급도 없다. 기존 고객을 찾아가 부족한 부분을 추가로 계약하고, 새로운 고객을 소개받아 설계를 이어가는 게 불모지로 나가 맨땅에 헤딩하는 것보다 시간과 노력을 모두 절약하는 방법이다. 물론 그만큼 대가도 빨리 돌아온다. 그렇다고 기존 직장인 고객 시장을 계속 확장하다가는 재무설계 고객을 늘릴 수 없을 것 같았다. 하지만 기존 고객관리를 소홀히 할 수도 없는 일이었다. 그것은 나를 믿고 계약한 분들의 신뢰를 저버리는 일이었다.

나는 직장인 고객관리를 위해 비서를 고용했다. 직접 방문하지 않더라도 고객이 늘 관리받고 있다는 느낌을 받도록 매달 소정의 선물이나 책자 등을 보내드리도록 했다. 부가적으로 보험금 청구 등의 일도 비서를 통해 빠른 처리가 가능하도록 도와드렸다. 그래서 고객 불만이 없었다. 사실 계속 직접 방문하는 것은 고객들에게도 부담스러운 일이었다. 내가 가면 지인 소개라도 한 명 더 해주어야 한다는 부담 때문에 고객에게도 고민거리였다.

그다음 내가 잡은 기회는 세미나 마케팅이었다. 나는 항상 새로운 시장을 넓히고 싶었다. 고객이 또 다른 사람을 한 명 소개하는 기존 방식의 틀을 벗어나기 위해 고심한 결과였다. 호텔에서 세미나를 열었고, 참석자 모두 한 명씩을 더 데려올 수 있도록 콘셉트를 잡았다.

강의가 끝나고 고객들이 데려온 지인들을 소개해 주었다. 아주 자연스러운 절차였다. 나는 명함을 받고 차후 개인적으로 연락을 드리기로 하고 기념품을 하나씩 챙겨 드렸다. 강의 내용과 무관하게 당시 이런 형태의 세미나가 흔하지 않았기 때문에 다들 만족하는 분위기였다. 효과도 좋았다. 기존 고객들도 자기 담당자가 이런 이벤트까지 하면서 관리해 준다는 자부심을 느낄 수 있었다. 또 소개는 얼마나 해줘야 하고, 향후 어디까지 자신이 함께 관리해야 하는지에 대한 고민에서 벗어날 수 있었다. 강의장에서 연락처를 받아 내가 방문했기 때문에 나로서도 매번 기존 고객을 사이에 두고 소통할 필요가 없어 편했다.

처음에는 외부 강사를 섭외했지만, 세미나가 계속되면서 내가 직접 강의하는 방식으로 바뀌었다. 강사로서 전문성을 갖추기 위해서라도 나는 끊임없이 공부해야 했다. 국제 경제 변화 흐름에도 민감해야 했고, 그에 따른 전문가들의 대안 같은 정보도 누구보다 발 빠르게 접근해 숙지했다. 나의 관점을 정리하는 데 큰 도움이 되었다. 그 결과 나도 고객도 함께 성장할 수 있었다.

## 경상도 1등? 배고파!

새로운 도전은 항상 성장을 향한 아이디어를 제공한다. 내가 처음 하는 경험에서 장단점을 보완하면서 스스로 반복하다 보면 지속해서 발전하게 된다. 발전을 이어 가면 결국 나만의 성공 노하우가 생긴다. 물론 리스크도 있다. 새로운 도전 끝에 의도치 않게 많은 것을 잃을 수도 있다. 보험 영업 초창기에 나의 라이벌이던 선배는 연고를 통한 소개로 국가대표 선수처럼 실적을 쌓았다. 선배는 내가 전문직 시장으로 눈을 돌리기 시작하자 걱정스러운 조언을 하기에 이르렀다.

"새로운 도전을 하는 것도 좋고 충분히 이해도 하지만, 우리 일이라는 게 매달 새로운 계약을 해야만 월급을 받을 수 있잖아? 그런데 기존 시장을 다 버리고 새로운 시장만 도전하다니…….

물론 성공한다면야 문제가 없겠지. 하지만 그게 그렇게 바로 계약이 나오는 것도 아니고, 오랜 시간 신뢰를 쌓을 시간이 필요한 거 아니야? 그동안 기존 시장에서 추가 계약이나 소개가 나와야 할 텐데 그렇지 않으면 견디기 힘들 거 같아. 네가 지금껏 만든 직장인 시장은 그냥 가만히 있어도 소개가 줄줄이 나와 편하게 영업할 수 있잖아. 얼마든지 기존 시장만으로도 성공할 수 있어! 전문직 시장에서 성공한다는 확실한 보장도 없이 이 시장을 버리고 겨우 드문드문 1~2건 하면서 전문직 시장에 올인하는 건 너무 위험하지 않니?"

선배의 걱정은 진심이었을 것이다. 나도 겁이 안 났다고 하면 거짓말이다.

"언니, 사실 나도 겁이 많이 나. 여기까지 내가 어떻게 왔는데. 하지만 컵에 든 물을 비워야만 새로운 물을 담을 수 있잖아. 내가 가진 직장인 시장을 그대로 가지고 가면 새로운 시장은 절대로 만들 수 없을 것 같아. 언니 말도 다 맞아, 물론 기존에 내가 가진 시장을 더 확장해 성공할 수도 있겠지. 하지만 부자 옆으로 가야 부자가 될 수 있다고 하잖아. 유유상종이라고 고객마다 자신과 비슷한 사람을 소개한다는 긴 언니도 잘 알잖아? 그래서 나는 나 자신과 부단히 싸우면서 도전하는 거야. 그러니까 언니, 응원해 줘!"

말은 그렇게 했지만, 당시에는 나도 정말 불안했다. 선배의 말은 하나도 틀린 것이 없었다. 내가 확장하지 않는 사이 다른 누군가 그 시장에 접근할 텐데, 그것을 지키면서 과연 새로운 시장을 개척할 수 있을까 하는 두려움이 항상 나를 괴롭혔다. 그렇다고 해도 나는 나를 믿기로 했다. 내 생각을 믿었고, 순리가 아닌 내 신념에 따라 행동하기로 이미 결심했다.

내 신념을 믿은 결과는 나를 배신하지 않았다. 나는 이제 누구보다 CEO 등 부자 고객을 많이 보유하고 있다. 그때 나를 걱정해 준 선배도 아직 함께 일하고 있다. 선배도 자기 분야에서 뛰어난 실력을 선보이며 일하고 있지만, 예전처럼 나의 라이벌은 아니다. 나는 그때 시장을 바꾼 결과 선배와는 실적 차이가 크게 벌어졌다. 이제 업무에 관해서는 내가 가진 지식과 경험을 선배에게 가르쳐 주는 멘토가 되었다. 그때 선배의 걱정이 진심이었다는 것을 알기 때문에 우리는 여전히 좋은 관계를 유지하고 있다.

당시 선택의 결과로 나는 지역 최고의 연봉을 받는 설계사가 되었다. 울산, 부산, 경남 지역을 통틀어 명실공히 1등 자리에 올라선 것이다. 그리고도 나는 누구 말마따나 여전히 배가 고팠다.

## 의사 선생님을 찾습니다

분기에 한 번, 부산 본부에서 일 잘하는 FP들을 초대해 시상하는 자리가 있었다. 나는 지역 1등 자격으로 본부장님과 동석하여 일상적인 이야기를 나누며 식사했다. 다들 나에 대한 관심이 많았다. 식사 도중 본부장님이 나에게 뜬금없는 질문을 했다.

"정미경 씨는 의사 고객이 있나요?"

당시 나는 의사 고객이 없었지만, 누구보다 더 탄탄한 고객을 관리하고 있다고 자부했다.

"아니요, 의사 고객은 없지만 탄탄한 고객들을 관리하고 있습니다."

이렇게 말하자 본부장님은 다시 말을 이어 나갔다.

"물론 재무설계의 일인자로서 정미경 씨는 전혀 손색이 없지만, 지금 외국회사의 남자 FP들은 의사 시장을 점령하는 추세예요. 연봉이 다들 10억 이상이죠. 나는 정미경 씨가 그 시장을 점령했으면 해요. 누가 뭐래도 정미경 씨라면 반드시 해낼 겁니다."

그 말을 듣고 처음에는 기분이 나빴다. 명색이 지역 1등 자격으로 초대됐는데 나보다 잘하는 사람들과 비교당한 것 같아서였다. 하지만 그뿐만은 아니었다. 의사 시장을 도전하지 않은 것이 아니라 못한 것인가 싶어, 스스로 자존심이 상했다. 그날 밤 나는 잠을 잘 수 없었다. 나도 의사들을 대상으로 전문적으로 재무설계할 기회를 잡고 싶었다. 다른 회사의 다른 사람들이 하고 있다면 정미경이라고 못 할 것 없지 않나. 내 주변에 의사가 누가 있는지, 어떻게 처음 시작해야 할지 고민하느라 한숨도 잘 수 없었다.

그런데 어느 날, 앞집에 사는 치과 원장님이 나에게 연락을 해왔다. 지난번 가벼운 저녁 식사 자리에서 내가 하는 일에 관해 이야기했는데, 자신도 외국 보험사에 다니는 남자 FP에게 관리받고 있다고 했다. 당시 목적자금 설계로 부동산 매입을 목표로 하는 재무설계를 이야기했더니 자신이 원하던 것이라고 말한 기억이 났다. 자신도 제대로 된 재무설계를 받고 싶어 전화했다는 것이었다. 나는 기회가 왔음을 직감했다.

그분은 이미 타사의 설계사를 통해 관리받고 있었지만, 재무설계라 기보다는 보험 상품을 계약해 관리받는 수준이었다. 게다가 그 설계 사와 처음 계약하게 된 것도 순전히 친분 관계에서 비롯되었다는 것이 다. 술자리에서 남자들끼리 형, 아우 하며 추가 계약을 하는 일이 흔 하던 시절이었다. 하지만 나는 예나 지금이나 그런 식으로 고객관리 를 하지 않는다. 재무설계라는 나의 든든한 무기만을 가지고 전문가로 서 임할 뿐이다. 그런 점이 오히려 고객들에게도 더 신뢰를 주었을 것 이다.

나는 그 치과 원장님과 바로 약속을 잡았다. 방문 당시 원장님은 이미 입출금 장부들을 높이 쌓아 둔 상태였다. 나는 그분이 준비한 자 료들을 모두 가지고 나왔다. 재무상태표, 손익계산서, 현금흐름표 등 을 월별, 연도별로 구분해 입력하고 그 자료를 통해 수입과 지출을 분 석했다. 다시 저축의 여력을 단기, 중기, 장기로 계획했다. 나는 도출 한 자료를 들고 일주일 후 원장님을 다시 찾아가 설계한 내용을 제안 했다. 그분도 물론 다른 FP를 통해 설계를 받거나 계약한 경험이 있었 다. 하지만 그때까지 그토록 구체적인 설계와 방향을 제시한 FP는 없 었다며 반가워했다.

처음 AFPK 교육을 받고, 태권도 학원 관장님을 위한 재무설계를 할 때도 주로 목적자금을 만들어 부동산 매입을 하도록 했다. 사업상 사용자산을 형성토록 한 것이다. 물론 새로운 대출 발생으로 인해 레버리지 효과를 노린 것도 있었지만, 그보다 더 중요한 것은 돈 모으는 습관을 만들어 주는 것이었다. 대출로 인해 부채가 늘었기 때문에 그에 대한 부담을 줄이기 위해서라도 재무상 긴장을 유지할 수 있었다. 그리고 투자를 위한 준비로 돈을 벌 수 있는 루트도 추가로 설계해 주었다. 기간도 마냥 늘어지게 잡지 않고 자녀의 대학 입학 전까지로 집중시켰다. 따라서 보험으로 설계하는 부분은 기본 자금을 처음부터 많이 잡을 수 없었다. 일단 수입의 30%로 시작했고, 이후 추가로 납부하는 방식으로 목표를 더 빨리 달성할 수 있도록 관리했다.

이전까지는 4%대 이율의 연금보험, 즉 공시이율 상품으로 설계했다면 이번 치과 원장님에게는 2007년부터 주식시장의 대세가 된 변액 유니버셜 적립 상품을 제안했다. 그분은 목적자금으로 당시 변액 적립을 월 500만 원으로 계약했다. 그전까지 내가 한 계약은 월 300만 원이 최고가였지만 곧바로 500만 원으로 점프한 것이다. 모두 고객 시장을 바꾸어 가능해진 일이었다. 더더욱 의사 고객 시장으로 진입해야 할 당위성을 갖게 한 사례이기도 했다.

이후 나는 학원가나 직장인 그룹 강의를 나가서도 의사 전문 FP라고 나를 소개했다. 그러면 아는 의사들을 더 많이 소개해 줄 것 같아서였다. 그만큼 그쪽 시장으로 진입하고 싶은 마음이 간절했다.

## 병실이야, 사무실이야?

어느 날, 학원 선생님들을 대상으로 재무설계 강의를 마치고 나오는데 누군가 다가와 오빠가 의사라며 소개하고 싶다고 말했다. 이번에는 한의사였다. 2007년 이전에는 치과나 한의원 의사들의 수입이 좋아 소위 잘나가던 시절이었다. 소개받은 한의사 분을 찾아가 상담을 진행했다. 그분은 한의원 건물을 짓고 싶어 했다. 살펴본 결과, 그동안 돈은 많이 벌었지만 특별히 모은 자산은 없는 상태였다. 나는 재무상태표, 현금 흐름표 등을 먼저 분석했다. 그 결과 얼마를 저축해야 할지를 도출해 단기, 중기, 장기 계획대로 목적자금을 마련할 수 있도록 설계를 진행했다.

사실 한의사나 치과의사는 대부분 은퇴 후에도 일을 할 수 있는 직종이다. 다만 돈을 벌 수 있는 기간이 죽을 때까지라고 해도 돈을 집중적으로 모을 수 있는 시기는 정해져 있다. 그렇다면 비교적 수입이 좋을 때 모아서 투자하는 것이 핵심 전략이다. 단순히 은퇴를 준비하는 것은 그들에게 아무 의미가 없었다. 새로운 투자 준비를 하는 것, 이분의 경우 병원 건물을 짓는 목적자금을 설계하는 일이 우선이었다.

당시 내가 제안한 설계는 결과적으로 그분에게 안성맞춤이었다.

그 후 5년도 지나지 않아 한의원 업종은 중국으로부터 약재 수입이 힘들어졌고, 치과도 임플란트 시장이 과잉되면서 수익이 현저히 감소했다. 그 전에 자금을 모은 것이 결과적으로 그분들이 일하는 동안 가장 많은 돈을 모을 수 있는 시간이었다.

나는 매일 새로운 고객을 만나면서 정보를 수집했고, 밤늦게까지 그 정보들을 입력하고 분석해서 제안서를 만들었다. 몇 시간 못 자고 아침이면 남들보다 일찍 출근했다. 하루 종일 미팅이 잡혀 있었다. 하루 3시간 이상 잠자지 못하는 상태가 이어졌다. 종종 위장 장애나 과로로 인해 병원에 며칠씩 입원해야 하는 일도 발생했다. 나는 주로 엄마가 다니던 병원에 입원했고, 당연하게도 나와 엄마의 주치의가 있었다. 입원해 있는 동안에도 나는 치료와 자료 분석, 제안서 작성을 병행했다. 주치의가 입원해서도 쉬지 못하는 나를 보고 안타까워했다.

"도대체 무슨 일을 하길래 그리도 바빠요?"

엄마가 나 대신 대답했다.

"우리 딸이 아마 대한민국에서 제일 바쁠 거예요. 얘가 보험회사에서 1등을 놓치지 않거든요."

걱정이 담긴 말이었지만 엄마의 표정에는 딸에 대한 자부심이 여실히 드러났다. 의사 선생님도 대단하다고 웃으며 칭찬한 기억이 난다.


나는 보험회사에서도 강의를 많이 하는 편이다. 내 성공 사례를 중심으로 강의하다 보면 나를 멘토로 여기는 FP들이 많다. 하루는 강의를 마치고 나오는데 한 FP가 나에게 다가와 말을 걸었다.

"○○○ 선생님이 고객이라면서요?"

엄마와 나의 주치의였다. 자신이 그 병원에 계속 가서 보험을 권했는데, 자기 담당자가 그 회사 1등인 정미경 씨라고 자신 있게 말하더라는 것이다.

"벌써 그쪽 구역까지 점령하신 거예요?"

나는 대충 대답을 얼버무리고 주치의를 찾아갔다. 그분은 나를 치료했을 뿐 아직 나와 계약을 맺은 고객이 아니었다.

"선생님, 제 고객이라고 사칭하고 다니시면 안 됩니다. 도대체 왜 그러셨어요?"

그분이 웃으시며 대답했다.

"아니, 하루에도 여러 FP가 찾아와 나를 귀찮게 해요. 그런데 내가 정미경 씨 고객이라고 하면 나를 더 안 괴롭히더라고……. 하하하. 이렇게 된 김에 진짜 고객이 되어야겠네."

선생님은 정식으로 상담을 요청했다. 그분은 내가 개최한 제1회 골프대회에서 홀인원을 기록해 대회 주최자로서 최고의 영광을 누리게 해준 분이다.

그렇게 전문직 시장, 특히 의사 고객 시장을 확장한 덕분에, 나는 입사 6년 만인 2006년에 한화생명 FP 2만 명 중 1위를 달성할 수 있었다. 최고의 업적이었다.

## 삶은 기회의 연속

사실 우리의 삶은 끊임없는 기회의 연속이다. 누구에게나 부자가 될 기회는 찾아온다. 이러한 기회가 찾아올 때를 기다리고, 알아차리고, 활용할 준비를 철저히 해야 한다.

반면 자신이 뭘 기다려야 하는지도 모르고 딴청을 피운다면? 그 사이 기회는 바람처럼 당신의 뒤통수를 때리고 저 멀리 줄행랑을 칠 것이다. 그러니 늘 꿈을 품고 기회가 지나갈 길목에 서서 기다려라. 꿈은 우리에게 힘과 동기를 주며, 그 힘은 기회가 찾아올 때 우리를 돕는다. 단, 멍하니 기다리지 말고 만반의 준비를 하며 기다려야 한다. 우리는 계속해서 노력하고, 습관직으로 발전하며 성장하는 습관을 갖도록 해야 한다.

자, 드디어 당신이 기다리던 기회가 왔다. 그리고 당신은 그것이 기회라는 것을 분명히 인지했다. 그럼 이제 뭘 해야 할까? 두말하면 입만 아프다. 당연히 그 기회를 잡아야 한다. 온 몸을 던져 잡고, 물고 늘어져야 한다. 그 기회가 나를 벗어나지 못하도록!

내 인생에도 여러 번의 터닝 포인트가 있었다. 생각해 보면 나는 그 순간을 비교적 잘 인지했고, 정정당당히 맞서 완전히 내 것으로 삼았던 것 같다. 감사하게도 거의 매번 내 노력은 나를 배신하지 않았고, 노력한 것 이상으로 내게 보상이 주어졌다. 설사 내 노력이 나를 배신하려고 했더라도 나는 끝까지 물고 늘어졌을 것이다.

우리는 부자가 될 기회가 찾아온다는 믿음과 꿈을 품고, 기다리며, 기회를 찾아내고, 잡는 노력을 게을리하지 않아야 한다. 이러한 마음가짐과 행동이 우리를 부와 성공으로 이끄는 열쇠가 되기 때문이다. 기회는 언제나 우리 주변에 있다.

# CHAPTER 14

# 종이가 돈이라고?

정미경

2008년 9월 15일 미국의 투자은행 리먼 브라더스Lehman Brothers 의 파산은 글로벌 금융위기로 번졌다. 나도 그 영향에서 비껴갈 수 없었다. 그 당시 나는 새벽까지 일해서 번 돈을 공중으로 다 날려 버릴 위기에 치했다.

주식투자자들의 공통점이 본인 주식은 떨어져도 다시 살아날 것이라고 착각하는 것이다. 내가 그랬고, 그 시절에 만나는 거의 모든 사람이 나와 같은 처지였다. 바닥을 친 주가에 술을 마시지 않고는 잠을 잘 수 없는 상황까지 몰렸다. 그러고 보니 열심히만 사는 것이 답이 아닐 수도 있겠다는 생각마저 들었다. 나도 그 순간에는 모든 것을 포기하고 싶었다. 나 혼자만 포기할 수 있다면 그렇게 했을지도 모른다. 그런데 나만 포기한다고 끝날 문제가 아니었다.

적은 돈이지만 내 말을 듣고 주식투자를 한 고객들이 있었다. 게다가 변액보험은 거의 모든 고객이 투자한 상태였다. 수많은 고객이 불안감을 못 이겨 전화를 걸어오는 통에 내 휴대폰은 불이 날 지경이었다. 설상가상으로 어떤 고객은 가입한 변액보험 건으로 민원까지 제기했다. 그분은 사실 금융위기로 병원 경영이 어려워진 것이 가장 큰 문제였다. 그것을 자신이 가입한 보험 민원으로 해결하려고 한 것 같다. 게다가 내 민원 사례는 다른 회사 FP들의 입에까지 오르내렸다. 나를 둘러싼 모든 것들이 나를 괴롭히려고 작정한 것 같았다.

적은 늘 가까이에 있는 법이다. 내가 울산에서 워낙 잘나가다 보니 특히 다른 회사 FP들의 시기와 질투가 심했다. 나는 그것에 신경 쓸 겨를이 없어 앞만 보고 일했다. 하지만 시장을 장악했던 내가 그들에게는 누구보다 얄미운 존재이기도 했을 것이다.

## 소문은 날개 달고, 정미경은 추락하고?

'정미경은 이제 끝이다.'라는 소문이 돌기 시작했다. 나는 그동안 내 일에 대해 한 번도 돈을 버는 수단으로만 생각해 본 적이 없었다. 고객들에게도 재무적인 꿈을 갖게 하고, 돈을 모아 투자하게 함으로써 지속적인 자산관리와 동기부여를 해주고자 애썼다. 그 결과 고객들은 일을 더 열심히 할 수 있어 수입이 늘었고, 그것을 기반으로 다른 계획을 추가로 준비할 수 있었다. 그만큼 나는 내 일에 대한 확신이 있었다.

하지만 위기에 처한 사람들에게 그런 내 노력 따위는 안중에도 없었다. 자신의 손해를 남에게 떠넘기려고 들었다. 당시 민원을 제기했던 그 고객도 그랬다. 그분은 단기 주식투자 부분에서는 나로 인해 수익을 창출하기도 했다. 변액보험도 그 시점에서는 채권의 비중이 높아 다른 변액 상품에 비하면 수익이 나쁘지 않았다. 단지 경영상의 문제로 계속 납부할 수 없게 된 것이다. 그러자 금융위기를 핑계로 변액보험에 대한 민원을 제기해 원금을 받아 내려고 했다. 억지였다.

회사에서 민원을 받아들이지 않자, 고객은 금융감독원에 민원을 제기했다. 금융감독원의 상품 심사 승인자와 민원 제기 고객, 그리고 나까지 3인이 한자리에 모이는 사태에 이르렀다. 나는 그 고객과 계약을 체결할 당시 작성된 상품 설명서를 다 가지고 있었다. 또 투자 리스크를 알리는 등 내 의무 사항도 빠짐없이 이행했다. 이후 사후관리 단계에서도 중도 해약으로 인한 손실위험을 인지시킨 것이 인정되었다. 금융감독원에서도 내 손을 들어주었다.

고객이 곧바로 결과를 인정한 것은 아니지만 시일이 더 지나 결국 실효된 보험을 부활해 유지하기로 했다. 물론 민원 처리 과정에서 내가 원하는 결과는 만들었지만, 모든 과정이 나를 지치게 한 것은 사실이다. 게다가 나는 그동안 힘들게 일해 번 돈까지 내가 가장 자신했던 투자로 인해 날릴 상황이었다. 또 내가 믿고 평생을 함께 가기로 한 고객에 대한 배신감까지 더해져 무척 고단한 날들이었다. 특히나 나를 절망감에 빠뜨린 것은 소문이었다. 타사 FP들이 부풀린 수많은 소문은 전문가로서 나의 자존감에 흠집을 내기에 충분했다.

힘든 시기가 3개월간 계속되었지만 그렇다고 내 일을 그만둘 수는 없었다. 고객들이 불안에 떨던 시기에 나까지 사라지면 고객들의 혼란은 더 가중될 것이 뻔했다. 내게 찬물을 끼얹어 열정마저 식어버렸지만, 나는 의무감으로 출근해 매일 전화로 시대에 대한 불만을 들어주고 해명하는 과정을 묵묵히 견뎠다. 나는 그 당시 고객들의 스트레스 해소용 쓰레기통이었다. 사람들은 불안과 절망이라는 감정을 버릴 곳이 필요했다. 그것을 알았기에 나는 조용히 그 시간을 버텼다. 다만, 내 감정을 버릴 곳을 찾지 못해 밤마다 힘들었다.

## 다정한 한 방

의사 고객을 가장 많이 소개해 준 치과 원장님이 같이 소주 한잔하자며 연락을 주었다. 나는 평소 고객과 개인적으로 밥을 먹거나 술을 마시지 않는다. 그러다 보면 상담이 우선순위에서 밀려날 위험이 있다. 일을 하기 위한 자리가 친목 도모의 장으로 탈바꿈하는 것이다. 하지만 그 당시 원장님의 제안은 내게도 간절히 필요한 것이었다. 그렇게 처음으로 아버지 같은 그분과 술을 마셨다.

"요즘 많이 힘들지?"

그분의 말 한마디에 참았던 눈물이 쏟아졌다. 정말 너무 견디기 힘든 시간이었다. 일을 놓지 않으려고 힘든 마음을 나 자신에게까지 숨기며 버티던 상황이었다. 하지만 그분의 한마디로 인해 그 시간을 모두 다 보상받는 느낌이었다.

"왜 아니겠어. 나도 잘 알지. 나도 너로 인해 부동산이나 주식에도 투자했으니까. 하지만 그런 건 중요하지 않아. 투자로 까먹든, 수익이 나든, 그런 건 지나고 보면 내 인생에서 작은 점 하나일 뿐이야.

하지만 네가 짜준 재무설계는 그 자체가 내 인생이야. 그리고 그 재무설계에 있는 목표에 맞게 내가 너에게 버는 족족 다 맡기고 있잖니? 그건 네가 보험회사에 다니고 있어서 맡긴 거지, 네가 증권회사 직원이었다면 절대 맡기지 않았을 거야. 투자는 하루아침에 돈을 다 잃을 수도 있는데, 내가 버는 돈 대부분을 맡기지는 않았겠지.

하지만 네가 보험회사에 다니니까 내 돈을 지켜 줄 거라고, 더 모아 줄 거라고 생각했기 때문에 내 인생을 너한테 맡긴 거야. 지금 이 시국에야 투자자 누구라도 다 손실을 보겠지. 하지만 내가 넣은 보험만큼은 네가 장기적으로 관리를 잘해서, 지금 좀 떨어졌더라도 앞으로 더 오를 수 있게 계속 관리하면 되는 거야. 그게 너한테는 중요한 과제인 거고. 그러니 당장 지금 상황만 보고 너무 힘들어

하지 마.”

그분 말씀을 듣고 나는 뒤통수를 세게 한 대 얻어맞은 것 같았다. 그렇지. 내가 내 본분을 잊고 있었구나. 이런 어려운 시기에 내가 이렇게 넋을 놓고 있다니. 이럴 것이 아니라 직접 불안해하는 고객들에게 찾아가 이런 시대가 오히려 더 큰 기회가 될 수 있음을 알리고 설득해야겠다고 생각했다. 이렇게 어려울수록 내가 하는 재무설계가 더욱 중요하다는 사실을 인지시켜야 한다는 것을 깨달았다. 재무설계만 탄탄하다면 이런 어려움 따위는 지나고 보면 작은 점 하나에 불과할 테니까.

사실 나는 그때까지 하는 일마다 성과가 좋았다. 그 덕에 그런 위기를 맞은 것은 나도 처음이었다. 그 첫 번째 위기가 너무 크게 닥치는 바람에, 이 위기 또한 기회가 될 수 있다고 생각하지 못한 것이다. 그것을 깨닫게 해준 원장님께 나는 지금도 감사한 마음이다. 물론 원장님도 자신이 번 돈을 다 내게 맡기다시피 했는데, 내가 정신을 못 차리고 있으니 불안한 마음도 있었을 것이다. 그런데도 남들처럼 나를 감정 쓰레기통으로 대하지 않고 격려해 주셨다. 결과적으로 당시 그분이 내게 건넨 따끔한 채찍질은 나의 첫 번째 위기에 새로운 문을 열 수 있는 정말 중요한 열쇠가 되었다.

# 본업에 충실하기

정신을 차리고 다시 본래의 씩씩한 정미경으로 돌아가기로 했다. 내가 투자한 주식은 산에 묻었다고 생각하기로 했다. 그리고 전화가 아니라 고객들을 일일이 찾아가기 시작했다. 지금의 위기를 기회로 만들자고, 처음 내가 제시했던 고객들의 재무설계를 꺼내 다시 보여 주었다. 고객들에게 지금 당장 눈앞의 손실이 아닌 장기적인 관점에서 보자고 설득했다. 이전까지 나는 보험회사에는 다니면서도 보험만큼이나 투자도 제시하는 사람이라는 이미지가 강했다. 하지만 이번 위기를 겪으며 나는 비로소 내 본래 역할의 중요성을 되새기게 되었다.

이전보다 더 열심히 고객들을 찾아다니며, 다시 재무적 목표를 수립하고 진행하는 과정을 반복했다. 그러던 중 나는 대구의 피부과 학술대회 때 기회를 준 원장님의 권유로 다시 강의를 하게 되었다. 원장님의 지인들로 구성된 작은 부부 모임이었다. 모임의 구성원들은 그 당시 은행이나 증권사의 유명한 PB 센터를 방문해 그들만의 세미나를 통해 이미 투자를 하고 있었다. 글로벌 금융위기는 그들에게도 큰 위기였다. 많은 돈을 투자하고 있었기 때문에 전문직인 그들의 본업에 대한 집중도마저 떨어뜨리기에 충분했다. 나는 그들에게 나의 투자 위기에 관한 이야기로 강의를 시작했다.

"우리가 투자한 것들은 산에 묻었다 칩시다. 다시 내가 잘하는 일,

본업에서 수입을 늘려 잃었던 돈까지 다 채울 수 있게 만들어 봅시다. 생각해 보세요. 우리가 버는 돈의 60%만 아무것도 안 하고 잘 모아도 우리는 평생 잘 먹고 잘 살 수 있습니다. 그런데 우리는 그 모은 돈을 투자랍시고 이리저리 날려 먹고 그 돈을 다시 벌어야 하는 상황을 되풀이하곤 합니다. 이제부터라도 수익은 본업에서 창출하고, 그것의 60% 이상을 꾸준히 모을 수 있도록 재무상의 목표를 세워 봅시다."

그 말은 곧 그날 강의의 주제가 되었다. 그 자리에 참석한 사람들도 내 말에 다들 공감했다. 결국 그분들도 대부분 나의 고객이 되었고, 나는 내 일을 이전보다 더 열심히 수행하며 집중력을 높일 수 있었다. 시대의 위기를 탓하며 시름에 빠진 정미경은 온데간데없었다.

다행히 시간이 한참 지나고 주가는 회복되었다. 나는 그제야 내 마음속 산에 묻어 둔 주식을 꺼내어 수익을 실현했다. 그 후로 주식투자는 이익이 발생하면 곧바로 매도해 이익을 실현하는 방법을 고수하고 있다. 투자 방식을 바꾼 후 주식으로 손해를 본 적은 없다. 사실 세계 경제 위기로 맞은 타격도 '기다림'을 고수한 끝에 손실을 모두 복구했다.

위기를 지나고 보니 그 힘든 시기에도 현금이 남아 있는 곳은 보험회사뿐이었다는 사실에 새삼스레 놀랐다. 그 당시 나는 아파트 매입을 위해 중도 인출과 약관대출 중 후자를 선택했다. 이자 부담은 더 높았지만, 대출금을 갚아야 한다는 의무감이 생겨서 더 열심히 살 명분이 되었다. 나는 이전보다 더 부지런히 활동했고, 그 결과 1년 만에 약관 대출금을 다 갚을 수 있었다.

그 일을 계기로 나는 보험회사로 돈을 다 모아 관리했다. 보험 계약서가 단순한 종이처럼 보일지 모르지만, 그것이야말로 진정한 돈이 된다는 것을 뼈저리게 경험했기 때문이다. 오히려 그 종이의 장기적 목표에 의지해 긴 시간도 참고 기다릴 수 있었다.

## CEO 플랜을 디자인하다

내 고객들이 처음부터 다 부자였던 것은 아니다. 나와 함께하는 동안 나는 그들이 부자가 될 수 있도록 본업에 대한 열정과 동기부여를 제공했다. 그것이 바로 내 역할이다. 나에게 또 하나의 수식어가 있다면 그것은 바로 'FMD'이다. F.M.DFinancial Motivation Designer, 재무적 동기부여를 제공하는 디자이너라는 뜻이다.

울산은 중소기업이 많은 도시다. 내가 대구에서 의사 고객 시장을 확장하는 동안 울산의 중소기업들을 상대로 하는 법인 컨설팅은 다른 누군가가 이미 시작한 상태였다. 그런데 어느 날 나는 신입사원의 요청으로 중소기업인들의 모임에서 강의를 하게 되었다. 그때는 내가 대구에서 의사 고객들을 대상으로 강의를 많이 하던 시기라 CEO들 앞에서도 자신 있게 강의할 수 있었다. 강의 후 그 모임의 주최자인 총무님으로부터 별도의 상담 의뢰를 받았다.

그때는 'CEO 플랜'이라고 해서 기업 대표의 공로금을 퇴직금으로 설계하는 사례가 많았다. 기업 대표의 급여 설계 및 퇴직금 제도를 통한 필요 자금을 보험으로 설계하는 것부터 시작했다. 처음 의뢰한 대표님은 고려대학교 경영학을 전공한 엘리트였다. 울산의 CEO들은 엔지니어 출신이 많았기 때문에 공장을 만들고 넓히는 데만 관심이 있을 뿐, 수익이 나더라도 그 돈을 자신이 가져간다고 생각하지 않았다. 오히려 개인 재산까지 전부 투자할 만큼 사업에만 전념하는 분들이 많았다.

처음 상담한 대표님은 사업이 막 성장하는 단계의 시작점에 있었다. 원래 신입사원이 담당하던 고객이었는데, 담당자가 건강 문제로 일을 그만두게 되었다. 그것을 계기로 내가 직접 관리하게 되면서 법인 CEO 플랜을 본격적으로 접하게 되었다.

그동안 전문직 위주로 재무설계를 해왔던 터라, 법인 재무설계는 나에게도 어려웠다. 그래서 또 공부를 시작했다. 상업고등학교를 졸업한 나는 재무상태표나 손익계산서를 보는 일은 어렵지 않았다. 하지만 세무적인 부분을 제외하면 설계할 수 있는 부분이 적었다. 그래서 개인과 법인의 세무적인 부분에 필요한 공부를 제대로 하기로 했다.

나는 경험적 가치를 중요하게 여기는 사람이다. 특히 세무적인 부분은 더욱 그렇다. 세법 개정은 법인 재무설계에서 가장 핵심이 되는 포인트이다. 2012년 12월 임원 퇴직금 지급 규정에 대한 개정은 CEO들에게 가장 큰 이슈였다. 당시 많은 CEO가 기업 투자에만 신경 쓰고 자신의 급여는 최소화하는 것이 일반적이었다. CEO도 자신의 퇴직금에 대해서 중요하게 인식하지 않았다. 오로지 회사를 성장시키는 데만 몰두하던 시기였다. 나는 CEO 고객들에게 퇴직금에 대한 가치를 일깨워 주는 일부터 시작했다.

그 당시 내가 알게 된 한 회사는 상장을 준비하고 있었다. 내가 방문했을 때 대표님은 상장만 된다면 모든 것이 끝난다는 생각으로 수익금을 몽땅 회사에 투자하고 개인 자산에 대해서는 전혀 관심이 없었다. 대표님은 내게 이제 상장이 눈앞에 있다고 재무상태표를 보여 주면서 CEO 플랜 같은 것은 자신에게 필요 없다고 단호하게 말했다.

하지만 그 회사의 재무상태표를 살펴본 결과 부채율이 너무 높아 상장이 어려울 것 같았다. 나는 대표님 노력의 대가로 퇴직금이라도 받을 수 있게 준비하시라고 말했다. 하지만 대표님은 내 말에 전혀 관심을 보이지 않았고 내 고객이 되지도 않았다. 안타깝게도 그 회사는 머지않아 부도가 났고, 그 대표님은 노력의 대가로 아무것도 받지 못하고 빚만 떠안았다. 그 일은 내가 울산의 CEO들을 움직이게 만드는 충분한 동기가 되었다.

나는 서둘러 CEO들의 급여를 인상하도록 했다. 정관을 바꾸어 퇴직금 배수를 최대로 만드는 과정이 중요했다. 빠른 정보력과 업무 능력이 필요한 일이었다. 시간이 흐르고 제도가 바뀌면서 누구나 다 느끼게 된 부분이었다. 세금 개정에 따른 미래의 재무설계 방향은 CEO들의 최대 관심사가 되었다. 나는 당시 울산의 CEO 고객 시장을 확장하기 위해 애썼다. 한 고객으로부터 시작된 CEO 고객 시장도 소개를 통해 넓혀 나가기로 결심했다.

## 페이퍼 금융

어느 날, 나에게 설계를 받는 대표님이 한 모임의 회장님을 소개하면서 나에게 이런 말을 했다.

"회장님은 본인의 1년 목표를 세우면 그걸 반드시 이루는 사람입니다. 예를 들어 소주를 1년에 몇 병을 먹겠다고 하면 그걸 다시 한 달 단위로, 또 하루 단위로 계산해 매일 할당량만 마실 정도로 철저한 분입니다. 그분을 고객으로 만들 수 있다면 나도 당신을 인정하겠습니다."

나는 그렇게 철저하다는 회장님이 너무 궁금했다. 전화를 걸어 약속을 잡고 회사로 찾아갔다. 회사는 경주에 있었다. 현대중공업 간판 옆에 자리 잡은 조립식 건물 2층에 회장님의 사무실이 있었다. 처음 본

회장님은 지긋한 연세에 키는 작았지만, 풍기는 분위기가 남달랐다.

회장님은 대뜸 이렇게 말하며 방어벽을 치셨다.

"나는 이미 ○○생명에서 CEO 플랜을 하고 있어요."

회장님은 내게 미리 준비한 ○○생명 파일을 보여 주시기까지 했다. 파일 안에 들어 있는 건 보험증서였다. 정말 그것 외에는 아무것도 없었다. 회장님은 단순 보험 가입을 CEO 플랜이라고 주장하셨다. 나는 회장님께 CEO 플랜이 무엇인지, 단순 보험 가입과 무엇이 다른지, 회사에서 무엇을 준비하고 만들어야 하는지에 대해 상세히 설명해 드렸다. 그리고 CEO 플랜을 설계하는 데 필요한 회장님의 정보를 받는 데 성공했다.

개인에게 재무설계가 필요하듯 회사도 재무적 목표와 설계가 필요하다. 단순히 CEO의 퇴직금을 마련하는 것만이 능사는 아니다. 회사의 성장에 대한 목표와 이를 위한 앞으로의 재무적인 설계에 대한 필요성, CEO의 리스크에 대한 부분까지 다 고려해야 한다. 그래서 나는 당시 설계한 CEO 플랜을 '페이퍼 금융'이라 명명했다.

비상장 법인에 대한 평가는 종이로 된 재무상태표와 손익계산서로 행해진다. 회사에 돈이 있든 없든 자산의 평가는 재무상태표를 통해 이루어지는 것이다. 하지만 많은 개인이 그러하듯이 법인도 막상 자세히 들여다보면 현금 보유량이 많지 않다. 돈은 많이 벌었는데, 돈이 없는 이유는 뭘까? 답은 간단하다. 돈을 모아 두지 않았기 때문이다.

법인의 이익금은 매년 당기순이익으로 차곡차곡 쌓여 미처분 이익 잉여금으로 남는다. 하지만 그 잉여금만큼 돈이 있는 법인은 별로 없다. 그것이 자산이 되었든 다른 투자가 되었든 그 계정만큼 돈이 있는 법인은 흔치 않다.

여기서 가장 중요하게 고려할 사항이 있다. 바로 CEO의 사망이다. 이때는 비상장 법인의 주식 평가에 따라 가업상속이 이루어지거나, 아니면 상속세를 내야 한다. 하지만 대부분의 CEO는 이에 대한 준비를 전혀 하지 않는다. 오로지 사업 성장을 위한 투자에만 관심을 둔다. 그러다 갑작스럽게 CEO가 사망해 회사가 다른 사람들에게 넘어가는 경우도 많았다.

그래서 나는 CEO들에게 법인이 종이로 된 자산이듯 종신보험도 페이퍼 금융이라 소개했다. 종신보험은 사망 시 평가하는 것이다. CEO가 사망 시 돈이 없어도 법인의 자산에 대해서는 상속세로 그 세금을 내야 한다. 하지만 보험은 돈이 나오니 상속세를 낼 수 있는 재원이 된다. 그런 이유로 나는 종신보험을 페이퍼 금융이라는 이름으로 칭하게 된 것이다. 나는 법인을 대상으로 설계할 때는 금융상품으로서 페이퍼 금융, 즉 종신보험으로 설계를 돕는다.

# 파도를 타고 전진하라

　사실 소득이 많은 사람은 단기적인 필요 자금을 별도로 마련하지 않아도 된다. 오히려 중·장기적인 자금을 많이 모을 수 있어서 종잣돈을 만들기도 쉽다. 반면 수입이 일정하지 않은 사람은 중·장기적인 계획을 세울 수 없다. 그래서 오히려 단기적인 자금관리를 위해 종잣돈을 모으기도 전에 또 다른 투자를 했다 손실을 보기 쉽다. 간혹 다른 사업에 투자해 수익을 내더라도 수익이 난 자금을 빼내 다른 투자 손실을 메꾸기 바쁜 사람도 있다.

　나는 지금도 여전히 주식투자를 한다. 하지만 마이너스 수익 구간에서는 굳이 주식을 팔지 않는다. 재무설계 계획에서 이는 하나의 과정일 뿐이기 때문이다. 기다리다 수익이 나면 그때 실현하면 된다. 무엇보다 재무설계에서 가장 중요한 것은 자신의 본업에 대한 수익률을 높이는 것이다.

　2011년에 나는 EBS 〈직업의 세계-일인자〉라는 방송 프로그램에 출연하게 되었다. 미디어의 힘은 대단했다. 새로운 고객을 창출하는 데 훌륭한 도구가 되었다. 그리고 2013년에는 금융감독인 대상을 수여했다. 그렇게 나는 금융위기 이후 또 한 번의 전성기를 맞았다. 하지만 새로운 시장에 대한 나의 열정은 조금도 식지 않았다. 항상 나의 성장은 잘나갈 때 다른 도전을 하면서 이루어졌다.

살다 보면 언제든 위기는 찾아올 수 있다. 누구도 피해 갈 수 없는 시대적 위기일 수도 있고, 개별적인 위기일 수도 있다. 인간이라면 위기 앞에서 도망치고 싶은 게 당연하다. 하지만 나는 첫 위기에서 눈앞의 위기를 피하지 않고 정면으로 승부를 겨뤄야 한다는 것을 깨달았다.

특히 시대적인 위기는 모든 사람을 불안에 떨게 만든다. 하지만 나는 고객의 자산관리사이고 내가 불안해하면 고객들은 더 불안해할 것이다. 내가 할 일은 불안에 떠는 고객들에게 다가가 이 위기의 시간 또한 다른 기회가 될 수 있음을 상기시키고, 위기를 기회로 만들기 위해서라도 재무설계가 필요하다는 사실을 알리는 것이다.

도전과 노력 없이는 부자가 되고 성공하는 목표를 이루기 어렵다. 위기를 맞으면, 주저앉지 말고 그것을 기회의 시작이라고 생각하라. 마치 밤이 되어 어둠이 짙어지면 별은 더 밝게 빛나는 것처럼, 우리의 인생에서도 어려움은 새로운 기회를 비춰 줄 수 있다.

부자들 역시 성공하기 위해 상당한 위험을 감수했고, 그 위험을 기회로 활용했다. 모든 이는 삶의 파도를 타고 전진한다. 고난과 어려움을 극복하는 것, 그것이 바로 여러분이 부자로 성공하기 위해 해야 할 일이다.

# CHAPTER 15

# 거부가 되려면 거부하라

오두환

 

 

누구나 거부巨富를 꿈꾼다. 하지만 현실에서 큰 부자는 극소수에 불과하다.

큰 부자? 거부는 가진 돈의 총액만으로 결정되는 것일까? 나는 절대 그렇게 생각하지 않는다. 가진 돈이 좀 적을지언정 '이 사람은 참 부자다.'라는 생각이 들게 하는 '큰 사람'들이 있다. 반면 돈은 많지만, 사회적으로 인정받기는커녕 되려 질타받는 경우도 비일비재하다. 자수성가로 거부가 될 수도 있겠지만, 도박성 투기나 비윤리적인 행위를 통해 부를 쌓은 사람을 거부라고 부르기는 어려울 것이다.

과연 거부의 기준은 뭘까? 나는 새로운 기준을 만드는 사람이라고 정의하고 싶다. 순조롭고 평범한 틀을 거부할 줄 아는 사람이 진정한 거부라고 믿는다. 거센 강 물살을 거스르는 연어처럼, 95%의 사람들이 당연하다고 믿고 행하는 것을 거부하며 자기만의 삶을 개척해 나가는 사람들을 보면 존경심이 생긴다. 아쉽게도 민주주의 경제 알고리즘에서는 다수결의 원칙이 통하지 않는다. 오늘날 우리 사회에서 거부가되려면, 남들이 당연하다고 믿는 것을 반대로 행하는 것이 더 현명한선택일 수 있다. 거부가 되기 위해 우리는 어떻게 거부해야 할까?

## 어떻게든 거부하GO

나의 삶은 전혀 평탄하지 않았다. 물론 나보다 더 어려운 상황을 겪은 분들도 많다는 것을 안다. 알기 때문에 지금 이 글을 쓰는 것이다.

아내를 만나 같이 살기 시작할 무렵 우리는 정말 가난한 커플이었다. 화려한 신혼 생활은커녕 기본적인 의식주조차 제대로 갖추지 못했다. 남들이 값비싼 외식 메뉴를 고를 때 우리는 배고픔을 달랠 밥 한끼가 아쉬웠다. 그나마 가장 저렴한 메뉴 하나로 두 사람이 시장기만달래야 하는 날도 많았다. 빠듯함은 일상이었다. 나도 부자가 되어 아내에게 더 많은 것들을 해주고 싶었다. 매 순간 나는 간절했다. 그래서어쩌면 항상 기회가 주어진 것인지도 모른다. 무언가 간절히 도전해볼 기회가.

지금 내 삶의 태도를 결정짓는 데는 아버지의 영향도 컸다. 아버지는 다양한 사업을 시작하고 실패하길 반복했지만, 매번 다시 도전하셨다. 설사 당신이 경험하지 못한 분야의 일이라도 망설이지 않으셨다. 해보지도 않은 일을 어떻게 하실 거냐고 묻는 나에게 아버지는 '어떻게든' 하면 될 것이라고 하셨다. 그때부터 내 인생의 신조는 '어떻게든'이 되었다. 불가능해 보이는 것들도 어떻게든 하면 될 것이라고 믿었고, 그 믿음을 이루기 위해 어떻게든 노력했고, 결국 어떻게든 되었다. 아버지가 내게 '어차피 안 될 텐데.' 마인드를 심어 주셨다면 어땠을까, 생각만으로도 끔찍하다.

'어떻게든' 신념에 한 가지를 덧붙이자면, 새롭게 도전하는 순간마다 '거부'하는 것이다. 물론 어떻게든 해내려다 보니 거부할 수밖에 없는 경우가 많았다. 거부의 순간에는 용기가 필요하지만, 거부를 거듭하다 보면 거부巨富가 될 수 있다. 이번 장에서는 그 거부의 힘에 대해서 내 경험을 공유하려고 한다.

지나온 길을 뒤돌아보면 나는 남들이 가지 않은 숲에 직접 길을 내면서 가야 하는 경우가 많았다. 그 덕에 고생도 했고 새롭게 얻은 것도 많았다. 결과적으로는 그 모든 순간이 나에게는 기회였다. 잘 닦인 평탄한 길만 따라가면 남들이 본 것밖에 못 본다. 아주 잘해 봐야 남들만큼이라는 뜻이다. 남들을 뛰어넘고 싶다면 결국 남들이 가지 않은 길을 가야 한다. 그러면 지금껏 한 번도 볼 수 없던 풍경이 당신을 맞이할 것이다.

# 뒤집으면 거부되GO

흔히들 준비된 자만이 기회를 잡을 수 있다고 말한다. 하지만 기회를 잡는 데서 끝나면 안 된다. 잡은 기회를 내 것으로 만들어 활용해야 한다. 만약 준비하고 기다려도 기회가 없다면 어떻게 할 것인가? 기회가 오지 않으면 내가 그 기회를 만들면 된다. 지금까지의 모든 방식을 거부하고 새롭게 창조하면 된다. 이 말이 거창하게 들릴지도 모르지만, 매사에 작은 일부터 거부하기는 얼마든지 가능하다.

다이어트를 예로 들어보자. 나도 한때 체중이 125kg인 거구였지만 40kg 이상을 빼고 5년째 유지하고 있다. 남들이 하던 다이어트 방식이라면 나도 거의 다 해봤다. 굶어도 보고, 약도 먹고, 운동도 해봤다. 그런데 잘 안됐다. 그래서 나는 기존 다이어트 방식들을 모두 거부하기로 했다. 하루 2시간 운동, 하루 한 끼 먹기, 한 달 20kg 감량하기 같은 것들 말이다.

나는 그런 요란한 계획들을 모두 거부하고 아주 소심하게 시작하기로 했다. 일단 음식을 먹되, 먹는 종류들만 조금씩 바꿨다. 카페모카 대신 아메리카노나 차 마시기 등 당류를 최대한 줄이는 방식이었다. 굶기는 며칠 못 가 의지가 무너졌지만 음식 종류만 조금씩 바꾸는 것은 어렵지 않았다.

그다음은 운동이었다. 내 첫 번째 운동 목표는 하루 10분 걷기였다. 시간을 따로 빼서 2~3시간씩 운동하는 것은 지키기 어렵지만 10분 정도는 누구라도 걸을 수 있을 것이다. 10분이 힘들다고? 그럼 5분부터 하면 된다. 내가 부담 없이 '그 정도쯤이야.' 하는 마음으로 시작할 수 있는 만큼만.

나는 내가 세운 목표를 하루도 빠짐없이 지켰다. 시간이 지나자 10분이 너무 짧게 느껴지는 시기가 왔다. 자연스럽게 운동 시간을 20분으로 늘렸다. 10분 걷는 것이 습관이 되어 그런지 20분이 별로 힘들지 않았다. 그렇게 차츰 부담이 안 되는 선에서 늘려 나갔다. 음식 섭취와 운동이 습관이 되도록 패턴화했다. 습관만큼 무서운 것은 없다.

지금은 아침에 일어나 씻고 양치하듯 자연스럽게 운동하는 패턴이 습관으로 굳어졌다. 이제는 내가 당분 범벅인 음식을 먹으려고 하거나 운동을 건너뛰려고 해도 몸이 알아서 거부한다. 의지로 먼저 거부하기 시작했지만, 습관이 되니 몸이 알아서 거부하게 되었다. 그렇게 40kg 이상을 뺄 수 있었다. 체중감량의 보상은 다양하게 나타났다. 외모에 자신감이 생긴 것은 물론이고, 살이 빠지니 이전보다 더 열심히 일해도 덜 피곤했다. 건강 관련 수치들이 정상권으로 돌아왔다. 매사에 적극적으로 임하는 마음도 강해졌다. 그러니 업무 실적도 향상되고 소득도 늘 수밖에 없었다. 아주 작은 거부가 연쇄적으로 일어나면 누구라도 거부巨富가 될 수 있다.

어떠한가, 거부하기 너무 쉽지 않은가? 결국, 거부란 생각 뒤집기이다.

오래전 이야기를 하나 더 해보려 한다. 나와 아내가 고시원을 전전하다 월세방을 마련했다. 우리만의 공간을 얻었다는 기쁨도 잠시, 반지하 단칸방의 불편함이 곧바로 현실로 다가왔다. 일단 해가 들지 않아 하루 종일 어두웠다. 아침이면 자연광으로 환하게 밝은 집이 부러웠다. 해가 들지 않으니 장마철에 습한 것은 말할 것도 없고, 폭우라도 내리는 날에는 하수구 물이 역류하지 않을까 전전긍긍했다. 나와 아내도 세 들어 사는 다른 사람들처럼 이런 생각을 했다.

'저 많은 번듯한 집 중에 왜 내 집은 없는 걸까.'

하지만 같은 생각만 계속하면 상황은 달라지지 않는다. 나는 생각을 뒤집기로 했다.

'저 많은 집 중에 내 집은 없다. 나도 내 집을 갖고 싶다. 그럼, 저 많은 집 중 하나를 내 집으로 만들자.'

명쾌하지 않은가. 물론 일단 생각을 바꾸는 것까지는 말이다.

## 내 집 마련 프로젝트

나는 반지하 월세방에 살면서부터 곧바로 '내 명의의 집'을 갖기 위한 목표를 설정했다. 그때처럼 계속 살기 싫었기 때문에 그동안 살아온 패턴을 거부해야 했다. 내 집 마련을 위해 얼마가 필요하고, 매월 얼마를 벌어야 하고, 얼마를 써야 하는지 구체적인 계획을 세우기 시작했다. 연간 계획이 나오면 월간 계획으로 나눌 수 있고, 그것을 다시 일간 계획으로 쪼갤 수 있다. 기간 설정을 길게 잡으면 하루 이틀쯤은 안 지켜도 나중에 보충할 수 있을 것으로 생각해 게을러지기 쉽다. 하지만 일간 계획으로 잡고 매일 지키다 보면 결국 한 달이 채워지고, 1년 목표도 달성할 수 있다.

5년 안에 내 집을 갖겠다는 목표를 확정하고 주변에 알렸다. 다른 사람들뿐만 아니라 나에게도 귀가 있다. 내가 하는 말은 나에게도 들린다. 그러니 다른 사람들에게 하는 선포는 나를 향한 선포이고, 내가 한 말을 꼭 지키겠다는 자기 다짐이기도 하다. 선포하는 것과 하지 않는 것은 엄청난 차이가 있다.

물론 주변의 반응은 시큰둥했다. 당시 내 월급은 180만 원에 불과했으니 당연했다. 나도 알고 있었다. 하지만 알고 있는 자료를 토대로 목표를 설정한 것이니 그대로만 수행하면 못 할 것도 없어 보였다. 그래서 나는 내 계획을 매일 실천했다. 막연히 '내 집을 갖자.'라는 하나의 목표에서 그치는 것이 아니었다. 연도별, 월별, 일별로 계획을 세분화하고 매일 목표를 달성해 나갔기 때문에 가능한 일이었다. 오히려 여유가 조금이라도 있는 날이면 다음 날 목표까지 앞당기자는 마음으로 임했다. 마침내 나는 목표를 설정한 지 3년도 안 되어 '내 집 마련'

목표를 달성했다.

내 명의의 첫 집은 한적한 유원지에 자리한 빌라였다. 원룸과는 비교도 안 되게 넓었고, 인테리어도 깔끔했다. 집 뒤에 산이 있어 풍경이나 공기가 좋았고, 앞으로는 계곡이 흘러 시원했다. 지나가는 사람들의 눈치를 볼 필요 없이 창문을 활짝 열고 신선한 공기로 마음껏 환기할 수 있었다. 집을 환기하면 마음마저 환기된다는 것을 그때 처음 알았다.

그 집의 많은 것들이 마음에 들었다. 새집에서의 만족한 생활에 젖어 하마터면 그대로 안주할 뻔했다. 물론 그대로 살아도 우리 가족은 행복할 수 있을 것 같았다. 하지만 그러면 다른 사람들을 돕고 싶다는 대의는 영영 멀어지는 것이다. 나는 당장 안락한 생활에 만족하기를 거부하기로 했다. 첫 집은 내 대의를 이루기 위한 과정에서 하나의 환승역일 뿐 종착역이 될 수 없었다.

## 설득을 위한 마케팅

가족을 다시 설득해야 했다. 역시 어려운 일이었다. 가족은 이미 너무 만족한 나머지 그 집에서 평생 살고 싶다고 했다. 나는 가족들이 집을 팔고 싶다고 생각할 때까지 설득을 멈추지 않았다. 설득한다는 것은 대화한다는 것이고, 대화를 이어가다 보면 내가 처음 생각했던 것보다 더 좋은 아이디어를 얻게 되는 경우도 많다. 물론 대화 결과 내가 설득당하는 경우도 있다. 나는 어쩌면 그러길 바라는 것인지도 모른다. 가정이나 회사에서 누구라도 나보다 더 좋은 생각으로 나를 설득하길 바란다. 그것은 실패와는 전혀 다른 것이다.

일단 내 목표는 집을 파는 것이었으므로 평소와 달리 나는 그 집의 단점들을 총망라해 정리했다. 이사 가면 더 좋은 점들이 아니라 이 집의 단점을 강조해 이 집에서 떠나고 싶게 만들자는 전략이었다.

주변에 산이 있으니 벌레가 많고, 유원지라 낯선 사람이 많아 시끄럽다. 학군이 형성되어 있지 않아 통학이 어렵고, 가족 모두가 함께 즐길 오락 시설이 부족하다. 차가 막혀 출퇴근이 힘들고, 복층이니 냉난방비도 많이 든다. 앞에 계곡이 있어 겨울에 춥고, 아파트보다 집값 하락세가 심할 것이다……

나는 팔아야 할 이유를 끝도 없이 댈 수 있었다. 결론은 빨리 팔자는 것이었다. 원래 이유가 많아서가 아니라 많이 찾아야 했기 때문에 단점이 많아진 것이었다. 가족들이 드디어 공감을 표현했고, 결국 집을 팔자고 했다. 아니, 그렇게 단점이 많아 큰일이라며 걱정하기 시작했다.

"단점이 이렇게 많은데 제값을 다 받기나 하겠어?"

"그건 나한테 맡겨!"

이번에는 가족이 아니라 매수 희망자를 설득해야 할 차례였다.

타깃이 변경되었다. 그렇다면 내가 가족들을 설득하기 위해 써먹은 전략은 거부해야 했다. 목표가 수정되었으니 전략을 뒤집으면 된다. '팔고 싶게'를 '사고 싶게'로!

주변에 산이 많아 공기가 좋다. 사계절 아름다운 풍경이 공짜다. 유원지라 관리가 잘 되어 있어 치안이 좋아 안전하다. 학교 오가는 길에 자연 생태계를 접할 시간이 많아 자녀 교육상 좋다. 복층이라 넓고 펜션에 놀러 온 것 같은 기분을 매일 느낄 수 있다. 풍수지리상 배산임수의 최고 명당이다. 빌라지만 입지가 워낙 좋아 앞으로 매물 가치는 계속 오를 것이다. 지금이 제일 저렴할 때이니 사려면 지금 사야 한다. 사야 할 이유도 찾으면 끝이 없었다.

생각을 바꾸면 얼마든지 특별해 보이게 마케팅할 수 있었다. 다음은 내가 설계한 마케팅에 따라 광고할 타이밍이었다. 나는 매수 희망자가 오는 시간에 맞춰 집을 환기하고 구석구석 청소했다. 풍경이 가장 예쁘게 보이는 쪽으로 커튼을 열어 두었다. 복층은 각종 소품으로 아기자기하게 꾸몄다. 마당에는 바비큐 파티를 할 것처럼 세팅을 마쳤다. 집 안팎을 잡지에 나오는 집처럼 보이게 연출했다.

드디어 매수 희망자가 집을 보겠다며 방문했다. 좋은 기분을 유도하기 위해 웰컴 음료수를 제공했다. 집 설명을 위장한 광고를 이어가며 풍경이 가장 좋은 위치에서 걸음을 멈춰 창밖을 내다보게 했다. 장점들을 나열하며 손님을 복층으로 이끌었다. 복층 창밖으로 보이는 마당을 본 손님의 눈이 휘둥그레졌다. 그 순간을 놓치지 않고 말했다.

"오늘 저녁에 바비큐 파티가 있어서요."

'이 집을 사기만 하면 당신도 마당에서 바비큐 파티를 할 수 있다.'라는 말보다 직관적이라 훨씬 효과가 좋았다. 내가 그 말을 하지 않아도 이미 손님의 머릿속에 그려졌을 테니까.

그날 오후에 그 손님과 매매 계약을 체결했다. 내가 매수한 가격보다 30% 높은 가격이었다.

## 거부의 씨앗

집을 판 돈으로 나는 지은 지 10년이 넘은 다가구주택을 매수했다. 신축 매물은 가격이 너무 비쌌기 때문에 오래된 집을 구매해 리모델링을 할 생각이었다.

리모델링에 앞서 주변을 철저히 조사했다. 수요층의 니즈 분석이 필요했다. 분석 결과에 맞게 인테리어를 단행했다. 젊은 1인 가구 수요가 많은 점을 고려해 옵션을 많이 추가했다. 예상대로 집을 보러 오는 사람들의 반응이 좋았다. 인테리어를 하고도 신축 건물을 매수하는 것보다 훨씬 돈이 적게 들었다. 게다가 인테리어를 제대로 하고 나자 집의 가치는 껑충 뛰었다. 반지하 보증금도 없어 전전긍긍하던 나는 마침내 10억 원이 넘는 건물의 주인이 되었다. 거부를 실천하고, 믿고,

지킨 덕분이었다.

지금은 다가구 주택을 팔고 60평대 아파트에 거주 중이다. 그뿐만 아니라 130억 원대 자산가가 되었다. 그래서 여기서 멈췄을까? 그럴 리가. 현재는 사옥과 대형 빌딩의 주인이 되기 위해 준비 중이다.

내가 100억 원대 자산을 가진 거부巨富가 될 수 있었던 결정적인 거부는 이전 직장에서 나오게 되었을 때 발생했다. 주변에서는 넘어진 김에 쉬어 가라고 했다. 물론 나는 거부했다. 넘어진 김에 제대로 넘어져 다시는 그 고통을 잊지 않게 일을 쳐볼 생각이었다.

집을 팔아 모든 것을 다 걸었다. '강제 창업'을 시도했다. 경기가 나빠서 하던 사업들도 다 접는 마당에 경영이 어려워진 회사의 직원들을 데리고 나와 똑같은 업종으로 창업을 한다는 것 자체가 말이 안 되는 일이었다. 말이 안 되는 상황인 것을 알았지만 말이 되게 만들어야 했기 때문에 더더욱 모든 것을 다 걸 수밖에 없었다. 배수의 진, 말처럼 나는 더는 물러날 곳이 없었다. 물에 빠져 죽기 싫으면 오직 앞으로 나가는 것밖에는 살길이 없지 않은가. 미치도록 잘 해내고 싶었다. 그래서 미치도록 뛰어다녔다.

그 결과 전에는 생각지도 못하던 매출 성과를 이뤘고 지금은 사업체가 20여 개로 늘었다. 불과 2~3년 만의 일이다. 처음 시작할 때 '말도 안 된다.'라던 사람들은 우리 회사가 이룬 성과 기간을 보고 '정말 말도 안 된다.'라고 똑같이 말한다. 같은 말이지만 전혀 다른 반응이다.

## 생각하자, 무엇을 거부해야 할지

이 책을 읽는 여러분도 지금 당장 작은 것부터 거부를 실천해 보라. 이단아가 되라는 말이 아니다. 무조건 매사에 앞뒤 가리지 말고 거부하라는 것도 아니다. 오히려 반항아로 낙인찍혀 버릴 수 있기 때문이다.

생각해 보자. 사색이 익숙하지 않은 사람들에게는 단 1분이라는 시간도 생각보다 길게 느껴진다. 3분은 더 길다. 5분은 어떨까? 지루해지기 시작할 것이다. 10분이 지나면 애초에 무슨 생각으로 시작했는지도 잊고 이미 다른 생각에 빠져 있을지도 모른다. 30분만 지나면 '내가 왜 이런 생각을 하고 있지?' 하며 머리를 절레절레 흔들 것이다.

그렇더라도 생각하는 훈련을 멈추지 말아야 한다. 한두 가지의 질문과 30분 정도의 고뇌만으로도 누구나 거부가 될 수 있기 때문이다. 매일 일상적으로 행하던 것들에 의문을 품어 보자.

나 역시 이런 생각들을 습관화하다 보니 이제는 익숙해졌지만, 처음에는 나 자신이 너무 피곤하게 사는 것 같기도 해서 종종 타협하려고도 했다. 하지만 그 피곤함마저 익숙해져야만 무언가를 얻을 수 있다는 것을 이제는 안다. 건강하고 멋진 몸도, 명석한 두뇌와 기발한 아이디어까지 모두 마찬가지다.

　모든 업계를 망라해서 지금, 이 순간에도 나보다 나은 누군가는 계속 머리를 싸매고 생각하기를 멈추지 않고 있을 것이다. 그들은 사람들이 익숙하게 여기는 기존 방식을 거부하고 참신한 전략을 제시하기 위해 고심한다. 결국 그들이 발견한 것들이 특허를 받고 새로운 아이템이 되어 시장을 장악한다. 멋지지 않은가? 그 모두가 생각에서 시작된다는 사실이. 이제 당신이 거부해서 거부가 될 차례다.

# CHAPTER 16

# 나를 팔아 봐!

오두환

인생은 딱 두 가지로 결정된다. 재능이든 재화이든 내가 가진 것이 시장에서 팔리느냐 팔리지 않느냐. 이 성패를 가르는 것은 결국, 어떻게 생각하며 살아가느냐에 달렸다.

흔히 '겸손은 미덕'이라고 말한다. 이 말을 부정하고 싶은 생각은 없다. 하지만 과한 겸손은 악덕이다. 언제부터인가 사회는 과한 겸손을 개인에게 강요하고 있다. '동방예의지국'이라는 허울 좋은 프레임에 개인을 가두고 움츠러들게 만든다. 한 번 프레임에 갇힌 개인은 정말 열심히 일하고도 자신의 노력과 성과를 내세워 말하는 것조차 망설이는 분위기가 형성되었다. 이제는 개인이 그 프레임을 과감히 깨부수고 생각을 전환해야 하는 시대이다.

이번 장에는 인생을 통째로 바꾸는 진짜 '생각의 전환'을 돕기 위한 내용을 담았다.

## 포장지를 바꿔야 돈이 된다

아무리 좋은 제품이나 콘텐츠가 있어도 자기 혼자만 알고 있다면 그 제품이나 콘텐츠가 돈으로 연결되지는 않는다. 결국은 잘 포장해서 사람들에게 알려야만 소비를 일으킬 수 있다. 그것이 바로 마케팅과 광고의 힘이다. 모든 사업이나 서비스는 다 사람이 하는 것이다. 그러므로 가장 먼저 마케팅으로 포장하고 광고해야 할 대상도 사람이다. 당신이 기업의 대표가 아니라고 해도 상관없다. 회사에 소속된 직원이라도 누구나 회사 내에서는 자신의 자리에서 자신만의 사업을 하는 것이다. 학생이나 취업 준비생, 주부도 예외는 아니다.

특별할 게 없어 보이는 사람일지라도 특별해 보이게 포장하는 것이 마케팅이다. 아무리 특별한 제품이라도 포장이 엉망이라면 소비자는 그 제품을 절대 선택하지 않을 것이다.

예를 들어, 정말 맛있는 케이크가 있다고 가정해 보자. 케이크를 소비자에게 전달하는 방법에는 여러 가지가 있다. 다음 중 당신은 어떤 케이크를 받고 싶은가?

① 케이크를 손으로 푹 퍼서 그대로 준다.

② 케이크를 플라스틱 접시에 담아 준다. 겉으로 보기에는 언제 만들었는지 모르겠고 위에 뿌려진 것이 먼지인지 설탕 파우더인지 모르겠다.

③ 케이크를 상자에 넣어 전달해 준다.

④ 케이크를 장식한 후, 상자로 잘 포장해 리본을 묶고 엽서를 동봉한다.

⑤ 고급 턱시도를 차려입은 사람이 리무진을 타고 와서 번쩍이는 금빛 상자에 담은 케이크를 꽃다발이나 보내는 사람의 편지와 함께 전달해 준다. 상자 안에는 케이크에 대한 정보와 스토리가 적힌 편지도 들어 있다. 당신이 케이크를 받는 순간 뒤에 서 있던 바이올리니스트가 클래식을 연주한다.

당신의 선택은? 니리면 ⑤번을 받고 싶다. ①번부터 ⑤번까지 케이크의 성분이 되는 재료, 즉 본질은 모두 같다. 하지만 포장을 어떻게 하느냐에 따라 만족도는 확연히 달라질 것이다. 그만큼 소비자가 느끼는 케이크의 가치에 대한 차이도 크다.

사람도 마찬가지다. 본질에 마케팅이 더해져야 비로소 가치가 생성된다. 그리고 반복적인 광고를 통해 가치를 보여 주면 사람들은 그것을 '브랜드'라고 느끼게 된다. 브랜드가 있는 사람과 없는 사람의 차이를 설명하기 위한 예를 하나 더 들어 보겠다.

당신은 지금 식당을 운영하고 있다. 요즘 물가가 많이 올라 손님이 없어 식당이 한산한데 어떤 아저씨가 들어와 식사를 주문한다. 그런데 나온 음식을 얼마 먹지도 않더니 잔소리를 쏟아내기 시작한다.

"음식이 왜 이래요? 이거 너무 짜요. 이래서 장사가 되겠어요?"

"홀이 왜 이렇게 지저분해요. 이렇게 장사할 거면 당장 때려 치워요."

"메뉴는 왜 이렇게 많아요? 정신없으니까 줄여요!"

"(주방을 보면서) 위생 상태가 개판이네."

이럴 때, 당신의 선택은?

① 미친놈이니 무시가 답이다.

② 장사도 안돼 죽겠는데, 죽을래? 당장 꺼져!

③ 정신 바짝 차리게 욕을 해주니 감사하다.


아마 ①번이나 ②번이지 않을까? 그런데 만약 그 아저씨가 〈골목식당〉의 백종원이라면 어떤가? 아마 답이 ③번으로 달라지지 않을까?

그 손님이 만약 당신이라면? 기분 나빠하는 상대에게 당신은 계속 조언해 줄 수 있을까? 쉽지 않을 것이다. 당신이 계속 조언한다고 해도 상대가 받아들일 리 없다. 당신이 식당 경영에 대한 노하우가 있는 사람일지라도 백종원처럼 인지도가 높은 사람이 아니라면 말이다.

우리가 익히 알고 있듯이 백종원은 요리나 경영학을 전공하지 않았다. 그런데도 그는 어떻게 방송에 나와 요리를 하고, 식당 경영을 코치할 수 있을까? 그것은 바로 백종원이라는 인물이 하나의 브랜드로 자리 잡았기 때문이다. 브랜딩에 성공하면 사람들은 브랜드만 보고도 믿고 소비한다. 성능을 의심하지 않는다. 사람이나 제품이나 모두 같다.

## 특별한 퍼스널 브랜딩

사람들은 당신이 작가라서, 교수라서, 10년 이상 그 분야에서 일한 전문가라고 해서 무조건 인정하지 않는다. 나에게 퍼스널 브랜딩 코칭을 문의하는 분들 대다수가 한 계통에서 오래 종사한 전문가이다. 그러나 그분들이 들려주는 이야기는 예상 밖이다.

예를 들어 20년째 강사로 일한 분은 "오래 했다고 다 잘하냐? 스펙도 없으면서?"라는 말을 듣기도 한다. 구독자를 50만 명이나 거느린 유튜버는 "네가 그래 봤자 유튜버잖아? 그까짓 게 뭐가 대단해?"라는 반응을 들을 때마다 자존감이 떨어진다고 한다. 35년 차 치과의사 선생님은 "세상에서 제일 양심 없는 게 치과의사라며? 네가 무슨 의사야, 장사꾼이지?"라는 말을 들을 때면 그동안의 노력이 모두 허무해진다고 하소연한다. 모두 실제 사례들이다.

이미 성공한 전문가라고 해도 퍼스널 브랜딩이 되어 있지 않아 온갖 수모를 겪다가 나를 찾아오곤 한다. 다들 생생한 경험을 통해 퍼스널 브랜딩의 필요성이 간절해졌기 때문이다.

'퍼스널 브랜딩'은 쉽게 말하면 '사람을 특별하고 유명하게 보이도록 만드는 것'이다. 왜 특별하고 유명해야 할까? 특별하고 유명한 사람이 팔아야 잘 팔리기 때문이다. 유명 연예인을 광고 모델로 삼는 것과 같은 맥락이다.

유명 연예인이 아닌데도 연예인보다 더 광고 효과를 높여 주는 사람들이 있다. 백종원, 김미경, 오은영, 강형욱 등이 그렇다. 모두 '특별해 보이는' 인물들이다. 이처럼 당신의 사업, 강의, 상품, 서비스 등의 가치를 잘 팔기 위해서는 당신부터 유명해져야 한다. 절대적으로 본질이 최고가 아니어도 좋다. 최고처럼 보이면 된다. 그러면 당신은 그 분야에서 대체 불가능한 특별한 사람이 되는 것이다.

그렇다면 어떻게 특별해질 수 있을까? 학력을 높이고, 실력을 쌓고, 인맥을 넓히고, 책을 출간해 작가가 되거나 한 우물만 오래 파면 특별해질 수 있을까? 물론, 그것이 가능한 시절도 있었다. 그런 사람들이 얼마 없을 때 이야기이다. 지금은 아니다. 그런 사람들은 이미 너무 많아 더는 특별하지 않다.

특별해지려면 '이 사람뿐이다!'라는 느낌을 만들어야 한다. 독보적인 존재로 보여야 한다. 특별해지는 데 성공하면 고객들이 돈을 싸들고 당신을 찾아올 것이다. 당신의 사업은 저절로 번창할 것이다. 제품이 특별해지면 그 제품만 잘 팔리겠지만, 퍼스널 브랜딩이 잘되면 강의, 컨설팅, 출연, 체험, 협찬, 인세, 공동구매, 굿즈 판매, 유튜브 채널 수익 등 평생 자동 수입원이 생긴다. 퍼스널 브랜딩이 사회적 이슈가 되는 근본적인 이유이다. 나는 강의할 때 사람들에게 다음과 같이 묻는다.

여러분의 능력(본질)이 100점이라고 할 때, 당신은 사람들에게 어떻게 보이고 싶나요?

① 겸손은 미덕이니 70점 정도가 좋겠다.

② 정직하게 있는 그대로 100점으로 보이고 싶다.

③ 일단 있어 보이게 140점처럼 보이고 싶다.

많은 사람이 ①번이나 ②번을 선택한다. 그런데 당신이 소비자라고 생각해 보면 어떨까? 아마도 140점으로 보이는 물건을 사고 싶지 않겠는가? 그렇다면 이제 각 선택에서 3년이 지난 시점을 시뮬레이션해 보자.

①번을 선택한 경우, 70점으로 보인 친구는 140점 친구보다 절반이나 뒤떨어져 보이므로 팔리지 않고 자괴감에 빠져 있다가 결국 못 버티고 업종을 전환할 것이다. 최종 점수는 0점이다.

②번을 선택한 경우, 100점으로 보인 친구는 그저 그런 상태를 유지해 근근이 조금씩 발전도 하지만 급변하는 경쟁을 따라가기 바쁘다.

잘해야 최종 150점 정도?

③번을 선택한 경우, 140점으로 보인 친구는 일거리가 쏟아져 들어올 것이다. 결국 경험과 노하우가 쌓여 진짜 140점 이상의 본질을 갖추게 된다. 그리고 다시 본질보다 특별하게 보이도록 포장해 광고하고, 더 많은 일을 해서 더 특별한 본질을 얻는다. 이 일을 반복하며 급속도로 성장할 것이다. 최종 1,000점, 10,000점도 얼마든지 가능하다.

아직도 70점이나 100점으로 보이고 싶은가? 당신이 고객이라면 70점이나 100점으로 보이는 제품을 사겠는가? 140점으로 보이는 제품을 사겠는가? 사람들은 자신들이 느끼는 '가치'에 돈을 쓴다. 본질이 아무리 같더라도 가치가 다르면 그것은 다른 제품이다. 사람도 마찬가지다.

## 알아 두면 돈이 되는 공식

나는 마케팅과 광고, 가치, 브랜드의 관계를 설명하기 위해 오랜 시간 연구했다. 그 결과 '브랜드 상대성 이론'이라는 공식을 만들었다. 공식은 다음과 같다. 앞에서 나열한 예시를 생각해 보면 어렵지 않을 것이다.

**가치(본질+마케팅) × 광고 = 브랜드**

본질이 100으로 아무리 좋은 제품이거나 서비스, 사람일지라도 마케팅이 -100이라면 광고를 100만큼 해도 결국 브랜드는 0이 된다. 공식에 대입하면 다음과 같다.

$(100-100) \times 100 = 0$

이미 가치가 0이므로 광고비를 아무리 많이 퍼부어도 결과는 달라지지 않는다. 오히려 본질이 20밖에 안 될지라도 마케팅을 1,000으로 완벽하게 한 다음, 광고로 100을 한다면?

$(20+1,000) \times 100 = 102,000$

공식처럼 브랜드는 102,000이 되는 것이다. 본질은 전자보다 80이나 낮지만 효과적인 마케팅과 광고를 통해 브랜드 효과는 어마어마해질 수 있다. 내가 마케팅과 광고에 소홀히 하는 동안 본질이 나보다 훨씬 못한 경쟁자가 마케팅과 광고에 공을 들이고 있다고 생각해 보자. 생각만 해도 끔찍하지 않은가? 그만큼 마케팅과 광고는 중요하다.

본질에 마케팅을 더해 가치를 높였다면 이제 광고를 통해 그 가치를 알려야 하는 일이 남았다. 광고廣告의 본래 뜻은 '널리 알리는 것'이지만, 나는 가치를 '빛내 주고 높여 주는 것'이라는 의미로 '광고光高'라고 말한다. 광고가 제대로 이루어지지 않으면 사람이나 기업, 서비스, 상품 등이 빛을 보지 못한다. 그런 이유로 사업 운영이 어려운 상황이라고 할지라도 광고를 계속할 수 있도록 광고 비용을 예산으로 미리 빼둘 것을 권장한다. 아무리 좋은 상품이나 서비스가 준비되어 있어도 광고 없이 성공할 확률은 현저히 낮다. 당장 광고비 지출이 부담스럽다고 느낄 수 있지만, 위의 공식에 실질적인 숫자를 대입하면서 마케팅과 광고가 가져오는 효과를 계산해 보면 그런 걱정은 사라질 것이다.

그렇다면 광고는 어떻게 하는 것이 좋을까? 무슨 일이든 기본을 지키는 것이 중요하다. 괜히 기본基本, 즉 '기초와 근본'이라는 말을 쓰는 것이 아니다. 광고도 마찬가지다. 광고는 기본적으로 '누가, 언제, 어디서, 무엇을, 어떻게, 왜' 하는지, 육하원칙이 중요하다. 물론 생략하더라도 소비자가 쉽게 유추할 수 있는 경우라면 문제없다. 이렇게 여섯 가지에 대한 질문을 던지고 답을 해보자. 질문의 예를 들어보면 다음 같은 것들이 있다.


'누가 만들었는가?'

'누가 살 것인가?'

'언제 사용해야 하는가?'

'언제 만들어졌는가?'

'어디서 구매할 수 있는가?'

'어디서 참여할 수 있는가?'

'무엇을 팔 것인가?'

'무엇으로 만들어졌는가?'

'무엇이 장점인가?'

'어떻게 탄생했는가?'

'어떻게 사용하는 것인가?'

'왜 만들기 시작했는가?'

'왜 선택해야 하는가?'

'왜 광고를 하는가?'


이에 대한 답은 간결하면서도 명확할수록 좋다. 어떤 소비자라도 쉽게 이해할 수 있어야 하기 때문이다. 어린이 소비자라 할지라도 말이다.


## 광고의 8원칙

기본 원칙이 정리되었다면 그것을 토대로 광고하면 된다. 어떻게 광고할 것인가? 맹목적으로 소비자의 눈과 귀를 속여 노출 횟수만 늘려서 잘 팔리는 시스템은 이제 사라져야 한다. 광고주도 소비자도 모두가 똑똑해졌다. 시대의 변화에 따라 광고 담당자도 실속 있는 콘텐츠와 원칙으로 승부해야 한다. 전문가로서 사명을 갖고 광고주의 가치를 발견하고 빛나게, 높여 주어야 한다.

나는 오랜 기간 광고 일을 해왔다. 경험을 통해 매체별 광고 불변의 법칙은 존재하지 않는다는 사실도 깨달았다. 다만, 광고의 8원칙과 같이 개념이나 원론적인 부분만이 불변의 법칙이라고 말하고 싶다. 혹자는 '원칙'이라는 단어 때문에 어려운 이론일 것이라고 지레짐작하는데 절대 그렇지 않다. 초등학생이 읽어도 나의 '광고의 8원칙' 이론은 다 이해할 수 있을 것이다. 상세한 내용은 또 다른 저서 《광고의 8원칙》에 수록되어 있으니 여기서는 간략히 정리만 하고 넘어가고자 한다.

1원칙은 '그것을 바라보게 하라.'이다. 어디에 광고가 보이게 할지의 문제이다. 사실 광고를 진행할 때 가장 큰 비용을 차지하는 부분이 소비자의 시선을 끄는 수단이다. 다양한 매체에 노출해야 소비자가 광고를 볼 수 있기 때문이다. 그렇다고 필요 이상으로 과한 비용을 지급하지는 말라고 조언하고 싶다. 예산 범위 내에서 최대한 효율성이 높은 광고가 무엇일지 판단하고 그것을 통해 기대되는 결과를 예측해 내는 것이 중요하다. 그러므로 바라보게 하는 위치와 효과가 그만한 비용을 지출할 가치가 있는지 철저히 검증해야 한다.

2원칙은 '그것에 다가오게 하라.'이다. 소비자가 광고를 바라보게 했다면 그다음은 그 광고를 지나치지 않고 다가오게 만들어야 한다. 다가온다는 것은 관심을 끌었다는 말과 같다. 그렇게 만들지 못했다면 아무리 노출을 많이 해도 소용이 없다. 광고 이미지는 기발함보다는 소비자가 찾고 있던, 혹은 관심이 있던 내용을 어필할 수 있는지가 훨씬 중요하다.

광고를 보는 사람 중 50% 정도는 관심이 아예 없을 것이다. 그렇다면 무관심한 불특정 다수보다는 '필요할지도 모르는 사람'을 대상으로 광고를 제작하는 것이 좋다. 광고를 보는 사람 중 30% 정도가 관심을 보이는 광고를 만든다고 생각하길 권한다. 소비자의 관점에서 생각하고, 소비자가 원하는 내용 일부를 광고에 담으면 가능하다. 일부라고 말한 이유는 광고주가 소비자들이 원하는 모든 것을 갖고 있지는 않기 때문이다. 광고주가 가진 것 중에서 소비자가 원하는 것을 최대한 담아내면 된다.

**3원칙**은 '그것을 생각하게 하라.'이다. 관심을 보인 30%의 소비자를 대상으로 본격적인 '굳히기'에 들어가는 단계이다. 어떻게? 미끼를 던져서! 실속 있는 정보나 관심 분야 내의 색다른 정보, 혹은 이벤트 등으로 미끼가 될 만한 것들은 무엇이라도 좋다. 다가온 소비자가 머물 수 있도록 하는 것이 핵심이다.

관심을 가지고 다가와 머문다는 것은 이미 광고에 나온 상품에 대해 '생각'한다는 뜻이다. 신선한 사고로 호기심을 유도하면 더욱 좋다. 예를 들어 '뛰어난 실력의 의료진이 진료합니다.'라는 문구보다 '성인과 유아의 척추뼈 개수가 다른 것을 아시나요?'처럼 의문형 문장을 사용하면 효과적이다. 의문을 제시하면 기본적으로 생각을 하는 것이 인간의 본능이다. 보는 것에서 궁금한 단계로 자연스럽게 넘어가는 것이다.

**4원칙**은 '그것이 필요하게 하라.'이다. 소비자가 보고, 다가와 생각하게 이끌었다면 그들은 이제 광고를 받아들일 준비가 된 것이다. 설사 30%를 다 잡지 못했더라도 미련을 두지 말고 받아들여야 한다. 잡은 소비자에게 집중해야 한다. 이제부터는 적극적인 어필이 필요하다. 그들이 '구매해야 할' 또는 '바꿔야 할' 만한 필요성을 제시해야 한다. 이 단계에서 무작정 장점만을 어필해서는 안 된다. 장점을 본격적으로 설명하기에 앞서 주의 사항이나, 살펴봐야 할 점들을 인지하도록 광고를 구성해야 한다. 필요성을 제시할 때는 직접적인 방법보다는 우회적인 방법을 쓰는 것이 더 좋다. 이 단계에서는 더도 말고 덜도 말고, 딱 그 제품이 필요하게끔 만들면 된다.

**5원칙**은 '그것을 소망하게 하라.'이다. 지금까지 공격 위주로 접근했다면 이제는 공격과 수비, 모두 신경 써야 할 단계이다. 같은 종류의 제품들은 세심히 살피지 않는 이상 비슷해 보이는 경우가 많다. 그러므로 해당 제품의 매력을 강하게 분출하도록 해야 한다. 다른 제품과 크게 다르지 않더라도 '다르게' 보이도록 표현해야 한다. 그래야 다른 상품들을 둘러보다가도 다시 해당 제품으로 돌아가고 싶게 만들 수 있다. 이 단계의 핵심은 장점 강조와 단점 보완이다.

**6원칙**은 '그것을 구매하게 하라.'이다. 소망하는 마음이 식기 전에 구매하도록 해야 한다. 광고를 통해 소비자를 설득하고 구매에 이르게 하는 것은 광고의 기본 중의 기본이다. 구매하게 만들지 못한다는 것은 결국 소비자를 놓친다는 말이다.

소비자를 놓치지 않기 위해서는 구매 접근성을 편리하게 만들어야 한다. 소비자가 광고를 보고 구매하려고 홈페이지에 접속했는데 구매 시스템이 불편하다면 소비자는 구매를 포기하게 될 것이다. 이런 경우 광고에 쓰는 돈은 공중에서 분해되는 것과 같다. 따라서 소비자가 구매하는 데 들이는 수고를 최대한 줄이는 것이 핵심이다.

**7원칙**은 '그것에 만족하게 하라.'이다. 단순히 제품의 품질이 우수하고 사용이 편리하다는 것만으로 소비자를 만족시키기는 힘들다. 혹자는 광고로 소비자를 만족시키는 것은 불가능하다고 한다. 하지만 광고로도 소비자를 만족시킬 방법이 있다.

첫째는 여론을 만드는 방법이다. 신뢰할 수 있는 기관이나 공신력 있는 매체를 통해 노출하거나 인정받는 방법이다. 둘째는 이미 만족한 사람의 후기를 대표로 제시하는 방법이다. 만족한 한두 명의 후기라도 수집해 반드시 광고로 재활용하는 것이 좋다.

셋째는 만족했다고 말하게 만드는 방법이다. 좋다는 말을 내뱉는 순간 사람의 뇌는 정말 좋다고 인식하게 된다. 그러므로 고객들이 후기를 올리거나 평점을 줄 수 있는 공간을 제공하는 것이 좋다. 반드시 만족하지 않았더라도 만족한다고 느끼게 만드는 것이 중요하다.

마지막 **8원칙**은 '그것을 전파하게 하라.'이다. 만족도를 느낀 소비자는 자연스럽게 전파하고 싶어 한다. 이때 소비자가 쉽게 전파할 수 있는 시스템을 준비해야 한다. 그럼 한 명의 고객이 수십, 수백 명이 되는 마법 같은 일을 경험할 수 있다.

그리고 전파 효과를 극대화하기 위해서는 전파할 만한 '이야깃거리'를 만들어 줘야 한다. 거짓 정보가 아닌 실제 정보를 가지고 스토리텔링을 하라는 말이다. 제품의 장점을 전달하기 쉽게 이야기 형태로 풀어서 알려 주는 것이 좋다. 더 효과적인 방법은 이야깃거리가 있는 베스트 후기를 광고에 이용하는 것이다. 전파하기도 전에 고객의 머릿속에 전파할 내용이 완벽하게 인식되도록 최대한 지원하면, 전파할 수 있는 상황이 왔을 때 주저 없이 전파할 수 있다.


## 브랜드의 힘


광고에는 총 여덟 가지의 원칙이 있지만, 완벽히 지켜야 한다는 것은 아니다. 어느 원칙을 적용했을 때 오히려 문제가 된다면, 그리고 그 이유가 타당하다면 한두 가지 원칙은 제외해도 무관하다.

이렇게 오케팅과 광고의 원칙을 훌륭하게 수행했다면 소비자는 '브랜드'를 느끼게 될 것이다. 소비자는 그 느껴지는 '브랜드'를 사고 싶어 한다. 지금까지 소비해 온 패턴을 떠올려 보면 쉽게 이해될 것이다.

삼성 컴퓨터가 다른 컴퓨터보다 성능이 훨씬 뛰어나서 사용하는가?

명품 가방이 중저가 브랜드 가방보다 기능적으로 훌륭해서 좋아하는가? 유명한 사람이 쓴 책의 내용이 다른 책들보다 내용이 월등해서 그 책을 구매해 읽는가? 아닐 것이다. 전문가 영역은 또 어떤가. 방송에 자주 보이는 유명인이 그 분야 다른 전문가들보다 특별히 유능한가? 그렇지만은 않을 것이다. 오히려 그들 또한 방송에서 그 분야 최고 전문가는 아니라고 스스로 말한다. 그런데도 최고 전문가로서 대접받는다. 바로 그것이 브랜드의 힘이다.

지금은 마케팅과 광고를 통해 가치를 창조하는 시대이다. 기업이나 제품뿐 아니라 사람도 마찬가지다. 우리는 어느 때보다 '퍼스널 브랜딩'이 주목받는 사회에 살고 있다. 방법이 다르면 훨씬 적은 노력으로도 높은 브랜드 점수를 만들 수 있다. 그렇다고 무작정 책부터 출간하거나 유튜브 채널을 운영하는 것은 무모한 결정일 수 있다. 향후 고객이 될 대상이나 상품을 제대로 설정한 후에 시작하는 것이 더 효과적이다.

# PART 5

# '나이' 들수록 돈이 모인다

# CHAPTER 17

# 은퇴하면 끝이라고?

정미경

부자가 되는 것은 단순히 돈을 모으는 것에서 끝나지 않는다. 그 돈을 효율적으로 운용해서 미래를 준비해야 한다. 즉, 재무설계는 현재를 위해서도 필요하지만 장기적으로 보아 은퇴 후나 더 나아가 사망 이후까지도 적용된다.

재무설계는 단순히 돈을 관리하는 것 이상의 의미가 있다. 여러분의 꿈을 실현하고, 그 꿈을 미래 세대에게 이어준다. 따라서 돈을 쓰는 것뿐만 아니라 돈을 키우는 법을 배우는 것이 중요하다. 부자는 이렇게 시작된다. 그러니 지금부터 무엇이든 시작하는 것이 중요하다.

최고의 인생을 위한 준비를 할 때가 바로 지금이다. 부자가 되려면 먼저 미래를 준비하라. 긴 안목을 가지고 접근해야 한다. 다음 이야기는 그 좋은 예라 할 수 있다.

# 회장님, 월급 얼마 받으세요?

2012년 대구에서 미용실 원장님의 소개로 알게 된 고객이 있다. 원장님은 센터에서 장애가 있는 아이들을 교육하고, 로드맵을 제시해 꿈을 갖게 만드는 일도 했다. 그래서 아이들이 뛰어놀 정원과 자신이 살 집이 필요해 마당이 있는 주택 매입를 원했다. 나는 원장님의 자금에서 부족한 자금 중 일부는 담보대출을 받고, 일부는 부모님께 증여받고, 또 일부는 사업하는 원장님의 이모님께 빌려서 마련한 후, 갚는 조건으로 설계를 도왔다. 그 과정에서 내게 믿음이 생긴 원장님은 중소기업을 운영하시는 아버지를 소개하고 싶어 했다.

당시 나는 CEO 플랜을 통해 기업 대표 고객들의 퇴직금을 10억 원이상으로 준비하면서 급여를 열 배 이상 올리는 작업을 하고 있던 터라 매우 적극적으로 임했다. 원장님은 자신의 아버지가 낯선 사람은 잘 만나 주시지 않는다며 자신과 함께 가는 것이 좋겠다고 했다. 원장님과 시간을 맞춰 아버지의 회사가 있는 경주로 갔다.

나는 회장님을 만나 인사하고 명함을 드렸다.

"회의가 있으니 밖에서 기다려요."

이 말만 남기고 회장님은 회의실로 들어가셨다. 회장님은 70대 나이에도 우렁찬 목소리에 날카로운 눈매를 지닌 분이셨다. 나는 마음을 더 단단히 먹기로 했다. 한참 후에 회의가 끝났는지 회장님이 회의실에서 나오셨다. 나는 곧바로 회장님께 달려가 '잠시 차 한 잔만 주시면 됩니다.'라고 말하고 회장님을 모시고 다시 회의실로 들어갔다.

회장님은 내 명함을 보시더니 보험회사에 대한 비판과 불신을 먼저 털어놓았다. 보험회사 사람은 필요 없다는 눈빛이었다. 옆에 있던 원장님이 자신의 재무설계에 많은 도움을 준 분이라고 나를 소개했다. 나는 대뜸 회장님께 질문을 던졌다. 이럴 때는 먼저 질문으로 치고 들어가는 것이 유리하다. 회장님의 생각을 다른 쪽으로 돌려야 했다.

"회장님, 현재 회장님의 월급은 얼마입니까?"

회장님은 황당한 표정이었지만 툭 던지듯 대답을 하셨다.

"500만 원이요."

나는 다시 물었다.

"회장님 이 회사를 창업한 지는 얼마나 되셨습니까?"

회장님은 다시 질물에 충실히 대답하셨다.

"한 10년, 조금 지났소."

그 답이 나오기 무섭게 나는 다시 회장님께 말을 건넸다.

"회장님! 10년 이상 사업을 하시는 동안 이전에 사업을 하지 않을 때와는 많은 게 달라졌죠?"

내 질문에 회장님은 다시 말씀하셨다.

"난 이 회사를 운영하기 전에 대기업의 임원이었소. 그런데 사업을 하면서 아주 어려웠지. 이제야 좀 안정을 찾아가고 있소만."

"회장님뿐만 아니라 중소기업을 운영하는 많은 분이 창업 후 기업이 성장할 때까지 쏟아부은 노력의 대가를 제대로 받지 못하고 있습니다. 왜 그런 줄 아세요? 바로 이 법인회사를 회장님 개인의 것으로 생각하기 때문입니다. 법인회사는 주주들의 것이지 절대 개인의 소유가 아닙니다. 그래서 임직원들에게 일한 대가로 급여나 상여금이 지급되듯 주주들에게도 배당금이 지급되는 거죠.

2012년 말까지만 해도 임원들에게 노력의 대가로 퇴직금을 지급했습니다. 공로에 대해 보상하고자 6배수, 12배수 등 정관에 적힌 대로 가져가도 되는 그런 시기였죠. 하지만 2013년 1월 1일부터는 임원들에 대한 퇴직금 규정이 최대 3배수로, 퇴직소득세의 한도를 정하여 지급하도록 변경되었습니다. 또 2012년까지는 퇴직금 정산 기준액이 직전 3개월의 평균 급여였지만 현재는 직전 3년의 평균 급여를 기준으로 하고 있습니다.

이제 퇴직을 앞두고 어느 날 갑자기 급여를 올려 받아도 퇴직금에 영향을 거의 미치지 않습니다. 회장님 노력의 대가인 퇴직금은 현재 기준으로 했을 때 2억도 채 안 됩니다. 하지만 저와 만난 고객들은 세법이 개정되기 전에 정관을 개정하고 보수 인상을 단행했습니다. 2012년 말까지 6배수 기준으로 계산해 20억 원이 지급된 사례도 있습니다. 그렇게 해도 퇴직소득세는 일시소득으로 근로소득과 합산되지 않기 때문에 2억 원도 안 됐습니다. 그래서 18억 원을 잉여금에서 가져갈 수 있었죠.

그래서 제가 회장님께 급여를 여쭤본 겁니다. 그런데 뭐랄까, 회장님은 좀 무섭게 생기셨어요. 그래서 아무나 쉽게 회장님을 찾아오지는 못할 것 같습니다. 또 찾아온다 해도 바로 쫓겨날 것 같고요."

회장님은 바로 인정하셨다.

"맞아요. 온갖 보험회사 직원들이 회사로 찾아오긴 하는데 오는 족족 내가 다 쫓아냈지."

회장님은 호탕하게 웃으셨다. 나는 질문을 이어갔다.

"회장님, 현재 주주는 어떻게 구성되어 있나요?"

"나와 집사람으로 되어 있소."

마침 소액주주 자격을 가진 자녀들에게 차등배당을 할 시점이라고 말씀하셨다. 사모님이 보유한 주식을 자녀들에게 소액으로 증여해야 한다고. 둘째 딸인 원장님의 주택 매입 자금을 이모님께 빌리면 향후 갚아야 할 자금의 출처가 필요했는데 좋은 기회였다. 차등배당으로 매년 1억 원 정도의 자금을 만드는 것이 가능해 보였다. 첫째 딸도 필요 시 배당을 조금이라도 받게 하는 것이 중요했다. 나는 이런 사항들을 회장님께 자세히 설명했다.

"그럼, 첫째나 둘째는 같은 금액으로 해야지."

회장님은 내가 한 말들을 일목요연하게 정리해서 가져오라고 하셨다. 다음 약속을 받아 낸 것이다. 그렇게 회장님과 대화를 마무리하고 나왔다.

## 애정이 깃든 회사

"우리 아버지이지만 저도 좀 무섭고 어려워요. 평소 만나는 분들도 다들 어려워하거든요. 그런데 오늘 처음 만난 전무님을 딸인 저보다 더 가깝게 대하시는 것 같았어요. 아버지가 호탕하게 웃으시는 모습이 너무 좋았어요."

원장님은 그래서 내가 더 믿음이 간다고 했다. 나도 사실 처음 대면했을 때는 회장님이 좀 무서웠다. 그렇다고 말도 못 꺼내 보고 돌아갈 수는 없었다. 설사 오늘 만남이 처음이자 마지막이 된다고 해도 후회 없도록 준비한 말은 다 하고 싶었다. 그런 마음으로 지금까지의 경험을 회장님께 다 말할 수 있었다. 만약 회장님이 이미 많은 급여를 받고 계셨더라면 그렇게 자신 있게 말하지는 못했을 것이다. 하지만 급여가 적다면 차후 여러 상황에서 문제가 된다는 것을 누구보다 잘 알고 있었기 때문에 급여 질문을 먼저 던진 것이다.

CEO라면 누구나 많은 급여를 받기를 원하지만, 이익이 많이 발생해도 직원들의 눈치를 보거나 높은 근로소득세를 고민한다. 그런 이유로 당시에는 급여가 500만 원이 넘는 대표가 많지 않았다. 주식도 마찬가지였다. 자신과 배우자로 구성된 경우가 대부분이었는데 거기서 발생한 이익도 차후 주식 가치에 반영된다. 그리고 그것이 상속으로 이어지는데 여기까지는 생각하지 못하던 시절이었다.

나는 나중에 원장님의 어머니도 만났다. 첫 대면에서 나를 경계했던 회장님과 달리 사모님은 나를 반겨 주셨다.

"제부가 사업을 하다가 사망하는 바람에 동생이 승계받아 사업을 해요. 그런데 상속 문제도 그렇고, 돈도 이래저래 어렵다고 하네요. 옆에서 보니까 그런 것들이 얼마나 복잡한지 알겠더라고요. 우리도 아직 그런 준비를 못 한 것 같아서 걱정이에요."

사모님은 기다렸다는 듯 개인적으로 투자하는 것들을 보여 주셨다. 펀드가 대부분이었다. 국내 펀드와 해외 펀드가 있었는데, 수익을 못 보는 마이너스 상태였다. 그러니 정리해 달라고 보여 주신 것이다. 나는 수익이 나는 시점이 있을 테니 일단 기다리셔야 한다고 말했다. 사모님은 다른 자금들도 정리하기를 원하셔서 나는 주신 자료를 다 챙겼다.

사모님은 이미 중소기업 상속 문제에 대한 리스크를 알고 계셨다. 하지만 무엇을 어떻게 준비해야 할지 구체적인 부분까지는 알지 못하셨다. 게다가 회장님 성격상 사모님이 직접 말할 수 없는 부분이 많다고 했다. 그것까지 내가 대신 얘기해 준다니 반가우신 눈치였다. 회장님이 처음 사업을 시작하고 어려울 때 사모님도 사업에 상당히 이바지하셨다고 들었다. 그만큼 사모님도 회사 재무에 관심이 많으셨다.

"지금은 나이가 들어 사업에 관여는 안 하지만, 예전에는 내가 많이 도왔어요."

애정이 깃든 회사인만큼 회장님 사후에 대해서도 고려하고 계셨다. 나는 제일 먼저 회장님과 사모님의 급여를 인상하도록 했다. 그리고 두 자녀에게 주식을 조금이라도 증여하도록 진행했다. 또 자녀들에 대해서는 차등배당을 통해 자금을 만드는 일에 주력했다. 회장님 앞으로 사망보험도 가입해 드리고 싶었지만, 고연령과 건강상의 이유로 가입 자체가 불가능했다. 대신 회사에서 가입한 보험을 통해 차후 퇴직금으로 현금 대신 보험 현물을 가져올 수 있도록 했다. 계약자 변경으로 가져올 수 있는 연금 상품에 가입시킨 것이다.

## 보험 싫어하는 사람입니다

회장님이 운영하는 회사에는 오래된 경리과 차장님이 있었다. 회장님이 딸들보다 더 신뢰하셔서 많은 것을 의논하는 상대였다. 그 차장님의 남편 분도 회사에 들어와 운영을 돕는 상황이었다. 회장님은 그 남편 분을 회사의 임원이라며 나에게 소개하셨다. 앞으로의 계획은 그분과 상의하라고 당부하셨다. 남편 분은 직책이 상무로 회사의 총책임자였다. 나이는 나와 같았지만, 내가 회사의 자금 사항에 관여하는 데 상당히 부정적이었다.

"나는요, 보험을 아주 싫어하는 사람입니다. 이익을 많이 내서 고작 보험이나 가입할 거면 이익 내는 것을 좀 고려해 봐야겠네."

마치 자신의 의지에 따라 이익을 내고 말고 할 것처럼 말했다. 회장님이 믿고 경영 총괄을 맡기는 사람이라 나로서는 상무님을 무시할 수 없었다. 나는 상무님에게도 보험에 대한 인식을 다시 심어 줘야겠다고 생각했다.

"상무님은 보험을 싫어하시니 개인적으로도 가입하신 보험이 없겠네요?"

"당연하죠. 제 인생에 보험은 없습니다."

단호한 말투였다. 많은 사람을 만나 온 나에게 강한 부정은 긍정이나 마찬가지였다. 이번에도 나에 대한 상무님의 강한 부정에는 긍정의 끈이 존재한다고 믿었다. 이후 나는 회사의 정관과 임원들의 보수 규정을 개정하면서 회사의 재정 상태와 경영에 더욱 깊숙이 관여하게 되었다. 차츰 회장님과 상무님과의 관계를 조금씩 좁혀 나갔고, 결국 신뢰받게 되었다.

어느 날 회장님이 거래하는 회계사 사무실의 사무장을 소개해 준다며 나를 식당으로 부르셨다. 회장님과 처음 같이하는 식사 자리였다. 회장님과 사무장님은 알고 지낸 지 10년도 더 된 관계였다. 사무장님은 선한 인상으로 나에게 많이 도와달라고 하셨다. 그때부터 결산 전이면 항상 셋이 함께 모여 배당이나 급여를 결정하곤 했다.

사모님의 개인 자금도 내가 계속 설계했다. 사모님은 내게 큰따님도 소개해 주셨다. 큰따님은 아이들 교육과 살림에 신경 쓰며 전업주부로 바쁘게 살고 있었다. 어머니는 혹시나 딸들이 차등배당으로 받은 돈을 다 써버릴까 걱정하셨다. 저축할 방법을 모색하자고 나에게 소개해 주신 것 같았다. 사모님 바람대로 나는 큰따님이 배당받는 부분을 저축할 수 있도록 설계했다. 큰따님은 자녀들에게 주식을 조금이라도 증여하면 배당 부분에서 유리하다는 생각에 나에게 따로 문의를 해왔다. 그래서 어머니가 가진 주식 중 가업승계가 안 되는 부분만 조금씩 손주들에게 증여할 수 있도록 했다.

## 내 딸이 보험 영업을 한다고?

큰따님의 작은아들이 대학에 입학할 즈음이었다. 나는 큰따님이 회사로 들어가 가업을 승계받는 방안을 미리 생각하자고 의견을 내놓았다. 하지만 회장님은 상무님을 전무로 승진시켜 회사 업무 전반을 관장케 했기 때문에 큰딸이 회사에 들어오는 것을 부담스러워했다. 솔직히 말하자면 눈치를 보고 계셨다. 나는 전무님에게 가업을 승계하실 것이 아니라면, 회장님이 조금이라도 건강할 때 따님이 회사에 들어가야 업체들과의 관계나 여러 가지 경영에 관한 것들을 배울 수 있다고 계속 강조했다. 하지만 회장님은 번번이 거절하셨다.

"우리 딸이 회사에 들어와서 무엇을 하겠어요? 괜히 차장과 전무한 테 책만 잡힐 것이야."

회장님은 늘 그렇게 말씀하셨다. 하지만 내 생각은 달랐다. 성장한 기업과 CEO 플랜으로 이익금을 회수하는 과정에서도 역시나 상속이 라는 폭탄을 들고 가야만 한다. 그 문제를 해결할 유일한 방법이 자녀 에게 미리 경영 수업을 시키는 것이다. 그래야 갑자스러운 일이 닥쳐 도 혼란스럽지 않게 가업승계를 마칠 수 있다.

내 생각은 분명했다. 그래서 더더욱 물러설 수 없었다. 나는 큰따님 을 설득하기 시작했다. 재무적인 부분이나 금융에 관심을 갖도록 하려 고 우리 회사의 FP 교육을 받게 했다. 마침 작은아들이 대학에 입학해 서 여유가 생긴 큰따님은 내 제안을 받아들였다.

아무것도 못 할 줄 알았던 딸이 사회생활을 시작한 것도 모자라 그 힘들다는 보험 영업을 한다는 말에 회장님은 놀라워하셨다. 큰따님은 보험회사에서 체계적인 교육을 받고 보니 세금이나 돈 문제에 관심이 커질 수밖에 없었다. 나는 회장님께 당당하게 말했다.

"회장님이 큰따님을 회사에 못 들어오게 하셔서, 제가 우리 회사로 데려가 함께 일하려고 합니다."

"살림만 하던 그 아이가 도대체 무슨 일을 한단 말입니까?"

"제가 회장님 회사에 컨설팅하듯 그런 일을 배우고 있습니다. 세무, 금융에 관한 이론 교육은 이미 다 받았고요. 이제 실무를 배우러

업체에 직접 다니려고 합니다."

내 말에 회장님은 목소리를 높이셨다.

"이리저리 돌아다니면서 보험 영업을 한다고? 그걸 우리 딸이 할 수 있다고 하던가요?"

회장님은 당신 딸이 절대로 그런 일을 할 수 없다는 표정이었다. 나는 다시 회장님께 따님이 시험에 합격한 사실과 이미 필드에서 활동한다는 내용을 구체적으로 전했다. 회장님은 놀라시면서도 뭔가 곰곰이 생각하는 표정이었다. 그러더니 다짐한 듯 나에게 이렇게 말씀하셨다.

"한 달 정도만 다니고 우리 회사로 들어오라고 하세요! 보험 일까지 할 수 있다면야, 아버지 회사에 자리만 하나 만들어 다닌다고 생각하지는 않겠구먼. 일단 경리과 차장에게 일을 배우라고 해야겠네."

그날 회장님은 큰딸에게 뭔가 할 말이 많으신 표정이었다.

## 가업승계, 준비 완료!

나는 그동안 많은 고객을 만났고, 특히 가업승계를 준비하는 CEO들은 회장님과 비슷한 생각을 했었기에 누구보다 회장님의 마음을 잘 이해할 수 있었다. 당신 자식이 회사에 들어와 다른 직원들에게 이러쿵저러쿵 얘기 듣는 것이 걱정되셨을 것이다. 또 경리과 차장과 회사

전반적인 업무를 보는 전무와의 불편함을 감당해야 한다는 것까지 생각하면 딸의 입사를 반대할 이유는 많았다.

그런데 딸이 보험설계사 일을 배우고 있다니 신경 쓰이기도 할 것이고, 또 그 어려운 일을 해낸다고 하니 회사 일을 맡겨도 되겠다는 믿음도 생기신 것 같았다. 그렇게 큰따님도 회장님 회사로 입사해 회사의 재무 상황 등을 배우기 시작했다. 나에게는 큰따님을 코칭하고, 가업승계를 준비하기에 무엇보다 좋은 기회였다.

회사가 갈수록 커지는 상황에서 경영에 참여할 사모님이 별도로 운영할 자회사를 하나 더 설립하기로 했다. 그리고 회장님과 사모님만 주식을 보유하는 구조보다는 자녀들도 주주가 되도록 했다. 그동안 경영을 담당해 온 전무님과 경리과 차장님도 주식 일부를 통해 함께할 수 있도록 기획해 신설법인을 설립하였다.

사모님은 기존 회사에서 퇴사하고, 자회사의 대표이사로 취임하셨다. 업무 분리를 시도하여 차후 가업승계 과정에서 무거워질 수 있는 부분을 조금씩 덜어내기로 했다. 그리고 자회사의 주주로 전무님과 경리과 차장님을 참여시킴으로써 그들 또한 자회사의 성장에 더 신경 쓰도록 했다. 이 과정에서 사모님은 실질적인 퇴사를 통해 퇴직금 형태로 이익금을 회수했다.

# 폐암 진단

우리가 단계적으로 가업승계를 준비하고 있을 무렵 안타깝게도 회장님이 폐암 진단을 받으셨다. 사람은 나이가 들면 병이 들거나 치료해도 오래 살지 못할 수 있다. 하지만 대부분이 그런 일은 남의 이야기라고만 치부해 자신이 병으로 생을 마감할 수 있다고는 생각하지 않는다. 그래서 상속이나 종신보험 같은 용어를 극도로 꺼리는 편이다.

상속 전문 컨설턴트로서 내가 어려움을 겪을 수밖에 없는 이유다. 나야말로 고객들이 누구보다 건강하게 오래 살길 바란다. 그러기 위해서라도 더욱 사후에 관심을 가져야 한다. 자산의 이전과 보존은 단기간에 이루어지지 않는다. 10년 아니, 20년에 걸쳐 자산을 이전해야 하고, 또 이전했다고 끝나는 것이 아니다. 자녀들이 그 자산을 지키고 계속 키울 힘을 기를 시간도 필요하다.

갑자기 자산을 물려받아야 하는 자녀로서는 준비가 안 되어 있으므로 자산 규모를 키우기는커녕 지켜내기도 힘들다. 그런 위험을 미리 방지하기 위해 부모님이 건강할 때부터 계획을 세워 준비하는 것이 가장 현명한 방법이다. 전문가가 함께해 효과를 높여야 하는 것은 말할 것도 없다.

단순히 이익잉여금 처분을 통한 이벤트성 컨설팅을 담당하려는 업체들이야 많을 것이다. 하지만 10년 이상 그들과 함께 상속을 준비하고 계속해서 계획을 수정·보완해 가면서까지 기업의 건강한 재무 상태를 유지해 줄 사람은 흔치 않을 것이다. 내가 그 일을 할 수 있는 이유는 보험이라는 상품을 이용하기 때문이다. 보험은 기본 10년을 납부하고 종신토록 보장되기 때문에 2대까지 이어서 관리를 해야 한다. 계속 사후관리를 하다 보면 세법이 개정되기도 하고 변화하는 시대 흐름에 알맞은 컨설팅도 필요하다. 그러므로 그때그때 상황에 맞게 적용하면서 장기적인 계획을 수립해 나갈 수 있어야 한다.

회장님이 암 진단을 받은 시기는 컨설팅 8년 차에 접어들었을 때였다. 완치가 어려워 예후가 좋지 않은 폐암이었다. 회장님은 치료를 받기 위해 일단 퇴직금을 중간 정산으로 받으시도록 했다. 많은 치료비뿐 아니라 암 환자에게 좋다는 대체 의학 쪽으로도 상당한 자금이 필요했다. 회장님이 치료에 집중하시는 동안 큰따님이 경영에 참여하기 위해 애썼다.

치료 중인 회장님을 뵈러 병원에 간 적이 있다. 커다란 몸집은 왜소해졌고, 호랑이 같던 얼굴마저 소년처럼 변해 사모님께 의지하시는 모습에 마음이 아팠다. 회장님은 나에게 회사와 따님들을 부탁하셨다.

"지금 회사 경영을 모두 부사장(이전 전무)이 다 보고 있는데 내 딸이 대표가 되어도 옆에서 도와줄지 걱정이에요. 가업승계를 하더라도 계속 지금 상태를 유지해야 이익이 날 텐데 그게 가능할지 모르겠어요."

회장님은 한숨을 쉬셨다. 병상에 누워 자신은 얼마나 더 살 수 있을지도 모를 상황에서 회사와 남은 가족들을 걱정하는 모습에 눈물이 났다.

"회장님 아무 걱정하지 마세요! 회사도 잘될 거고요. 따님도 회장님을 닮아 야무지게 잘 경영하실 거예요. 물론 저도 물심양면으로 도와드리겠습니다. 회장님은 건강에만 신경 쓰세요."

회장님의 모습을 본 것은 그때가 마지막이었다. 그 후 며칠이 안 지나서 회장님은 유명을 달리하셨다. 회장님의 장례식장에서 나는 정말 많이 울었다. 회장님을 만나고 그동안 함께 보냈던 시간이 머릿속으로 빠르게 지나갔다. 8년이라는 세월 동안 나는 그분의 가족과 다를 바 없이 지냈다. 나는 딸과 같은 마음으로 떠나는 회장님의 명복을 빌었다.

내가 단순히 보험 영업만 한다고 생각했다면 회장님 가족들과 나 사이에 '가족'이라는 용어는 어울리지도 않았을 것이다. 하지만 누가 뭐래도 나는 그 집의 막내딸이었다. 사모님의 모든 자산과 회사 경영 관련 사항을 알고 있었고, 큰따님을 회사로 들여보내면서 우리는 서로 돈독해질 수밖에 없는 존재가 되었다. 또 작은따님도 회장님을 소개하는 과정에서부터 나에 대한 신뢰를 보여 주었다. 회장님 가족 모두가 나를 남이 아닌 진짜 가족으로 생각해 주었다.

그만큼 회장님은 나에게 특별한 분이셨다. 그렇게 빨리 돌아가실 줄 아무도 몰랐기에 우리는 참담했다. 그나마 다행스러운 것은 상속 절차와 관련한 걱정은 하지 않아도 된다는 것이었다. 오랜 시간 빈틈 없이 준비해 온 덕분이었다. 아무 준비 없이 있다가 암 진단 이후에 급하게 시작했더라면 더욱 힘들었을 것이다.

## 상속 진행

장례식을 마치고, 남은 가족들은 상속 절차를 밟아야만 했다. 물론 내가 참여하는 가업승계 상속이었다. 가업상속공제로 진행하려면 나와 협업하면서 끝까지 믿고 일을 맡길 팀이 필요했다. 나는 가족들에게 회사가 거래하던 기존 회계사 사무실과 내가 알고 지낸 다른 회계팀을 서로 비교해 볼 것을 제안했다. 물론 나도 기존 회계사 사무실의 사무장님과 친분이 있었지만, 사후관리는 매우 중요한 부분이었다. 기존에 계속 회계장부를 써왔다고 해서 상속 신고까지 잘 해내리라는 보장은 없었다.

나는 그동안의 성과나 업무 수행 능력 등을 객관적으로 평가하고 선택할 수 있도록 미팅 자리를 마련했다. 20년 동안 울산에서 나와 함께 컨설팅을 진행하던 회계사 사무실 대표님을 가족들에게 소개했다. 그 대표님도 나처럼 밑바닥부터 시작해 현재 몇백 개 법인의 세무 기장을 할 정도로 자신의 업체를 키운 분이었다. 마침 대표님의 큰아들이 세무사가 되어 세무서 상속증여세과에서 일을 배우고 나온 터였다.

결국 내가 소개한 회계사 사무실에서 상속세 신고 절차를 준비하게 되었다. 회장님이 폐암을 진단받고 퇴직금 중간 정산을 하던 무렵 회사 주가가 하락했다. 그때 회장님 보유 주식을 가업승계 사전증여특례에 따라 일부 증여를 진행해 두었다.

2023년 이전까지는 증여재산 가액에서 5억 원을 공제하고 60억 원까지는 10%의 세율을 적용했다. 이에 따라 가업승계를 준비하는 업체들은 회사가 나중에 더 많이 성장하기 이전에 가업 상속할 주식을 미리 증여할 수 있도록 했다. 세금 납부자의 부담을 줄이기 위한 특례 조항이다.

하지만 상속 시에는 증여 당시의 주식가격으로 계산되어 상속자산에 포함된다. 이때 업무무관자산은 상속자산으로서 상속세를 납부해야 한다. 또 사전증여특례에 의한 경우라도 업무무관자산에 대해서는 일반증여세가 부과된다. 사실상 업무무관자산이 많으면 이를 처분하거나 축소한 다음에 증여특례를 고려하는 것이 좋다. 가업승계를 앞두고 있다면 업무무관자산 확인 및 축소에 관한 사전 계획이 필요하다. 자산 중 임대용이나 3개월 이상 투자한 금융상품도 모두 업무무관자산에 포함된다.

우리는 가업승계를 위해 업무무관자산을 구분하고 일단 사업용 자산은 가업상속공제를 최고한도로 받았다. 다른 상속분들은 사모님 쪽으로 배우자 공제를 최대한 받은 후 상속세를 납부하는 것으로 처리했다. 미리미리 준비해 둔 덕분에 세금 부담을 최소화할 수 있었다.

## 유비무환

최근 상담 문의 중 80% 이상이 상속에 관한 상담이다. 갑자기 사망한 가족의 상속으로 인한 상속세 분쟁이나 당장 세금 낼 현금이 없어 연부연납※을 선택해야 하는 등의 문제에 관한 것들이다. CEO 가족들의 경우 상속 금액대가 크기 때문에 상속세로 납부해야 하는 금액 또한 크다. 그래서 갑자기 상속이 발생하면 현금 부족에 대한 걱정부터 앞서기 마련이다.

하지만 회장님 가족은 8년 전부터 준비해 온 터라 현금 유동성은 이미 확보되어 있었다. 배우자 공제에 대한 상속세도 배우자 부담이기 때문에 가업 상속을 받는 자녀는 상속세 부담 없이 경영과 사후관리에만 신경 쓰도록 컨설팅할 수 있었던 좋은 사례이다.

나도 그 당시 일을 통해 새로운 것을 경험하고 배웠다. 이 일을 20년 이상 해왔지만, 그동안 고객이 사망한 경우는 얼마 안 된다. 내가 만난 분들은 처음 가입할 당시의 나이가 주로 40대였다. 긴 시간이 지난 지금은 60대에서 70대로 자수성가한 분이 대부분이다. 그중 사망

---

※ 장기간에 걸쳐 세금을 나누어 납부하는 방식

하신 분은 모두 7명이다. 그분들 모두 보험에 가입할 당시에는 건강하셨다. 긴 시간이 지나 대부분 암으로 투병하다 사망하셨다.

죽음은 미리 계획할 수 있는 것이 아니다. 그래서 상속 문제가 갑작스레 발생하면 더더욱 당황할 수밖에 없다. 운명하신 분에 대한 애도와는 별개의 문제이다. 하지만 사전에, 5년 전에만 미리 준비하고 대책을 마련할 수 있다면 결과는 훨씬 달라질 수 있다.


가업승계를 받은 회장님의 큰따님은 현재 열심히 일하면서 아버지의 대를 이어 회사를 잘 운영해 나가고 있다. 그러던 중 코로나 19 팬데믹 상황이 오고 2021년부터 회사 사정이 어려워졌다. 내부 인력을 내보내야 할 정도의 위기였다.

당시 사후관리 방식은 연간으로 근로자 급여나 인원수를 80% 이상 유지하는 조건으로 맞춰가던 때였다. 우리가 정한 급여기준은 임금 상승까지 고려한 것이었다. 하지만 있는 인력도 줄여야 할 상황에서 급여 수준을 80%로 유지하는 일도 쉽지 않았다.

팬데믹으로 인해 다른 회사들은 일부러 직원을 줄이는 상황이었다. 하지만 우리는 가업승계 사후관리를 통해 직원 수를 유지해 왔다. 인건비마저 지급하기 어려운 시기였던 터라 상당한 부담이었다. 어려운 상황에 놓인 우리에게 2023년 세법개정안은 매우 절실한 것이었다. 사후관리 기간을 7년에서 5년으로, 근로자 수나 급여는 연간 80%가 아닌 5년 통상 90%로 유지할 수 있도록 하는 내용으로 유연성이 부여된 개정이었다. 마치 하늘로 떠나신 회장님의 특별한 보살핌이라도 있었나 싶은 희소식이었다.

## 장기적인 준비

지금은 코로나로 인한 정부 규제들이 대부분 해제되었다. 사람들은 3년 만에 코로나 이전의 일상을 회복했다. 우리도 이제 다시금 회사를 일으켜 보려는 시간을 보내고 있다. 그동안 내부적 혼란도 있었지만, 가업승계 상속을 실현하고 만들어 왔다는 것이 중요하다.

고인이 평생 일군 노력의 가치를 더욱 가치 있게 만들어 주는 것이 바로 나의 일이다. 하지만 많은 사람이 죽음과 그 이후를 미리 준비하지 않는다. 특히 고객들은 상담 중 '사망'이라는 단어를 가장 꺼린다. 그래서 나는 종신보험을 권할 때 사망한 후에 나오는 보험이라고 말하는 대신 '페이퍼 금융'이라는 용어를 사용한다. 종이 증서에 불과하지만 향후 10억 원, 20억 원, 100억 원도 될 수 있고, 자녀에게 가장 쉽게 물려줄 수 있는 자산이 바로 '페이퍼 금융'이다.

회장님의 사례를 통해 나 스스로 가업승계에 대한 사전 준비가 얼마나 중요한지를 절실히 깨닫게 되었다. 이제는 만나는 고객 누구에게라도 자신 있게 말할 수 있다. 가업승계에 대한 계획과 실현에 대한 로드

맵은 나 정미경이 대한민국 누구보다 잘 알고 있으며 설계도 제일 잘할 수 있다고 말이다.

또 한 가지, 가업승계 준비를 할 때 가장 중요한 것은 긴 시간을 가지고 미리미리 준비해야 한다는 것이다. 장기적으로 대비해야 하는 일인 만큼 반드시 전문가와 함께 계획하고 계속 수정하고 보완하면서 실행해 나가야 한다.

# CHAPTER 18

# 노후 준비, 절대 혼자 하지 마라

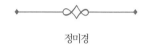

정미경

나에게는 유난히 수식어가 많이 따라다닌다. 특히 FP들이 나를 부를 때 쓰는 수식어가 다양하다.

"FP들의 역사다."

"보험의 신이다."

"우리들의 멘토다."

이렇게 많은 수식어 중 나는 '멘토'라는 말을 가장 좋아한다. 나는 지금도 여전히 우리 회사 전국 1등, FP들의 멘토이다.

나는 보험 일을 하면서 늘 새로운 것에 도전했고, 실전을 쌓으며 성장했다. 처음 보험 일을 시작한 스물다섯 살부터 지금까지 공부를 쉬지 않았다. 그래서 나는 고객과 만나는 시간까지도 '스터디 타임'이라고 불렀다. 고객뿐 아니라 나로서도 재무설계를 통해 삶을 배우는 소중한 시간이기 때문이다.

세법이 개정되고 실무를 진행하는 동안 나는 세무사나 법무사의 일까지도 처리할 수 있게 되었다. 실무만큼 내 실력 향상을 돕는 스승은 없다. 특히 법인의 경우 서류 처리가 복잡해서 그만큼 갖춰야 할 것도 많다. 그 결과 개인 전문직 시장도 법인 CEO 시장도 재무설계에 있어 독보적인 브랜드는 '정미경'이 되어 있었다.

## 함께, 멀리

나는 고객의 가치를 높여 주는 사람이자 나 같은 전문가를 만들어 주는 사람이다. 그동안 나는 성공한 사례를 모아 FP들과 공유했다. 나를 믿고 따르는 많은 FP의 멘토로서 역할을 다하기 위해서라도 새로운 지식을 쌓기 위한 노력을 게을리하지 않았다. 멘티와 멘토가 시너지를 일으켜 동반 성장을 하는 것이다.

'함께, 멀리'

한화그룹 회장님의 철학이 담긴 말이다. 나도 공감하는 말이기도 하다. 새들이 혼자 날면 빨리 갈 수 있을지 몰라도 멀리 갈 수 없고, 무리지어 날면 빨리 갈 수 없을지 몰라도 멀리 갈 수 있다. 함께 일하는 동료는 서로 경쟁 관계에 있지만, 서로를 의지하며 함께 가야 하는 동반자이기도 하다.

내가 1등을 할 때 2등을 하던 동료 FP가 있었다. 내가 보험 여왕 자리에서 물러나면서 나의 자리에 올라서 현재 우리 회사 1등 FP가 되었다. 나와 함께 컨설팅을 진행하고 있는데 그 동료 또한 내가 운영하는 정미경 스쿨의 제자로서 나를 멘토로 여기고 있다. 현재 전국에서 모인, 우리 회사 소속 직원 100명 정도가 정미경 스쿨을 통해 기본기를 배우고 있다. 그들 모두 자신의 영역에서 최고의 평을 받는 FP로서 실력자임에도 불구하고 나의 가르침을 통해 새롭게 도전하면서 성장을 꾀하고 있다. 이는 업계에서도 찾아보기 힘든 모범 사례로 손꼽힌다.

나는 이 일이 보험 분석이나 상품 설계만으로 고객을 관리하는 것이 아니라는 것을 일찍이 알았다. 우리를 둘러싼 자금 환경은 끊임없이 변한다. 세법 개정을 비롯해 경기 흐름 변화나 고객들의 재정 상태 악화까지 다양한 이유로 보험 유지가 어려워지는 것을 지켜봐 왔다.

따라서 어려운 상황에 놓인 고객을 찾아 내가 먼저 어느 정도 기준을 가지고 고객을 방문해야 한다. 고객을 찾아가 고객이 가입한 보험이나 변화하는 환경, 개정된 세법 내용을 공유하는 것이 중요하다. 고객이 보험 가입 당시에는 필요성을 느끼고 상품을 이해해 가입했더라도 시간이 흐르면서 경제 환경의 변화에 따라 장기간 보험료를 납부하는 일이 부담스러울 수 있다. 그쯤 되면 보험에 대한 필요성마저 흐릿해지기 쉽다. 그러면 고객은 보험 자체를 불신하게 될 것이고 최악의 경우 해약이라는 악수를 둘 수도 있다.

보험은 고액 계약 체결을 잘하는 것보다 오랜 시간 유지하는 것이 더 중요하다. 나는 누구보다 영업실적이 좋을 뿐만 아니라 고객 대부분을 10년 넘게 유지하고 있다. 보통 보험회사에서는 2~3년 유지율은 좋은 반면, 5~10년 유지율은 그다지 신경 쓰지 않는다. 하지만 나는 10년 유지율이 98%에 달한다. 한번 나의 고객이 되면 이를 유지하기 위해 오랜 기간 노력한다. 경기의 흐름이나 주가 변동, 금리 변화 같은 부분도 신경 쓰면서 공부한다. 혼자 공부하는 것에 그치지 않고 늘 고객과 공유한다.

고객 대부분이 매월 자동이체 되는 월 보험료는 얼마인지 알지만, 총납부액은 잘 모른다. 매달 내는 것만 생각하다 보니 보험을 세금으로 여기는 사람도 많다. 세금으로 이미 내버린 돈은 없는 돈이나 마찬가지다. 그래서 보험을 유지하는 것이 자신의 소중한 돈을 없애는 행위라고 착각할 수 있다. 그런 사태를 방지하기 위해서라도 나는 고객들이 납부한 보험의 적립금이 10억 원이 되고, 20억 원이 되고, 30억 원이 되어 가는 시점을 공유한다. 그런데 많은 고객이 10억 원은커녕 3억 원까지 적립되는 것을 지켜보는 일도 지겨워한다. 그래서 나는 고액 체결 고객은 가능하면 처음에 단기 납입으로 유도해서 좀 더 빨리 납입 완료라는 기쁨을 누리도록 한다.

우리나라 사람들은 3년까지는 비교적 짧은 기간으로 여긴다. 은행에서 저축 가입을 하더라도 3년 만기 상품을 쉽게 선택한다. 하지만 보험은 보통 기간이 10년이기 때문에 도전 자체를 힘들어한다. 10년을 못 버티고 해약하면 손해가 발생하고, 앞으로 자신의 재정 상태에도 확신이 없으므로 장기적인 보험 상품을 통한 저축을 망설이는 것이다.

## 저축하는 습관

나는 20년 전부터 고객들에게 보험 상품으로 저축 습관을 만들어 주려고 노력해 왔다. 처음에는 단기 납입의 은행 저축과 장기 납입의 보험 저축을 병행하다가 나중에는 보험 저축 상품만 남게 하는 방식이었다. 이것은 오랜 시간을 통해 고객과 나, 모두에게 이미 검증된 방법이다. 물론 중간에 포기하는 고객도 있지만, 그보다 유지하는 고객들이 훨씬 더 많으므로 좋은 결과를 볼 수 있었다.

나는 5년 납, 7년 납, 10년 납, 15년 납, 20년 납, 종신 납 등으로 구분해 고객의 저축 습관을 만드는 데 적용하였다. 그에 맞춰 고객들에게 목표를 부여하고, 할 수 있다는 자신감을 심어 주려고 노력했다. 고객이 다른 데에는 신경 쓰지 않고 본업에 집중할 수 있도록 하기 위해서이다. 본업이 성장하면 고객의 재정 상태는 좋아진다. 또 단기 납입을 통해 유동자산이 확보되면 장기 납입에 대한 부담도 줄어든다.

나와 오래 함께한 고객이라면 자금을 만들어 투자도 할 수 있도록 관리한다. 그렇게 되면 보험 상품이 단순히 리스크에 대한 보장만 감당하는 것이 아니라 금융자산의 역할도 충분히 해낼 수 있다.

과거의 연금 상품들은 가입 당시 경험생명표*를 기준으로 적용되기 때문에 현재 가입하는 상품에 비해 훨씬 더 많은 연금액이 지급된다. 목적자금으로 활용하기 위해 중도 인출해서 일부를 사용한 고객이라도 나머지 자금을 연금으로 사용할 수 있을 정도이다. 오랜 시간이 지나다 보면 많은 것들이 바뀐다. 세법 변경 중 하나로 보험 상품에 대한 비과세 기준이나 연금 지급 기준 등이 그것이다. 이 밖에도 고객들이 잘 모르는 내용이 허다하다.

나는 20년 넘게 고객의 재무설계를 돕고 컨설팅을 진행했다. 금융자산으로 보험 상품을 선택하고 유지하게 하려고 경제 흐름 및 세법 변화를 공부하고 공유했기 때문에 내 고객들 또한 이에 대한 관심을 많이 갖게 되었다. 하지만 다른 보험 가입자들은 여전히 보험에 관심이 없거나, 누군가 권해서 마지못해 가입하는 경우가 많다. 게다가 가입 이후 일을 그만두는 FP가 많아 전혀 관리받지 못하고 그로 인한 불신이 누적되어 보험 상품 가입을 거부하는 경우를 자주 보았다. 그것은 고객의 잘못이 아니라 그런 결과를 초래한 보험 종사자들의 책임이다.

---

※ 생명 보험 회사에서 피보험자의 생존이나 사망 따위의 실제적인 경험을 기초로 하여 만든 사망률에 관한 표

# 퀸메이커 정미경

FP라면 기업 컨설팅이나 세무 분야에 대한 전문적인 지식을 갖추기 위해 공부를 지속하는 것이 중요하다. 이를 위해 나는 6년 전에 컨설팅을 전문으로 하는 법인을 설립했다. 교육이나 컨설팅을 진행하고 싶어도 경험이 없어 망설이는 FP들을 대상으로 나의 노하우를 전수한다. 내가 직접 교육하는 FP의 고객들과 상담이나 컨설팅을 함께 진행하며 관리한다. 나의 지식뿐 아니라 여러 전문가의 지식을 더할 수 있도록 협업한다. 게다가 실무를 담당하는 직원들까지 있다. 모두가 협력하여 만든 과정을 통해 전국 1등 FP를 만들고 성장시켰다. 나는 이제 보험 여왕이 아니다. 여왕을 만들어 주는 퀸메이커이다.

사실 전국 1등 FP는 한때 나에게 1등 자리를 뺏겼던 분으로 영업에서는 그 자체로 멋진 사람이었다. 법인 쪽 고객은 나보다 훨씬 많았다. 그분이 처음 정미경 스쿨에 왔을 때만 해도 자신의 영업에는 그리 도움이 안 된다는 듯 교육도 자주 빠지곤 했다. 졸업 후에도 내가 하는 컨설팅에 별 관심을 보이지 않았다.

하지만 내가 보기에 그분은 영업은 잘했지만, 장기 유지율이 높지 않았다. 그리고 개인적인 친분 때문에 한두 건 가입하는 사람도 많았다. 그래서 어쩔 수 없이 추가 계약보다는 골프 행사나 소개를 이어가면서 관계 영업을 지속하고 있었다. 그러면 보험 유지가 오래가기 힘들고 탈락하는 고객이 많아진다는 문제가 있다. 왜냐하면 법인 컨설팅을 전문으로 하는 분들이 접근해 보험 영업을 하면 그분이 가입시킨 보험은 필요가 없어지기 때문이다. 고객들은 단번에 누가 자신에게 더 이익이 되는지 판단하고 선택을 쉽게 변경한다.

나는 그분을 내 사무실로 불러 제안했다.

"내가 아닌 우리 컨설팅 회사가 당신의 퀸메이커가 되겠습니다."

컨설팅 대가야 기준대로 받겠지만, 돈이 내 목적은 아니라는 것을 그분도 이해하고 있었다. 그래서 흔쾌히 우리 컨설팅 회사의 제안을 수락했다. 자신이 관리하는 업체에 나와 우리 컨설팅 회사를 소개해 일을 진행했다. 그분에게는 진행하는 모든 과정을 사례로 활용할 최고의 기회였기 때문에 가능한 다양한 사례를 진행하자고 했다. 결과는 놀라웠다.

처음에는 새로운 고객보다 자신이 친분으로 계약 관계를 맺은 업체를 우리 컨설팅 회사에 소개했다. 나와 컨설팅 회사 대표, 그 FP까지 셋이 함께 업체를 방문했다. 마침 그 업체는 사옥을 매입하고 회사를 분리해야 해서 컨설팅이 필요한 시점이었다. 나의 오랜 경험과 컨설팅 대표의 업무 능력이 결합하여 상담은 성공적으로 이루어졌다. 실질적인 실행은 우리 컨설팅 회사가 진행했고, 그 FP는 금융상품으로 고액의 보험 상품 계약을 체결할 수 있었다.

그 업체를 시작으로 해당 FP는 의사 고객 시장, CEO 고객 시장 등 다양한 고객을 대상으로 계약을 체결하는 등 놀라운 성과를 보여 주었다. 컨설팅 한 번으로 끝나는 것이 아니라 우리가 매년 필요한 서류를 보완하게 하는 등 관리를 지속하자 고객 만족도도 올라갔다. 자연스럽게 고객이 다른 고객을 소개하는 경우가 많아졌다. 그리하여 그 FP는 우리 회사의 전국 1등 FP가 되었다. 다른 FP들에게 자신의 노하우를 전수하기 위해 조직을 만들어 교육을 진행하는 등 당당한 리더로서 활동하고 있다.

## 전문가의 코칭

오랫동안 이어온 컨설팅 교육을 통해 이제는 많은 FP의 수준이 몰라보게 향상되었다. 물론 모든 FP가 최고의 성과를 보여 주지는 않는다. 그동안 많은 FP에게 나의 노하우를 전하고 기회를 주었지만 모두가 똑같은 성과를 내지는 않았다. 하지만 다양한 사례를 통해 경험을 쌓게 하고 자신감을 심어 주는 것만으로도 자신이 속한 조직에서 상위권에 올라서는 FP가 많았다. 그래서 나는 더 많은 FP에게 기회를 주려고 계속 노력한다.

나는 앞으로 더 많은 FP가 고객과 함께 성장하길 간절히 바란다. 나는 내 자녀가 내가 하는 일을 하겠다고 한다면, 그것이야말로 내 직업에 대한 최고의 인정이라고 생각한다. 나는 내 직업이 그런 최고의 직업이 될 수 있도록 오늘도 열심히 고객을 만나고, 학습을 도우며 함께 성공을 만들어 가겠다고 약속한다.

재무적인 목표를 통해 미래에 대한 자신감을 가져야 장기적인 투자나 저축을 할 수 있다. 하지만 사람들은 생각보다 의지가 약하다. 매해 1월이면 금연이니 체중 감량이니 수많은 다짐을 하지만 3개월을 못 넘긴다. 때로는 달이나 바위를 향해서도 소원을 빌면서 의지하는 게 사람이다. 누구나 부자를 꿈꾸지만, 그들 모두 부자가 될 수는 없다. 하지만 본인의 의지가 약하더라도 의지가 강한 전문가를 옆에 둔다면 성공할 가능성은 크다.

장기적인 재무설계는 단순히 계획을 세우는 것보다 그것을 실천하는 것이 더 중요하다. 강한 의지로 목표를 향해 달려간다 해도 누구나 생각지 못한 난관을 만나거나 편리한 유혹에 굴복하여 목표를 미룰 수 있다. 이때 전문가의 도움은 큰 가치가 있다.

실력이 검증된 전문가는 목표를 달성하는 과정에서 당신의 의지와 열정을 지속시키는 소중한 지원자가 된다. 전문가는 당신의 재무 목표에 맞는 전략을 개발하고, 언제나 당신의 곁에서 필요한 조언과 격려를 제공하는 존재이다. 특히 노후 준비는 미루면 안 되는 중요한 과제이다. 혼자서 설계하기 어렵거나 복잡한 부분은 전문가의 도움을 받아 더 효율적으로 준비할 수 있을 것이다.

성공하여 부자가 되는 길은 오로지 당신의 결정과 행동에 달려 있다. 최선을 다하며 나아가다 보면 어느덧 당신은 자신이 꿈꾸던 성공과 부의 문턱에 서게 될 것이다. 힘을 내고 꿈을 향해 걸어가라. 이 책을 읽은 당신은 이미 부자가 되는 길에 한 발짝 더 나아가 있는 것이다.

# CHAPTER 19

# 퍼스널 브랜드 파워

오두환

대부분은 나이 드는 것을 슬퍼하고 두려워한다. 여러 가지 이유가 있겠지만 가장 큰 이유는 경제적 능력을 잃는다고 느끼기 때문일 것이다. 부인할 수 없는 사실이다. 하지만 모든 사람이 그렇게 생각하는 것은 아니다.

돈 걱정은커녕 오히려 나이 들수록 돈이 계속 쌓이는 사람도 의외로 많다. 어떤 사람들일까? 한마디로 말하면 '유명한 사람들'이다. 처음 만나는 사람일지라도 상대가 유명하다면 친밀감을 쌓을 시간이 필요하지 않다. 유명세가 곧바로 신뢰를 주기 때문이다.

'신뢰'라는 단어는 믿을 신信, 의뢰할 뢰賴로 이루어져 있다. 믿고 맡기고 싶다는 말이다. 신뢰를 형성하는 시간이 짧아질수록 돈과 직결된다. 어떤 사람은 자기소개하는 데 1시간을 써야 할 수도 있다. 하지만 퍼스널 브랜딩이 잘 되어 있는 사람이라면 어떨까? 30초? 아니 그냥 이름만 말해도 소개는 충분할 수 있다. 유명세가 신뢰를 준다는 말은 곧, 유명한 사람을 신뢰한 소비자들이 자기 돈을 유명인에게 가져다준다는 의미이다. 이번 장에서는 나이 드는 것이 오히려 즐거울 방법에 관해 이야기할 것이다.

## 벌거숭이 두더지

인간의 평균 수명은 꾸준히 증가하고 있다. 우리는 100세를 넘어 200세를 바라보는 시대에 살고 있다. 미국의 다국적 기업 구글은 2013년 칼리코Calico라는 회사를 설립해 1조 원을 들여 벌거숭이 두더지를 연구해 왔다. 벌거숭이 두더지는 땅 밑에 굴을 파고 사는 설치류이다. 사람으로 치면 800살 가까이 장수하는 것으로도 유명하다. 구글의 목표는 벌거숭이 두더지의 장수 비결을 찾아 인간에게 적용해 수명을 500세까지 연장하는 것이다. 참고로 벌거숭이 두더지는 노화가 없는 설치류이기도 하다.

2018년 세계보건기구는 노화에 질병 코드를 부여했다. 노화를 질병으로 인정한 것이다. 적극적으로 관리하거나 대처한다면 얼마든지 치료할 수 있는 것이 질병이다. 노화에 대한 인식은 이미 변하고 있다. 어쩔 수 없던 것에서 어찌해 볼 수 있는 것으로. 세계적인 대기업들은 앞다퉈 수명 연장을 위한 연구에 뛰어들었다. 구글의 연구가 성공하지 못하더라도 인간의 수명이 지금보다 늘어날 것이라는 의견에 반발할 사람은 드물 것이다.

그런데 사람은 길어진 수명만큼 오랜 기간 노동을 할 수 있을까? 지금도 정년을 다 채우지 못하고 은퇴하는 경우가 허다한데 말이다. 게다가 AI가 인력을 대체하는 사례는 기하급수적으로 늘고 있다. 인간이 AI와 일자리를 두고 경쟁해야 하는 시대이다. 이대로 간다면 은퇴 후 잔여 수명이 일할 수 있는 근로 기간을 추월하는 것은 시간문제다. 이미 추월당한 사람들도 많을 것이다.

혹자는 연금으로 경제적 자유를 누리면 될 것이 아니냐고 할지도 모른다. 그런데 인류는 이미 최악의 인구절벽 사태에 직면해 있다. 노동 인구가 줄어드는데 노령 연금 등의 사회자본을 어떻게 마련할까. 결국은 세금이나 다른 형태로 개인에게 거둬들여야 할 것이다. 지금도 국민연금 수령 시기를 계속 늦추는 추세다. 이유는 간단하다. 공적 자금이 부족하기 때문이다. 은퇴는 했는데 국민연금이 나오지 않는 기간은 점점 길어질 것이다. 무작정 국가 지원만 바라볼 수 없는 이유다. 각자 스스로 살길을 찾아야 한다.

# 닭을 튀겨도 퍼스널 브랜딩부터

나이가 들어도 돈 걱정 없이 살 방법은 없는 걸까? 물론 물려받은 유산이 많아 그 돈만 굴려서 이자로 먹고살 수 있다면 아무 걱정이 없을 것이다. 하지만 나처럼 흙수저로 태어난 사람이 노후에 돈 걱정 없이 경제적 자유를 누리는 일이 가능할까? 결론부터 말하자면 그렇다. 얼마든지 가능하다. 어떻게? 퍼스널 브랜딩으로!

나는 한때 10년 넘게 일한 회사에서 해고당했다. 불과 3년 전의 일이다. 실직한 상태에서 집을 팔아 모든 것을 걸고 창업해 오늘에 이르렀다. 죽다 살아난 느낌이었다. 당시 나는 간절히 성공하고 싶어서 소위 잘나간다는 사람들의 뒷조사를 해봤다. 내가 찾은 그들의 공통점은 '퍼스널 브랜딩'에 성공했다는 것이다.

주변에서 은퇴 후 자신의 경력과 무관하게 치킨집을 열거나 카페를 창업하는 경우를 어렵지 않게 본다. 그런데 창업 후에는 대부분 직장 생활을 할 때보다 더 많은 시간 동안 일을 한다. 돈이라도 많이 벌면 다행이지만 경기에 따라 매장 운영 자금조차 빠듯한 경우를 많이 본다. 퍼스널 브랜딩이 안 되어 있기 때문이다.

자영업을 하더라도 퍼스널 브랜딩을 먼저 해야 한다. 자영업자의 90%가 경영 악화로 2년 이내 문을 닫는다고 한다. 하지만 퍼스널 브랜딩을 한 후에 창업을 하면 적게 일하고 더 많이 벌 수 있다. 시급 1만 원이던 소득이 10만 원, 100만 원, 1,000만 원도 될 수 있다. 더 적게 일하니 늘어난 소득으로 즐길 시간까지 주어진다. 그야말로 경제적 자유를 누리는 것이다.

그러니 이 책을 읽는 당신도 퍼스널 브랜딩을 먼저 하라. 그래서 몸값을 최대로 끌어올려라. 돈이 많다면 노동력도 기술도 살 수 있다. 노화를 관리해 진행을 늦출 수 있고, 나의 노동은 타인이나 AI가 대신해 줄 것이다. 그 대체 노동만으로도 나의 부는 계속 증가할 수 있다. 무엇보다 돈이 돈을 벌게 된다.

그렇다면 퍼스널 브랜딩은 어떻게 해야 하는 걸까. 나는 '킹메이커 오두환'이라는 사업을 통해 특별한 전문가를 만드는 일을 하고 있다. 이를 통해 2,000여 명이 퍼스널 브랜딩에 성공해 세상에 알려졌다. 퍼스널 브랜드 파워를 갖추면 무엇보다 좋은 점이 경쟁 구도에서 벗어날 수 있다는 것이다. 왜? 누구도 당신을 대체할 수 없으니까. 소비자들은 경쟁이 끝나길 기다렸다가 이긴 사람을 찾아가는 것이 아니다. 어떤 사람이 그 분야에서 특별하고 유명하다면 비교하거나 검토할 필요 없이 그에게 곧장 찾아간다. 브랜드가 '비교와 검토'를 대신해 준다. 더 많은 사람이, 더 멀리서, 더 비싼 값을 내고, 더 오래 기다려야 한다고 해도 찾아와 줄을 선다.

그러니 세상에 단 한 명뿐인 특별한 사람이 되어야 한다. 당신이

기업가이든 전문가, 퇴직자, 직장인, 주부, 학생이라도 상관없다. 퍼스널 브랜딩을 통해 특별해지면 당연히 명함만 내밀어도 일을 도와 달라고 할 것이고 수익은 늘어날 것이다. 당신이 소속된 조직은 성장할 것이다. 명예가 높아지고 사회적 영향력이 생길 것이다.

퍼스널 브랜딩은 직접 하는 것이 가장 좋지만, 혼자 하기 어렵다면 멘토를 찾는 것도 좋은 방법이다. 사실 광고나 마케팅은 MBA까지 존재하는 경영학 특수 전문 분야이다. 하지만 나는 비전공자에 지방대 출신임에도 불구하고 오케팅으로 퍼스널 브랜딩에 성공했다. 내가 쓴 책들은 종합 베스트셀러 1위에 올라 대학 교재가 되었다. 게다가 나는 현재 대학교수가 되었고, 전국에서 초청 강연과 컨설팅 문의가 물밀듯 들어오고 있다. 내 몸값은 날로 상승 중이다.

당신도 성공하고 싶지 않은가?

당신의 성공적인 퍼스널 브랜딩을 돕기 위해 내가 개발한 '13가지 브랜드 법칙'을 공유하고자 한다. 오케팅을 이용하면 당신도 얼마든지 브랜드가 될 수 있다. 원하는 분야의 상위 5%가 될 수 있다. 내가 했으니 누구나 가능하다. 나는 전혀 특별한 사람이 아니다. 다만 특별해 보일 뿐이다. 비결은 지금까지 누누이 말한 '오케팅'이다. 오케팅을 적용해 불과 2~3년 만에 실직자에서 20여 개 사업체를 운영하는 대표로, 130억 원대 자산가가 되었다.

먼저 13가지 브랜드 법칙보다 선행되어야 할 것들이 있어 당부하고자 한다. 자기 자신에 대한 질문을 던지고 스스로 답을 찾아보라는 것이다. 좋아하는 것이 무엇인지, 잘하는 것은 무엇인지, 자신의 대의는 무엇인지, 하고자 하는 분야에 미래가 있는지 등 끝없이 질문하고 답해 보라. 단, 기필코 답을 찾아야겠다는 간절함이 있어야 한다. 정말 성공하고 싶다는 당위성이 필요하다. 그렇지 않으면 포기하기 쉽다. 누워 있는 사람 중 가장 깨우기 힘든 사람이 누군지 아는가? 자는 척하는 사람이다. 일어나겠다는 의지가 없는데 무슨 수로 깨운단 말인가. 그러니 하고 싶다는 의지를 먼저 장착하라.

나는 특히 '대의'를 중요시한다. 돕고자 하는 마음. 나를 돕고, 가족을 돕고, 내가 속한 조직을 돕고, 사회를 돕겠다는 대의가 필요하다. 대의가 없으면 돈을 많이 번다고 해도 헛되게 살거나, 낭비를 많이 하거나, 도박 같은 불법적인 유혹에도 쉽게 흔들릴 수 있다.

대의를 품었다면 그다음은 믿어야 한다. 믿음과 소망을 만들어야 한다. 자신을 믿고 간절히 이루겠다는 소망을 가져라. 나는 이론 만들기를 즐긴다. 내가 깨달은 이치를 누군가에게 알려 도움이 되고자 하는 마음 때문이다. 그래서 만든 것이 '브랜드 상대성 이론'과 '13가지 브랜드 법칙'이다. 이 원칙들은 현재 내가 운영하는 오케팅 연구소와 한국온라인광고연구소의 계열사들이 현업에서 실무로 사용하는 법칙이기도 하다. 우리 회사가 짧은 시간 내에 괄목할 만한 성장을 이루어 낼 수 있었던 비결이다.

## 13가지 브랜드 법칙

원래 '브랜드'라는 말은 노르웨이 고어인 'brandr'에서 유래했다. '낙인'이라는 뜻이다.

내가 남들에게 어떻게 인식되는지는 매우 중요하다. 우리가 브랜드 이름을 듣는 순간 이미 브랜드의 효과는 발현된다. 그 사람에 대한 브랜드가 내 안에 '낙인'처럼 각인되어 있기 때문이다. 내가 처음 다른 사람들 앞에서 나를 소개하기 위해 했던 멘트를 다른 사람들이 나를 소개할 때도 그대로 사용하는 것을 자주 본다. 계속 반복하니 그것이 그대로 나의 브랜드가 된 것이다.

이제 13가지 브랜드 법칙에 대해 알아보자. 이것이 바로 특별하게 보이는 원리이다. 기업 브랜드, 제품 브랜드, 퍼스널 브랜드, 서비스 브랜드까지 어디에도 대입해 사용할 수 있는 공통 법칙이다. 확실히 적용하면 당신의 인생도 달라질 것이다.

브랜드 법칙의 **제1법칙**은 '유명하게 보일 것'이다. '유명'의 기준은 상대적이다. 내가 생각하는 유명의 최소 기준은 인터넷 검색 포털에 이름을 검색하면 인물 검색이 될 정도여야 한다. 포털에 인물 등록이 되어 있으면 지인도 나의 가치를 인정하게 된다. 나를 만나는 일을 매우 가치 있는 일이라 여길 것이다.

**제2법칙**은 '믿음이 가게 보일 것'이다. 다양한 기관이나 매체에서 상을 받거나 인증을 받는 것이 좋다. 수상 이력들이 나를 보증해 줄 것이다. 꼭 거창한 수상 이력이 아니어도 좋다. 다만 공신력을 갖춘 기관이나 매체여야 한다. 수상이 반복되고 퍼스널 브랜딩이 완성되면 결국 큰 상도 받을 수 있다. 네이버 검색창에 '오두환'을 검색하면 내 프로필에 여러 수상 경력이 나온다. 네이버는 프로필에 까다로운 기준을 적용하기 때문에 신뢰도가 매우 높은 편이다. 나는 2019년 '한국을 빛낸 창조경영인 대상'을 시작으로 다양한 상을 받았고, 2022년에는 '보건복지부 장관상'까지 받았다. 오케팅의 동화 버전인 《특별한 내가 될래요》 책은 '2022 올해의 청소년 교양도서'로 선정되었고, 올해는 '국가소비자중심 브랜드 대상'과 '중소벤처기업부 장관상'을 수상하기도 했다. 다양한 수상 경력만 보아도 믿음이 가지 않는가? 공신력은 곧 믿음이다. 다양한 수상 경력을 인증하면 사람들은 이를 검증 수단으로 사용하고 깊이 신뢰하게 된다.

**제3법칙**은 '직접 활동하는 모습을 보일 것'이다. 다양한 매체를 통해 브랜드가 직접 활동하는 모습을 자주 노출해야 한다. 기본적으로 홈페이지를 만들고 추가적인 것들을 갖추는 것이 좋다. 글을 잘 쓰는 사람이라면 블로그를 해도 좋고, 사진 찍기를 좋아하는 사람이라면 인스

타그램을 추천한다. 이미지도 재산이 되는 시대이다. 말을 잘한다면 유튜브가 적당하다. 무엇이든 좋으니 한 곳 이상에서 무조건 활동하라. 열심히 활동하는 모습을 다양한 매체에 자주 노출한다면 사람들은 당신에게 신뢰감을 느낄 것이다. 신뢰감이 형성된다는 것은 믿고 맡기고 싶은 마음을 갖는다는 것이다.

다만, 홈페이지는 대충 만들면 없느니만 못하다. 홈페이지는 소비자들이 브랜드의 비즈니스 진행에 대한 것을 인식하는 중요한 창구이다. 따라서 13가지 브랜드 법칙이 다 들어간 홈페이지여야 한다. 포장이 제대로 되어 있어야 한다. 뜬금없는 내용으로 구성하지 말고 자신의 직업과 관련된 내용을 활용해 유기적으로 만들어야 한다. 딱딱하게 만들기보다는 자신의 대의나 철학 시나리오를 녹여 진정성 있게 구성하는 것이 효과적이다. 또 진실을 보여 주되, 왜곡하지는 말아야 한다.

**제4법칙**은 '시설과 규모가 크게 보일 것'이다. 시설과 규모는 자금력을 직관적으로 보여 주는 요소이다. 가능하면 다양한 시설이나 사업장 사진을 전면에 배치하라. 고급 장비나 물품 등을 최대한 보여 줌으로써 고퀄리티 작업이 가능하다는 것을 증명해야 한다. 자금이 많다는 것을 가시적으로 입증하면 경제 원리에 따라 신뢰감은 자동 상승한다. 내 사업장이 단순히 이익만을 생각하는 곳이 아니라 고객을 위해 재투자하는 건실한 곳임을 입증할 수 있는 좋은 방법이다.

물론 장비만 고급스럽다고 다는 아니다. 내 사업장이 더 나은 미래를 위해 끊임없이 '연구하는 모습을 보일 것'이 중요하다. 이것이 **제5법칙**이다. 자신의 분야에서 칼럼을 작성하여 언론사 칼럼니스트로서의 전문성을 입증하자. 하지만 칼럼을 쓰고 싶어도 이전에 칼럼 쓴 경력이 있어야 언론사가 지면을 내줄 것이다. 그러면 칼럼 쓰기가 처음인 사람은 불가능할까? 아니다. 칼럼을 써서 여러 차례 언론사에 투고하라. 여러 번 넣다 보면 그것이 광고 효과를 일으켜 한번은 담당자가 볼 것이다.

책도 같은 방식으로 출간하면 된다. 베스트셀러를 노리는 것이 아니라면 종이책이 아니어도 괜찮다. 네이버에 작가로 등재되는 것만으로 충분하다. 더 좋은 방법은 당신이 강의할 때 쓰는 교안을 활용해 책으로 만드는 것이다. 책도 내고, 강의할 때 광고도 되어 일거양득이다. 그렇게 전문성 있고 검증된 매체의 실적 자료를 본다면 소비자들의 신뢰감은 상승할 것이다.

**제6법칙**은 '잘하고 발전하는 모습을 보일 것'이다. 결과물을 보여 주어 계속 성장하고 있다는 것을 소비자에게 증명해야 한다. 회사의 연혁부터 자신의 이력이나 업무 일정 등을 상세하게 홈페이지나 다른 매체에 등록하고 공유하라. 꾸준히 변화하고 발전하는 모습을 최대한 보여 줘야 한다. 소비자가 브랜드의 성장 가능성을 충분히 느낄 수 있도록! 다시 말하지만, 마케팅은 포장이다. 본질을 어떻게 포장하느냐에 따라 브랜드는 달라지는 법이다. 나는 브랜드를 '있어빌리티'라고 말하고는 한다. '있어 보이는 능력Ability'이라는 뜻이다. 우리 모두 '있어빌리티'를 높이자.

**제7법칙**은 '열정적으로 보일 것'이다. 사소한 것까지 파헤치는 열정으로 희망을 보여 줘라. 먼저 롤 모델이나 스승을 찾아가 가르침을 받자. 전문 학회의 정회원이나 책을 쓴 저자를 만나고 관련 교육을 받아라. 배움을 지속하는 모습을 통해 소비자는 나에게 전문성 파워를 느낄 것이다. 배우는 데 그치지 말고 꼭 사진을 남겨야 한다.

나는 만나는 사람마다 같이 사진을 찍는다. 《대통령의 글쓰기》를 집필한 강원국 작가님, 대한민국 최고 명강사인 김미경 대표님, 세계 최초 히말라야 16좌 완등의 주인공인 엄홍길 대장님 등과 같이 찍은 사진만 전시해도 사람들은 그 사람들만큼의 가치가 나에게도 있다고 느낀다.

그리고 무엇을 하든 열정적으로 꼼꼼하게 하라. 책을 읽어도 씹어먹듯 읽어라. 《오케팅》도 세 번 이상은 읽어야 의미가 있다. 가능하면 자기 분야에 관련된 책을 찾아 읽어라. 단, 너무 쉬운 책이 아닌 깊이 생각할 수 있는 책을 고르는 것이 좋다. 여러 번 열정적으로 읽어 자기 것으로 만들어라. 보이기 위해 시작했더라도 어느 순간 당신은 열정이 넘치는 사람으로 변해 있을 것이다.

**제8법칙**은 '부지런해 보일 것'이다. 연구하는 모습이나 주말에 책을 읽는 모습, 혹은 밤늦게까지 일하는 모습을 촬영해 이미지로 남겨라. 일정이나 예약이 많다는 것을 보여 줘야 한다. 늘 일이 많아 바쁜 사람으로 보일 필요가 있다. 일정이 많다는 것은 전문성이나 실력을 입증하는 근거가 된다. 의지를 갖고 많은 일정을 부지런히 소화하는 모습을 보임으로써 책임감까지 어필할 수 있다.

제9법칙은 '체계적으로 보일 것'이다. 비즈니스를 효과적으로 알릴 수 있는 커리큘럼을 구축해야 한다. 노하우가 쌓이면 나만의 체계가 확립된다. 나는 그렇게 쌓은 노하우로 '이론'을 만들었다. 그 이론에 관해 교육하고, 컨설팅을 진행하고, 실행한다. 그렇게 커리큘럼과 자신만의 대의와 스토리를 담아 비즈니스 북을 써라. 나 또한 그렇게 《광고의 8원칙》과 《오케팅》을 썼다. 그리고 완성된 비즈니스 북은 자신이 활동하는 분야에서 교재로 활용하자. 당신의 전문 분야를 좀 더 쉽게 알릴 수 있는 훌륭한 도구가 될 것이다. 당신의 전문성이 인정되어 소비자의 신뢰도 높아질 것이다.

제10법칙은 '선한 행보를 보일 것'이다. '남을 도와주는 것이 곧 나를 돕는 것'이라는 대의를 실천하는 마음으로 사회에 공헌하라. 다양한 후원 행사에 참여하고 비즈니스 관계자를 적극적으로 도와라. 물론 그 모습을 모두 촬영해 홈페이지나 다른 매체에 노출하라. 오른손이 하는 일을 왼손은 몰라도 상관없지만, 소비자들은 반드시 알아야 한다. 선한 행보를 이미지로 남겨 최대한 활용하면 선함과 진정성을 동시에 어필할 수 있고, 소비자의 마음에 울림을 줄 수 있다. 그렇게 해서 수익을 올리면 다시 선한 일에 쓸 수도 있을 것이다. 그뿐인가. 내 선행을 본 누군가는 그 선행을 따라 할 수 있다. 결과적으로 선한 영향력을 전파하는 사람이 되는 것이다.

**제11법칙**은 '한결같이 진실해 보일 것'이다. 진실이 담긴 콘셉트나 스토리는 단 하나뿐인 자신의 브랜드를 구축할 수 있게 해준다. 자신이 그동안 걸어온 길을 모두 적고 정리해 보자. 특히 돕고자 하는 대의를 추구했던 자신만의 콘셉트와 스토리를 기반으로 시나리오를 구성하라. 그것을 기반으로 기사를 만들어 언론이나 각종 매체에 송출하라. 놀라운 입소문 효과를 볼 수 있다.

나는 《광고의 8원칙》과 《오케팅》 같은 이론서에도 내가 걸어온 사연들을 함께 담았다. 딱딱한 이론이라서 잘 와닿지 않을 내용도 진정성 있는 누군가의 삶이 가미되면 이해하기가 쉬울 뿐 아니라 신뢰감을 줄 수 있다. 왜곡된 진실이 아니라면 당신의 진정한 시나리오는 소비자에게 가 닿을 것이다.

**제12법칙**은 '대의와 비전을 보일 것'이다. 자신이 접근할 수 있는 모든 매체에 대의와 비전을 보여 줘라. 지금 내가 누구를 어떻게 돕고 있는지, 어떤 사람에게 얼마만큼의 가치로 여겨지는 사람인지를 증명하라는 것이다. 명확한 대의를 가지고, 특정인에게 많은 것을 제공하려는 사람은 평소에도 반드시 좋은 결과가 나올 것이라는 생각을 하며 산다.

그런 마음을 품고 일하는데 서비스의 질이 향상되지 않을 수 있을까? 당연히 그것을 지켜보는 소비자들의 신뢰도 얻을 수 있을 것이다.

내가 만든 광고 상품의 가격은 계속 인상 중이다. 처음 한두 가지 혜택만 적용하던 2008년에는 월 광고비가 50만 원이었다. 2014년에는 아홉 가지 혜택을 부여해 120만 원으로 광고를 진행했고, 2022년에는 서비스 항목이 더 많이 늘어 월 광고비가 380만 원까지 상승했다. 그런데 나는 이미 계약한 고객에게는 최초 계약한 금액 그대로 현재의 업그레이드 된 광고 상품 서비스를 제공한다. 처음 계약 당시에 고객은 나의 비전을 보고 투자를 해준 것이고, 결국 그분들이 지금의 나를 있게 해줬다고 생각하기 때문이다. 적용하는 광고 상품은 계속 업그레이드가 되지만 추가 비용은 받지 않는다. 나는 이 법칙을 2014년부터 10년간 지키고 있다. 내 대의와 비전을 알아봐 준 고마운 사람들이기 때문이다.

현재 2023년 기준, 450만 원짜리 광고 서비스를 받는 고객들이 지인들을 소개하고 있다. 물론 나만 보고 소개하는 것은 아닐 것이다. 우리의 광고 서비스에 만족했기 때문에 친구도 잘되었으면 하는 마음에서 소개하는 것일 테다. 그것이 바로 소개 메커니즘이라는 것을 나도 알고 있다. 기존 고객들에게는 광고비를 좀 덜 받지만, 그렇게 소개로 고객이 늘어나고, 그 고객들은 계약 당시 기준으로 광고비를 받을 수 있으니 결과적으로 이득이다. 그리고 새롭게 협업 관계를 맺은 고객에게도 끊임없이 진실하게 나의 대의를 입증하면 되는 것이다. 우리가 아는 모든 위대한 사람들은 위대해서 대의를 세운 것이 아니다. 대의를 세웠기 때문에 위대해진 것이다.

마지막 **제13법칙**은 '반드시 책임지려 함을 보일 것'이다. 책임감은 자신감을 통해 드러난다. 내가 당신과 한 약속을 신중히 여기고 있으며, 반드시 지켜 낼 자신도 있음을 보여 줘야 한다. 상대방이 자신감이 있는지 없는지는 눈빛만 봐도 알 수 있다. 자신 있는 내용을 기반으로 포트폴리오를 정비하여 홈페이지나 다른 매체를 통해 나열하라. 필요하다면 더 좋은 사례를 얻기 위해 무료에 가까운 서비스라도 제공하라. 어떻게든 만족스러운 후기를 최대한 많이 받을 수 있도록 노력해야 한다. 약속을 지키고 책임을 다한다면 당연히 고객의 만족도는 올라갈 것이다. 만족도가 높은 고객은 누가 시키지 않아도 정성스레 후기를 남긴다. 그렇게 얻어 낸 후기는 반드시 공개해야 한다.


## 퍼스널 브랜딩은 피카소처럼


나는 홈페이지, 유튜브, 카페 등 다양한 매체를 통해 좋은 후기를 최대한 보여 준다. 심지어 각 분야의 전문가들이 남긴 후기에는 영상 후기도 많다. 나에게 코칭을 받은 그분들이 퍼스널 브랜딩의 효과를 봤기 때문일 것이고, 또 하나는 아직도 여전히 나를 통해 더 얻을 것들이 남았다고 판단하기 때문이기도 할 것이다. 만족도 높은 후기를 보는 사람은 타인의 성공을 통해 자신의 성공을 예측할 수 있다. 아주 작은 물건 하나를 사더라도 후기부터 검색하는 시대이다. 후기를 오픈한다는 것은 자신감이 있다는 말이고, 그만큼 제공한 서비스에 책임을 다하고 있다는 것으로 비쳐 소비자들에게 신뢰를 줄 것이다.

결국 13가지 브랜드 법칙을 적용하고 나면 누구라도 신뢰감 있게 보일 것이다. 광고는 알리는 것이 아니라 들키는 것이다. 자신의 강점을 혼자만 꼭꼭 숨겨 두고 있으면 결코 들킬 일이 없다. 문을 활짝 열고 당신의 빛을 보여 줘라.


유명 화가인 고흐와 피카소의 예를 들어 보자. 이들 두 사람은 모두 그림에 재능이 있었고 열정과 신념도 있었다. 그러나 고흐는 동생 테오의 도움을 받지 않고는 기본 생활조차 할 수 없을 정도로 궁핍한 생활을 했다. 그는 여느 사람들처럼 길거리에 작품을 늘어놓고 누군가 사주기를 바라면서 그림 그리기에만 몰두했다.

반면, 피카소는 달랐다. 다양한 계층의 사람들과 교류하며 단체에 소속되어 그 안에서 자신의 작품을 사고팔 수 있는 유통망을 구축했다. 미술관마다 전화를 걸어 '피카소 그림 있나요? 피카소 그림 사고 싶은데요.'라며 자신을 스스로 광고했다. 이런 전화가 반복되자 미술관에서는 피카소 그림을 준비해 놓게 되었다. 결국 피카소는 퍼스널 브랜딩에 선공한 셈이다.

　뛰어난 재능을 숨기고 골방에 숨어 혼자 그림만 그리던 고흐는 37세라는 젊은 나이에 비참하게 생을 마감했다. 하지만 피카소는 90세가 넘어 사망할 시점 기준으로 억만장자가 되어 있었다. 피카소는 어려서 미술 말고는 읽고 쓰기도 잘하지 못하는 열등생이었다고 한다. 프랑스에 처음 정착한 19세 때까지만 해도 후미진 다락방에서 추위와 가난에 시달렸다. 하지만 피카소는 퍼스널 브랜딩에 성공했고 20대부터 일찍이 인정받는 화가가 되었다.


　본질이 같더라도 퍼스널 브랜딩을 하느냐 하지 않느냐에 따라 결과는 크게 달라질 수밖에 없다. 퍼스널 브랜딩이 되어 있다는 것은 여기저기에 자신의 업적을 증명해 줄 결과물이 존재한다는 것을 의미한다. 그러면 본업이 성장하는 것은 물론이고 강연이나 파티, 방송, 인터뷰에 초대받아 그 영향력이 점점 더 눈덩이처럼 커지게 될 것이다. 그러다가 결국 유명인이 되고 그 분야의 명성 높은 인물이 되는 것이다. 그것이 바로 브랜드가 생기는 알고리즘이자 있어 보이는 능력, 퍼스널 브랜드 파워이다. 성공해서 유명한 것이 아니라 유명해서 성공하는 것이다.

　이 책을 읽는 당신도 성공하고 싶지 않은가? 혹시 아직도 할 수 없다고 생각하는가. 내가 했으니 여러분도 할 수 있다. 만약 책을 다

읽고도 혼자 퍼스널 브랜딩을 하는 것이 어렵다면 멘토의 도움을 받길 권한다. 네이버 커뮤니티 카페 '꿈찾사'를 통한 문의도 언제든 환영이다. 나는 당신이 나보다 쉽고 빠르게 특별하고 유명한 사람이 되도록 돕고 싶다. 오케팅, 광고의 8원칙, 브랜드 상대성 이론, 13가지 브랜드 법칙까지 완벽하게 적용해 당신의 퍼스널 브랜딩을 완성해 줄 자신이 있다.

아직도 망설이는 여러분을 위해 파블로 피카소가 했다는 유명한 말로 이번 장을 끝맺고자 한다.

"나는 항상 내가 할 수 없는 것을 한다. 그렇게 하면 (결국) 그것들을 할 수 있게 되기 때문이다."

파블로 피카소야말로 무의식적으로 오케팅을 해서 퍼스널 브랜딩에 성공한 인물이다.

# CHAPTER 20

# 웰컴 투 '우리 마을'

오두환

평생 의식주 걱정 없이 살기 위해서는 어떻게 해야 할까? 죽는 순간까지 일해야만 하는 삶이 아니라 어느 정도 나이가 들면 육체노동을 하지 않아도 걱정하지 않는 삶, 누구나 그런 삶을 소망할 것이다. 하지만 소망만 한다고 해서 그런 삶이 나를 향해 뚜벅뚜벅 걸어오지는 않는다.

한번은 내 건물 지하에 세입자를 들이게 되었다. 할머니와 신체장애가 있는 손자가 가족 구성원의 전부였다. 90세가 다 되신 할머니가 폐지를 주워 근근이 살림을 꾸려 가고 있었다. 나도 한때 반지하 세입자로 살았던 경험이 있어 가슴이 답답했다. 그리고 어쩌면 내 가족과 직원들도 돈 관리를 하지 못하면 나중에 저렇게 될 수 있겠구나 하고 생각하니 잠깐이지만 온몸에 소름이 돋았다. 나 하나 힘들고 말 문제가 아니기 때문이다.

내가 과거에 고시원 생활을 하다 처음으로 마련한 첫 보금자리가 반지하 단칸방이었다. 세상 사람들이 볼 때는 어떨지 몰라도 나와 아내는 처음 방을 얻어 들어가던 날의 감동을 잊지 못한다. 그렇다고 그 감동에 매몰되어 거기서 안주했더라면 어땠을까. 다행히 나는 해가 들지 않는 지하 공간에서 탈출할 계획을 일찌감치 세웠고, 감사하게도 비교적 짧은 기간에 실현할 수 있었다. 책임져야 할 가족과 11명의 직원, 또 그 직원의 가족들이 없었다면 불가능한 일이었다. 다니던 직장에서 해고당한 후에 나는 '책임'이라는 단어가 지닌 무게뿐 아니라 엄청난 잠재력을 뼈저리게 깨달았다.

어둠과 습기에 둘러싸였던 시간을 생생하게 기억하는 나로서는 그 할머니와 손자가 한없이 안타까웠다. 무거운 발걸음을 옮기며 지금보다 더 잘되어 안타까운 현실에 놓인 분들을 더 많이 도와야겠다는 그날의 다짐도 나는 내내 잊지 않고 있다.

## 벽돌 쌓기

처음 다른 사람을 돕겠다는 대의를 세운 이후 나의 꿈은 줄곧 모두가 걱정 없이, 즐겁게 사는 마을 공동체를 설립하는 것이다. 하고 싶은 일을 마음껏 해도 돈이 들어오고, 의식주 걱정 없는 마을. 나 혼자 잘 사는 것이 아니라, 내 주변 사람들이 다 같이 잘 사는 세상, 그런 세상을 나는 반드시 만들고 싶다.

처음 마을 공동체에 대한 꿈을 얘기했을 때만 해도 주변 반응은 싸늘했다. 현실 인지력이 한참 떨어지는 이상주의자 취급을 당하기 일쑤였다. 만약 내가 주변 반응에 쉽사리 흔들리는 성격이었다면 오래전에 그 꿈을 포기했을 것이다. 하지만 여기까지 이 책을 읽은 독자라면 주변의 냉대조차 나에게는 큰 응원이 된다는 것을 알 것이다. 주변의 반응이 어떻든 내가 응원으로 해석하면 나에게는 응원이 된다. 나는 다시 오케팅적 사고를 반복하며 단기, 중기, 장기 계획을 세워 나갔다.

막연하게 '마을을 만들어야지. 그냥 열심히만 하면 언젠가 되겠지.' 하는 마음만 먹어서는 아무것도 저절로 이루어지지 않는다. 커다란 성을 세우기 위해서는 벽돌 하나부터 쌓아야 한다. 처음부터 큰돈이 필요한 일을 시작할 수는 없겠지만, 찾고자 하면 적은 예산으로도 시작할 수 있는 일들이 분명히 있다. 내가 좋아하는 성경 구절 중에 이런 말씀이 있다. 종교인이 아니더라도 한 번쯤 들어 봤을 것이다. 욥기서 8장 7절의 말씀이다.

'네 시작은 미약하였으나 네 나중은 심히 창대하리라.'

나의 미약한 시작, 첫 벽돌은 마케팅과 광고로 회사와 광고주가 동반 성장하는 것이었다. 그와 동시에 적은 금액으로 보육원 후원 사업도 시작했다. 내 소유의 땅을 한 뼘씩 사서 모으는 것이 아니라, '함께 잘 살기' 근력을 먼저 키우기 위한 결정이었다. 광고업을 통해 광고주와 광고사가 동반 성장하면 미래에 어떤 일을 도모하더라도 좋은 협력자가 되리라 확신했기 때문이다. 보육원 후원 사업도 처음에는 우리 회사가 먼저 시작했지만, 시간이 지나면서 광고 인연으로 맺어진 병·의원 원장님들이 많이 동참해 주었다. 나 혼자 지경을 확장하면 작은 원이 아주 천천히 확장되겠지만, 함께 모여 힘쓰면 시너지 효과를 일으켜 성장의 속도와 크기가 기하급수적으로 증폭할 것이라 믿었고, 감사하게도 믿음대로 되었다.

내가 운영하는 굿닥터네트웍스를 통한 보육원 후원 사업은 2023년 10월 기준으로 전국 20여 곳의 보육원과 1,000여 명의 아이들을 후원할 수 있게 되었고, 약 100곳의 병·의원도 함께하고 있다. 굿닥터네트웍스는 2022년 겨울에 후원 보육원의 아이들과 인솔자까지 대략 200여 명을 두리랜드로 초대하여 함께 추억을 쌓는 시간을 가졌다. 하루만이라도 한 명의 아이가 한 어른의 사랑을 독차지하게 해주자는 취지로 기획된 행사였다. 많은 분이 후원으로 함께 해주신 덕분에 이날 아이들은 뜻깊은 크리스마스 선물을 받고 돌아갔다.

두리랜드 행사가 반응이 좋아 2023년 9월에는 행사의 규모를 키워 서울랜드 행사를 기획하였다. 보육원 아이들 260여 명과 인솔자, 봉사자까지 700명 이상이 참석하는 대규모 행사였다. 봉사자와 아이들이 1대1로 함께 놀기를 기획했는데 뜻밖에도 봉사 신청이 많아 절반 이상의 아이들이 어른 1명 또는 2명의 관심을 오롯이 받으며 하루를 보낼 수 있었다.

이날 행사에는 개별적으로 봉사를 자원해 주신 많은 분을 비롯하여 굿닥터네트웍스와 한국온라인광고연구소, 명지전문대학, 서스테인플루언서, 매장친구, 칙바이칙, 강다니엘 팬클럽, 대한민국가조찬기도회, 이지성 작가와 이지성 작가 유튜브 구독자 커뮤니티 등에서 찾아온 자원봉사자들이 함께했다. 또 인근 군부대에서도 힘을 보태 아이들이 즐거운 시간을 보낼 수 있도록 도왔다.

이날의 열기를 식히려는 듯 아침부터 가는 빗줄기가 날렸지만, 서울랜드 측에서 우의를 협찬했고 궂은 날씨에도 봉사자들은 행사 참석을 마다하지 않았다. 덕분에 우리의 뜨거운 마음도 식지 않았다.

처음 혼자 정기 후원을 할 때만 해도 이렇게 빨리 선한 영향력이 전파되리라고는 예상하지 못했다. 이전에 다니던 회사에서 해고당한 후 강제 창업을 한 지 불과 2~3년 만에 나는 20여 개 사업체를 운영하는 대표가 되었다.

## 혁신영재사관학교

후원 사업의 확장에 힘입어 나는 현재 교육부 산하의 사회적기업인

'한국혁신영재교육원'을 설립했다. 이어서 '혁신영재사관학교'도 설립을 추진 중이다. 미래 사회를 설계할 때 가장 중요한 것은 바로 아이들이다. 그리고 아이들이 올바르게 성장하도록 돕는 것은 먼저 세상에 태어난 어른들의 의무라고 생각한다.

사실 교육자는 나의 오랜 꿈이기도 하다. 한때 관련 대학 과정을 밟고 정교사 자격증까지 취득했지만, 내가 꿈꾼 교육 현실이 아닌 것에 크게 실망하여 꿈을 접었다. 하지만 오래 품었던 꿈은 사업체를 키워도 사라지지 않았다. 나의 책을 출간할 출판사가 마땅치 않아 출판사를 직접 설립했던 것처럼, 오랫동안 마음에 품었던 이상적인 학교도 직접 설립하기로 했다. 물론 학교 설립을 위한 현실의 벽은 생각보다 너무 높았다. 여러 차례 세부 계획을 수정해야 했다. 그래서 처음 생각했던 것보다 규모도 줄었다. 그래도 괜찮다. 시작의 규모가 중요한 것은 아니니까.

내가 교생실습과 기간제 교사 활동을 하면서 가장 안타까웠던 것은 주입식 교육이었다. 더 많이 외우고 더 빨리 답을 찾게 하는 교육 방식이 아이들의 창의적 사고를 방해한다는 생각이 들었다. 1분에 한 문제씩 풀어 더 많이 맞추는 사람이 승자가 되는데 어떻게 창의적인 생각을 하면서 인성을 쌓을 틈이 있을까. 창의력을 강조하면서 정작 창의적 사고를 하지 말라고 강요하는 것이나 마찬가지다. 게다가 시험 볼 때 풀었던 문제조차 학교만 졸업하고 나면 깡그리 잊어버려 못 풀게 되는 것이 지금 우리 교육의 현실이 아닌가. 더 많은 자료를 입력하고 필요한 답을 도출하는 것은 이제 AI가 해도 된다. 그런 것은 인간보다 기계가 더 잘한다. 인간은 기계가 할 수 없는 창의적인 일을 해야 한다.

나는 어렸을 때 공부를 잘하지 못했다. 왜냐하면 내가 생각하는 답은 늘 보기에 없었기 때문이다. 그래서 더더욱 책만 파고드는 책벌레가 되었고, 아이러니하게도 책을 통해 창의력을 키울 수 있었다. 책 속의 영웅들처럼 매사에 달리 생각하고 행동하는 것이 어느새 몸에 뱄다. 그 결과 남들이 예상하지 못한 뜻밖의 좋은 결과도 얻을 수 있었다.

우리 인류가 직면한 각종 사회적인 문제들을 해결하려면 창의적인 생각이 필요하다. 인류가 한 번도 경험하지 못한 문제들이 많으므로 지금까지와는 다른 관점으로 접근해야 하는 분야가 늘고 있다. 기후 문제가 낳은 자연재해, AI의 출현으로 인한 일자리 부족, 인간의 소득 감소 등 인류는 어느 때보다도 새로운 사고방식을 탑재하기 위한 훈련을 해야 하는 시대를 살고 있다.

과학뿐 아니라 철학, 심리, 경제, 정치 등 어느 분야든 마찬가지다. 새로운 것을 발견하기 위해서는 새롭게 보는 눈이 필요하다. 지금의 교육 방식대로라면 새로운 의견을 내놓아도 이단아로 취급받기 쉽다. 그래서 나는 어려서부터 창의적 사고를 하고 행동할 수 있는 교육 환경을 만들고 싶었고, 머지않아 그 꿈은 실현될 것 같다. 아니, 이미 시작되었다.

내가 설립할 혁신영재사관학교는 초중고 통합 형태가 될 것이다. 우리 학교에서는 최대한 조기에 아이들의 꿈과 재능을 발견할 수 있도록 도울 것이다. 진로를 결정하고 나면 불필요한 구색 맞추기용 교육은 줄이고 필요한 학업에만 전념하도록 할 것이다. 학년 구분 없이 아이들은 원하는 수업을 들을 수 있을 것이다. 또 학교 안에서만 한정된 수업이 아니라 한국노벨과학포럼이나 국내외 교육자들과 온·오프라인 연결을 통해 적시에 필요한 지도를 받을 수 있게 할 생각이다. 하버드대학교 교수의 강의가 필요하다면 온라인으로라도 연결해 줄 생각이다. 이미 이를 위한 네트워크가 많이 형성되어 있고 앞으로도 계속 확장해 나갈 계획이다.

내가 구축한 시스템을 최대한 활용하여 어려서부터 자기 분야에 대한 깊이 있는 학업을 하다 보면 자연스럽게 관련 분야 논문도 쓰게 될 것이다. 그리고 내가 운영하는 출판사와 연계해 직접 책도 출간할 수 있을 것이다. 재능과 기획력을 갖춘 아이들의 경우 창업 활동도 적극적으로 지원할 예정이다. 학생들의 창의력과 성장 가능성을 막는 장애물을 최대한 제거하기 위해 앞장서는 학교가 될 것이다. 1 더하기 1의 답이 무한대가 될 수 있음을 증명하는 그런 학교가 바로 내가 그리는 학교이다.

# 우리 마을 네트워크

나는 교육계 인사뿐 아니라 기업인들의 모임인 사단법인 국가경제발전진흥원도 만들었다. 중소기업의 성장을 돕기 위해 브랜딩, 마케팅 분야의 무상 교육과 컨설팅을 지원할 예정이다. 기업을 진단하고 브랜딩을 개선해 경쟁력을 강화할 것이다.

다 함께 잘 사는 미래를 완성하기 위한 마을 공동체 설계도 안에는 교회도 포함되어 있다. 목회자이기도 한 내가 '선한장로교회'를 설립하여 종교 활동도 지원하고 있다. 또 내가 운영하는 '꿈찾사'를 통해 모인 인플루언서를 비롯한 각계 유명 인사들의 모임도 규모가 커질 것이다. 이렇게 교육, 기업, 종교가 거대한 톱니바퀴처럼 맞물려 내실 있는 공동체 사회를 완성해 나가는 든든한 밑거름이 되어주리라 확신한다.

마을이라면 병원도 빠질 수 없다. 병원은 어떻게 해야 할까? 걱정할 필요 없다. 내가 운영하는 굿닥터네트웍스를 통해 모인 병·의원 원장님들이 이미 든든한 굿닥터로서 자리매김하고 있으니까. 이렇게 모인 선한 어른들이라면 자라는 아이들에게 꿈을 주고, 인성뿐만 아니라 애국심까지 자연스레 심어 줄 수 있을 것이다.

나는 혁신영재사관학교에서 교육받은 아이들이 성인이 되면 이미 형성된 선한 사회관계망 속에서 다시 누군가의 든든한 멘토가 되는 미래를 꿈꾼다. 이 아이들은 자라서 우리의 학교, 기업, 국가, 세계

발전에 이바지하게 될 것이다. 시간이 지날수록 이러한 선순환의 바퀴는 커지고, 더 빠르게 굴러가지 않겠는가.

한 사람, 한 사람의 '나'가 모여 '서로'를 도와 '우리'가 되기 위해서는 정말 많은 요소가 필요하다. 나는 이미 20여 개가 된 사업체를 운영하기에도 바쁘지만, 그렇다고 해서 다른 사업체가 늘어나는 것이 두렵지 않다. 인류는 누구나 무리를 지어 살도록 설계되어 있다. 무리가 커질수록 더 강력한 힘을 발휘하게 되는 것은 당연한 결과다.

그렇다고 단순히 무리를 키우기만 하면 될까? 아니다. 양적 증가와 질적 성장이 동시에 이루어져야 한다. 그러기 위해서라도 교육의 힘이 필요했고, 교육의 힘을 키우자니 선한 어른들의 집단으로 이루어진 협력자 그룹도 간절했다. 감사하게도 많은 분이 이미 '우리'가 되기로 뜻을 보태 주었다.

노후를 준비하는 가장 핵심적인 전략은 다른 데 있지 않다. 바로 교육이다. 멘토가 되어 후학을 양성하면 우리 사회의 미래는 밝아질 것이다. 수명이 늘고 세상이 변해도 나이를 먹으면 돈이 많고 적고를 떠나 과거와 달리 할 수 있는 일은 현저히 줄 수밖에 없다. 하지만 한 사람이 가지고 있는 정보의 양은 최신 정보를 제외하더라도 나이에 비례할 것이다. 누적된 경험과 다양한 지식의 집합체로서 존재하는 이는 바로 '나이 든' 사람이라고 할 수 있다.

그렇다고 모든 노인이 후학을 양성할 수 있을까? 아니다. 오히려 가지고 있던 경험마저 너무 오래 사용하지 않아 지나간 시간처럼 흔적 없이 사라지기가 더 쉽다. 그렇다면 어떻게 해야 할까?

가진 정보를 활용하고, 지혜롭고 효과적으로 전달하는 훈련을 미리미리 받아야 한다. 훈련만 받으면 될까? 내가 그런 훈련을 마친 사람이라는 것을 아무도 모른다면 무용지물일 것이다. 멘토가 되어 얼마든지 후학을 양성할 수 있다는 사실을 광고를 통해서든 다른 매체를 통해서든 알려야 한다. 그래야 사람들이 지혜를 나눠 달라고 나를 찾아올 것이 아닌가. 그렇게 훈련받고 알리기 위해서는 이 모든 활동이 가능한 시스템을 이미 갖춘 조직에 속하는 것이 가장 효과적이다. 그렇다면 결론은 명확하다.

## 초대장

노후를 준비하는 가장 간단한 방법은 무엇일까?

그런 조직을 직접 만들거나 이미 만들어진 조직에 들어가면 된다. 주변에서 찾으면 내가 아니더라도 그런 조직은 분명 존재할 것이다. 여기서 한 가지 조언을 건네고 싶다. 무조건 규모만 보고 찾아가지 말고 대의를 먼저 따져 보라는 것이다. 사사로운 이익만을 바라고 거대자본으로 대규모 조직을 만드는 것은 얼마든지 가능하다. 하지만 그런 조직에서 '우리'의 미래는 안녕할까? '우리'는 온데간데없고 '너'와 '나'만 남지 않을까. 반면 규모가 좀 작더라도 대의를 품은 사람들로 구성된 조직의 미래는 어떨까? '너'와 '나'로 구성된 '우리'의 웃는 모습이 그려지지 않는가?

대의가 확실한 선한 그룹 안에서 퍼스널 브랜딩까지 잘 되어 있다면 나이가 들어도 자금 유동성이 좋아질 테니 평생 자동 수익을 실현하도록 만들 수도 있을 것이다. 내가 더는 노동하지 않아도 돈이 알아서 노동을 해서 돈을 벌 것이다. 물론 부동산이나 주식으로도 노후를 대비해 나갈 수 있겠지만 이 경우에는 손실 위험도 감수해야 한다. 나는 인세나 유통 사업, 강의 같은 분야를 통해 본인 자체를 수익화하는 쪽을 추천한다. 개개인이 날로 성장해 나가는 방법이기 때문이다. 개인이 성장하고, 성장하는 개인들로 그룹이 구성된다면 손실 위험도 제거할 수 있다.

현재 시장에는 강의가 뜨거운 감자로 자리하고 있다. 하지만 시장은 하나의 생명체와 같아서 끊임없이 변화하고 세포가 자가증식하듯 시장이 커지는 사이 유행도 돌고 돈다. 이미 각종 콘텐츠가 시장에 쏟아져 우리는 강의 콘텐츠 홍수 시대에 살고 있다. 무료 강의도 빠른 속도로 늘고 있다. 그 홍수 속에서 내가 무엇을 붙잡아야 떠밀리지 않고 생존할 수 있을지를 고민해야 할 타이밍이다.

빠른 속도로 떠밀려 가면서도 의식하지 못하고 시대의 흐름을 타고 있다고 방심했다가는 목이 빠지게 상위 5%만 올려다봐야 하는 95%가 되기 쉽다. 어떤 업종이든 상위 5%를 제외한 95%의 소득을 모두 합쳐도 상위 5%의 수익을 따라가지는 못한다. 그만큼 상위 5%가 되는 길은 험난하다는 말이기도 하지만, 5% 안에만 들면 된다는 말이기도 하다.

이쯤 되면 누군가 물을 것이다. 그러니까 상위 5%, 그거 어떻게 되는 거냐고.

그것은 내가 이 책의 서두부터 이야기해 온 내용이다. 여기까지 읽었는데도 잘 모르겠다면 어떻게 해야 할까. 책을 다시 읽으면 된다. 그래도 모르겠다면? 오두환을 찾아오면 된다. 나는 상위 5%가 되고 싶지만, 방법을 모르는 분들을 위한 여러 가지 전략과 시스템을 갖추고 있으니까. 책을 읽은 당신이 기업인, 종교인, 직장인, 사업가, 예술가 등 어떤 직업에 종사하고 있는지는 중요하지 않다.


당신이 '어디'에서 '무엇'을 하든 '우리'가 되어 '함께'하자는 것이다.

당신도 다 함께 잘 사는 우리 마을 공동체의 일원이 되고 싶지 않은가?